KB111297

6학년
담임해도
괜찮아!

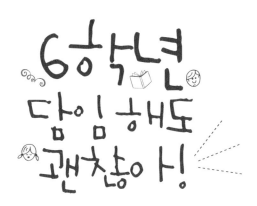

6학년 담임해도 괜찮아!

초등학교의 꽃, 평생 제자를 만나는 즐거움

서준호 글·사진

괜찮아요, 힘내요,
잘할 수 있어요!

지식프레임

••• 사랑하는 아내 이진하에게 •••

6학년 담임, 어렵지 않아요!

나는 6학년 담임이 좋았다. 제자가 생기는 재미도 있었고, 내가 주로 해왔던 '마음 흔들기' 활동이나 심리상담기법(심리극, 사이코드라마로 알려진)이 6학년에게 가장 효과가 있어서 나름대로 성취감을 만들어주는 학년이었기 때문이다. 그만큼 6학년 담임을 하거나 교과전담으로 6학년 아이들을 만나는 일은 큰 즐거움이었다.

그런데 나처럼 6학년과 함께하는 것을 긍정적으로 생각하는 분은 주변에 많지 않았다. 6학년 학생들이 만들어내는 크고 작은 사건들, 그리고 그 안에서 교사가 학생과 학부모로부터 받았던 상처들이 소문처럼 퍼지면서 6학년 담임 하기를 두려워하는 선생님들도 있었다. 학교를 옮기기 위해서는 6학년 담임을 거쳐야 한다는 조항이 생겨나기도 하고, 6학년 담임의 업무를 줄이거나 학교에 상담 선생님을 배치하는 곳도 생겨났지만, 6학년 학생들이 만드는 사건들은 여전히 여러 선생님들로 하여금 6학년 담임 선택을 어렵게 만든다.

온-오프라인에서 교사 심리치료 프로그램을 진행하다 보면, 심리극 주인공이 되기를 자처하거나 상담을 요청하는 분들 중 다수가 6학년 담임을 하고 있는 저경력 선생님들이었다. 심리치료 상황 속에 들어가 그들의 내면을 관찰해 본 결과, 6학년 학생들이 보여주는 크고 작은 사건들의 자극에 미숙하게 대응하는 교사의 감정처리시스템을 많이 확인할 수 있었다. 때론 방법과 요령을 몰라서 허덕이는 선생님들도 봤다. 이를 조금씩 교정하고, 그들의 내면에 자리한 힘을 끌어내주면서 이게 단지 그들만의 고민은 아니란 생각이 들었다.

이처럼 어떤 선생님들에게 6학년은 기피 대상이 되는 학년이다. 그러다 보니, 상대적으로 경력이 적은 선생님들이 6학년을 맡게 되는 경우도 생긴다. 한창 두근거리고 의욕적이어야 할 시기에 이들은 실패를 경험하면서 후회와 트라우마를 간직한 채 교직 생활을 시작한다.

이번에 학교를 옮긴 뒤 6학년 부장을 지원했다는 소식에 아내는 굉장히 속상해 했다. 몇 년 전, 6학년 부장을 하면서 겪었던 수없이 많은 일들, 학교 시스템 속에서 상처 받고, 그곳에서 생긴 스트레스가 가정으로까지 연결된 경험이 있기 때문이었다. 혹시라도 생길 여러 학교폭력 관련 사건들에 내가 과거처럼 감정처리를 제대로 하지 못해 다시 욱하는 교사가 될까봐 걱정하는 아내의 조마조마한 마음을 봤다. 나는 아내에게 걱정 말라고 이야기하고 한 해를 보냈다.

예전과 달리 나는 심리치료와 상담을 더 깊게 공부했고, 내 감정처리시스템을 재조각한 상태였다. 6학년 학생들과 나눌 다양한 프로그램이 생겼기 때문인지 화를 내는 교사가 아니라, 더 놀아주고 아이들을 다독이며 마음 깊숙한 곳까지 위로와 지지를 보내는 교사로 시간을 보냈다. 학년 부장을 하면서 동료 교사를 위로하고 다독이며 여러 학생들과 연결된 사건도 해결해 냈고, 관리자와 학교를 바라보는 눈 또한 편안해져서 개인적으로도 행복했다.

이런 내 모습을 기쁜 마음으로 바라보던 아내가 학년 선택을 할 즈음 "새 학년엔 내가 6학년을 맡을 것 같은데 어떻게 해야 해?" 하고 물었다. 변화된 나의 비법과 노하우를 알려달라고 부탁했다. "너무 권위적으로 하지 말고, 선생님이 자신을 믿어주고 사랑한다는 생각을 교실에 심어줘, 그러면 돼."라고 했더니 조금 더 구체적인 답을 원했다. 생각해 보니 아내뿐만 아니라 상담과 심리극 워크숍 속에서 6학년 학생들과 생활하는 데 어려움을 겪고, 도움을 얻고 싶어 하는 선생님들이 많았다. 그래서 몇 년간 6학년 담임을 하면서 생긴 생각, 노하우, 기법을 담아 한 권의 책으로 엮어내기로 했다. 가장 먼저 아내의 불안감을 줄이고, 또 전국 어딘가에서 6학년 담임을 하면서 불안감이 올라오거나, 교실에 생긴 힘든 일들을 어디서부터 해결해야 할지 고민하는 선생님들께 책을 통해 도움을 드리고 싶었다.

이 책을 본격적으로 집필하기에 앞서 온라인 설문조사를 통해 전국의 선생님들께 무엇이 힘들고 어려웠는지, 보람과 기쁨은 무엇이었는지, 또 어떤 도움이 필요했는지 등을 먼저 물어봤다. 많은 분들이 응답을 주셨고 이 지면을 빌려 깊은 감사의 말씀을 전한다. 이를 바탕으로 '6학년 학급운영을 어떻게 할 것인가?'라는 관점보다는 많은 선생님들이 힘들고 어려워하는 교실 속 사건과 불편함을 어떻게 '예방'하고 '해결'할 것인지에 대한 프로그램 위주로 내용을 모았다. 모쪼록 이 책을 통해 6학년 담임을 하는 것은 정말 멋진 일이며, 교사의 성장으로 이어지는 귀한 경험이라는 것을 알게 되면 좋겠다.

지은이 서준호

Contents

PART 2 학생 파악하기

PART 3 학급운영 프로그램

PART 4 문제해결 프로그램

PART 0
6학년 담임, 이렇게 준비해요!

설렘과 우려가 교차하는 6학년의 시작.
어디서부터 어떻게, 무엇을 준비해야 할까?
학생과 교사 모두가 행복한 교실을 만드는 방법은 무엇일까?
긴장을 뒤로하고, 6학년 담임을 준비해 보자.
본격적인 학급운영 프로그램, 문제해결 프로그램 등을 시작하기 전에
6학년 담임은 어떤 자리인지, 정말 그렇게 힘들기만 한 건지
함께 생각하고 나눌 수 있는 설문조사 이야기와
미리 알고 시작하면 좋을 기본 정보들을 소개한다.

설문조사

전국의
6학년 담임선생님들께
물었습니다!

● ● ●

전국의 선생님들은 '6학년'을 어떻게 바라보고 있을까?
과연 다른 선생님들도 내 주변의 선생님들처럼 불안감에 떨고 있을까?
내게 도움을 요청한 선생님들처럼 그분들도 힘들어하고 있을까?
페이스북과 인디스쿨을 통해 전국의 6학년 담임선생님들께 설문을 진행했다.
설문은 총 3차에 걸쳐 주관식 문항 위주로 하였으며,
설문 시기나 문항에 따라 응답자 수는 조금씩 차이가 있다.

6학년 담임을 희망한 이유는 무엇인가요?

6학년 담임을 희망한 이유는 '6학년을 하다 보니 중독됐어요', '올해 아이들이 괜찮아서요' 등 응답 내용이 매우 다양했다(응답자 178명). 그중에서 졸업시켰다는 보람과 제자가 생기기 때문이란 답이 가장 많았다.

성인이 된 뒤 우리 주변을 돌아보면 6학년 때 담임선생님을 기억하고, 6학년을 기준으로 동창 모임을 하는 경우가 많다. 이것만 봐도 6학년은 특별하다. 졸업한 제자들이 세월이 지나 찾아와 감사 인사를 하는 모습을 상상해 보자. 세월의 흐름에 따른 아이들의 성장을 지켜볼 수 있는 멋진 경험은 6학년 담임을 했을 때 가능하다.

이 밖에도 의사소통에 대한 답이 많았다. 6학년 아이들과는 비교적 말이 잘 통한다. 대화를 나누는 재미도 있고, 이야기를 통해 변화되는 모습을 보면서 감동을 받기도 한다.

또한 아이들이 성숙하기 때문에 교사의 입장에서는 많은 것을 알려주고 적용할 수 있다는 장점도 있다. 내 경우에도 다양한 프로그램을 적용하고 이를 통해 아이들이 변화되는 모습을 볼 수 있었기 때문에 6학년 담임을 주로 하고 싶었다. 내가 관심을 둔 영역에는 마음 흔들기, 상담, 심리치료 등 저학년보다 고학년에 초점이 맞춰진 프로그램이 많았고, 교실 내 활동만으로도 아이들이 변화되는 모습을 보는 일은 무척 행복했다.

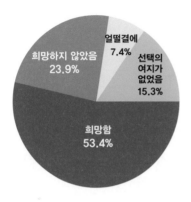

6학년 담임을 희망하셨나요? (응답자 163명)

얼떨결에
7.4%

희망하지 않았음
23.9%

선택의
여지가
없었음
15.3%

희망함
53.4%

희망함 ▶ 87명(53.4%)

희망하지 않았음 ▶ 39명(23.9%)

얼떨결에 ▶ 12명(7.4%)

선택의 여지가 없었음 ▶ 25명(15.3%)

　동학년 선생님, 가까운 선생님의 권유와 함께하자는 제안 때문에 6학년을 담임하는 분도 많았다. 학교생활에서는 같은 학교 교사 간의 '관계'가 행복을 만드는데, 가깝고 좋은 분들과 함께 생활한다는 것은 6학년 담임 생활에 대한 두려움도 없앨 만큼 큰 힘이었다.

　이와 별개로 업무가 없어서라는 답도 많았다. 교사는 담임으로서의 역할 이외에도 '학교'와 관련된 다양한 업무를 요구 받는데, 최근에는 혁신학교 등을 시작으로 6학년 담임의 업무를 점차 줄여가는 추세다. 담임이 다른 업무로 인해 교실에 집중하지 못함으로써 발생하는 더 큰 사고와 불편한 일이 생기지 않도록 환경을 마련하는 것이다. 그만큼 선생님들에게 업무에 대한 스트레스는 매우 크게 작용한다.

Q

6학년 담임을 맡는 순간 어떤 생각이 들었나요?

—

6학년을 맡는다면 나는 어떤 유형에 속할까? 많은 선생님들이 아래와 같은 응답을 주셨다(응답자 173명). 다음 내용을 보고 내 마음에 와 닿는 문장은 무엇인지 파악해 보자.

설렘형

- 설렌다!
- 아이들과 뭐 하고 놀까?
- 아, 가슴 뭉클해요!
- 책임감 작열!
- 심장이 두근두근
- 이런 느낌 처음이야!
- 기다렸어요!
- 평생 제자가 생긴다!
- 내 한 몸 불사르겠어!

복잡미묘형

- 기대되는데 두렵기도 해요!
- 설렘과 묘함
- 두려움 반 설렘 반
- 기대와 걱정
- 편안하면서도 긴장감
- 담담하면서도 사고칠까봐 걱정
- 불안과 설렘

걱정형

- 망했다!!
- 아, 부담된다
- 생활지도가 걱정돼요!
- 두렵고, 불안하다
- 절망적이야!
- 헉, 학교 가기 싫다
- 흐음, 올 것이 왔구나
- 상처 받지 말자!
- 답답하다!

같은 6학년 담임 생활을 시작하지만 누구는 설레고 누군가는 걱정한다. 과거에 6학년 담임을 맡아 좋았던 기억이 있고, 제자들도 반갑게 찾아오는 상황이라면 6학년 담임에 대한 부담이 크지 않을 것이다. 하지만 6학년 담임 경험이 없거나 과거에 6학년을 담임했을 때 상처 받은 경험이 있다면 두려움이 생길 수밖에 없다.

주변의 이야기를 들어보면 6학년 담임 때 감동을 받고 행복했던 일보다는 사건사고 속에서 힘들고 괴로웠던 이야기들이 더 부각된다. 그러다 보니 6학년 담임 경험이 없는 분들은 두려움과 불안감이 더 증폭될 수밖에 없다.

사람은 같은 것을 바라보더라도 내면에 이미 자리한 감정에 따라 대상을 해석하고 처리하는 방식이 다르다. 그만큼 마음속에 불안감과 두려움이 많은 교사는 6학년 담임 생활에 부담을 느낄 수밖에 없는 것이다. 하지만 기억하자. 많은 선생님들이 결국은 잘 해냈고 감동으로 잘 마무리 지었다는 사실을 말이다. 불안감과 두려움을 줄이고 설레는 마음으로 시작해 보자.

Q

6학년 담임을 하면서 어떤 일이 힘들었나요?

설문조사에 따르면 많은 선생님들이 학생과의 관계와 소통에 대해 이야기했다. 자신보다 덩치가 큰 남학생들이 다투는데 어떻게 말려야 할지 고민했다는 여자 선생님, 여자아이들이 그룹을 만들고 그 안에서 미묘한 관계와 따돌림을 만들었던 문제, 그리고 그 문제가 부모와의 갈등과 민원으로 이어졌던 일, 분노조절이 되지 않아 다른 아이들을 자꾸만 괴롭히고 교실 분위기를 흐리는 아이, 선생님이 기울인 노력만큼 변하지 않는 아이, 대화를 나누고 싶어도 말수가 없고 공격적인 눈으로 바라보기만 하는 아이, 자해 행동, 물건 던지기, 성 관련 사고, 교사에게 대들기 등 학생으로 인해 힘들었다는 응답이 많았다.

학부모가 전화로 교사에게 따지거나 학생 관계에 개입을 해 더 큰 사건이 만들어지기도 하고, 교사에 대한 뒷담화를 하거나 교사에게 문제해결을 할 수 있

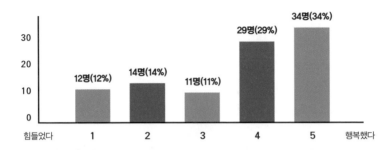

6학년 담임을 했던 지난 1년, 내 〈마음의 정도〉를 표현한다면? (응답자 100명)

는 여유를 주지 않고 감정적으로 관리자에게 찾아가는 등 학부모와 관련된 문제도 있었다.

이 밖에도 과한 업무로 인해 학생들에게 집중할 수 없어 불편한 일이 교실에 발생하거나, 관리자들이 자꾸 개입함으로써 담임의 권위를 낮추는 일, 감정 처리가 잘 되지 않는 동학년 선생님으로 인해 6학년 담임 모두가 힘들었던 일, 학생 문제로 힘든데 관리자는 담임 책임이라고 꾸중하는 일 등 동료 교사, 관리자, 학교 시스템 등도 6학년 담임 생활을 힘들게 하는 요소들이었다.

뒤에서 세부적으로 더 많은 이야기를 하겠지만, 이 모든 것은 관계에서 오는 힘듦이라고 미리 생각하자. 6학년 담임 생활 자체가 힘든 것이 아니라 6학년 담임을 하면서 만나는 여러 사건사고가 내 마음속에 있던 상처와 감정을 증폭시켜서 더 큰 어려움을 경험하는 것이다. 보통 관계로 인해 힘들다고 느끼면 그 감정은 100% 상대가 만들어낸 것이라 생각할 수 있지만 실은 내가 기여한 부분도 있고, 때론 원인을 제공한 부분도 있다. 그러니 위에서 제시한 힘듦은 충분히 이겨낼 수 있고, 극복할 수 있고, 예방할 수 있다.

어려움을 이겨내기 위해 누구의 도움이 필요했나요?

위 질문에 대한 응답을 살펴보면, 크게 사람의 도움과 기법의 도움이 필요한 것을 알 수 있었다.

사람의 도움은 관계 속에서 위로 받고, 지지 받고, 힘듦을 함께 나누고자 하는 마음을 의미한다. 가장 많은 선생님들이 필요로 한 것은 역시 동학년 선생님과 동료 교사의 도움이었다. 가장 가까이에 있는 사람들의 위로와 지지가 필요했던 것이다. 그러나 안타깝게도 그런 도움을 받았던 경험이 있는 선생님은 많지 않았다.

서로 소통하지 않는 동학년 생활 속에서는 그 어려움이 더욱 증폭되고 힘들어지기 마련이다. 그러니 혼자서 끙끙대기보다 서로 나누고 생각을 교환할 수 있는 동학년 선생님과의 협력 관계는 매우 중요하다.

학년 부장 선생님과 선배 교사의 도움이 필요했다는 답이 두 번째로 많았다. 조금 더 경험 있는 분의 조언과 다독임이 필요했다고 볼 수 있다. 어려움이 있을 때 문을 두드리고 부장 또는 선배 교사에게 힘든 이야기를 하면 좋을 텐데, 상대에게 방해가 되면 어떻게 하나 하는 마음에 발걸음을 돌리는 경우가 있다. 부장 선생님의 업무가 많은데 내가 시간을 뺏고 또 다른 짐을 주는 것은 아닐까 하는 생각에 쉽게 다가가지 못하는 것이다. 하지만 기억하자. 많은 선배 교사들은 후배들을 도와주고 싶어 한다. 6학년 부장의 할 일은 동학년 선생님들이 힘들지 않도록 잘 관찰하고 위로하고 지지하고 격려하는 일이다. 힘들면 언제든지 가서 이야기하자. 이야기하고 못 하고는 큰 차이를 만든다.

다음은 상담 전문가의 도움이 필요한 경우다. 갈수록 이해하기 힘든 문제행동이 6학년 때 증폭되는 학생들을 생각하면 문제행동을 조금 더 명확하게 설명해 주고, 조언해 주고, 상담해 주는 시스템이 필요하다. 하지만 현재 학교는 담임이 모든 것을 해야 하는 구조다. 동학년 선생님들과 머리를 맞대고 고민을 나눠보지만 교사의 영역이 아닌, 상담과 심리치료의 영역이 필요한 부분은 당연히 어려울 수밖에 없다.

아이들의 도움을 이야기하는 선생님도 있었다. 하지만 교사는 아이들을 도와주는 위치에 있는 것이지, 아이들에게 도움을 받는 위치에 있는 것이 아니다. 그렇다고 모든 문제를 교사 혼자 책임지고 해결하라는 의미는 아니다. 문제가 있다면 교육적인 관점에서 함께 해결하기 위해 노력해야 한다.

학부모의 도움이 필요하다는 의견도 있었다. 하지만 마음처럼 많은 도움을 받지는 못했다고 이야기한다. 내 경우에는 밴드와 편지 등으로 소통하며 협력 관계를 구축했는데, 실제로 이러한 학부모와의 협력 관계는 학생을 변화시키는 데 큰 도움이 되었다.

이 밖에 '아내와 남편'의 도움이 필요한 경우도 있었다. 하지만 무엇보다 마음 아팠던 답변은 '아무도 도움이 안 됨'과 '도움 없었음'이었다. 내 주변에, 내 옆자리에 혹시 홀로 힘들어하고 있는 선생님은 없을까? 잠시 책을 내려놓고 돌아보자.

행복한 교실을 만들기 위해, 무엇이 필요했나요?

이 질문에 대한 답변으로는 상담기법, 의사소통방법 등에 대한 의견이 많았다.

실제로 6학년 교실에서는 문제해결과 관련된 상담이 많이 진행된다. 나 또한 6학년 담임을 하면서 학년 초에 굉장히 많은 공을 들여 시스템을 만들고 문제를 해결해 낸다. 그 결과 시간이 흐를수록 교실은 조금 더 평온해지고, 내가 하고자 했던 많은 일을 할 수 있는 시간과 여유가 생겼다. 이 부분과 관련해 뒤에서 소개할 상담 용지와 다양한 프로그램이 예방과 문제해결에 도움을 줄 것으로 기대한다. 물론 6학년 담임은 교사이지 상담 전문가가 아니다. 그리고 많은 학생을 상담하기엔 시간도 부족하고, 집중할 수 있는 여건도 되지 않는다. 그러니 짧은 시간 안에 어떻게 효과적으로 문제를 해결해 내느냐가 가장 중요하다. 이 부분은 뒤에서 좀 더 자세히 이야기하기로 하자.

그다음으로 많았던 응답은 '감정조절기법', '나를 위로하는 방법', '감정의 쓰레기통', '자기최면기법' 등 교사인 자신의 마음을 조절하는 방법이었다.

내게 문을 두드렸던 6학년 선생님들과 진행했던 상담과 심리치료 활동을 돌아보면, 6학년 학생들의 크고 작은 사건들 때문에 교사 자신 안에 자리했던 상처와 감정이 증폭되는 경우가 많았다. 내 감정을 학생들에게 있는 그대로 잘 나누고, 내가 힘들어질 때면 주변 사람들과 잘 소통하며 그 힘듦을 나누고, 나를 위한 선물도 주고, 운동 또는 상담 등으로 감정을 잘 털어내보자. '남들이 잘 해냈던 것처럼 나 또한 잘 해낼 거야'라는 믿음으로 내가 나를 다독이는 시간을 만들어보자.

시스템에 대한 요구도 있었다. 학급 규칙을 어떻게 만들어야 하며, 교사 주도보다는 학생 주도로 민주적인 교실을 어떻게 만들어가야 하는지 등 학급을 운영하는 여러 좋은 방법과 프로그램에 대한 필요성도 있었다. 이 부분에 대해서도 뒤에서 다룰 예정이다.

Q

6학년 담임을 하면서 어떤 감동이 있었나요?

　　6학년 담임을 하면서 감동적이었던 순간은 언제일까? 설문에 참여한 선생님
들은 다음과 같은 답변을 주었다.

* 아파서 병가를 며칠 쓰고 돌아왔는데, 교탁 위에 편지가 놓여 있었어요.

　6학년 중, 가장 좋은 선생님이라는 말을 들었어요.

　졸업식 때, 자기가 받은 꽃다발을 저에게 건넸어요.

　학부모님이 감사하다는 문자를 주셨어요.

　"고마웠어요"라고 아이들이 말해 줬어요.

　"선생님 덕분에 즐거운 6학년을 보냈어요"라는 말을 들었어요.

　교원 평가에 부모님의 칭찬과 위로 글이 적혀 있었어요.

정말 힘들었던 학생이 있었는데 부모님이 저를 격려해 주셨어요.

졸업식 전날, 아이들이 깜짝 파티를 해줬어요.

힘든 왕따 문제가 있었는데 잘 해결됐어요!

학교생활에 어려움이 있던 아이가 있었는데 저에게 이야기를 털어놓고 저와 함께라면 바꿔볼 수 있다고 말하며 함께 울었어요.

중학교 진학 업무로 정신 없는데 아이들이 와서 "도와드릴 건 없어요?"라고 물어봤어요.

아이들이 조금씩 변하고 있다는 것을 느꼈을 때요.

동료 선생님들이 격려해 주셨어요.

"선생님 수업이 재미있어요!"라고 쉬는 시간에 아이가 이야기했어요.

다 자라서 어른이 된 뒤 찾아와 술 한잔하게 됐을 때요.

졸업 후, 지속적으로 나를 잊지 않고 찾아왔어요.

"선생님 힘내세요" 하면서 아이들이 종이 목걸이를 제 목에 걸어줬어요.

아이들에게 손편지를 받았어요.

졸업식 날 제 손을 잡고 아이들이 울었어요.

하루하루가 감동이었어요.

학교를 옮겼는데도 찾아와서 보고 싶다고 했던 아이들요.

일 년 동안 저를 힘들게 했던 학생들이 찾아와 그때는 죄송했다며 멋쩍게 웃었어요.

나를 따라서 초등학교 선생님이 되겠다고 이야기했어요.

제자들이 찾아와 제가 기억하지 못했던 사소한 배려들, 좋았던 것들을 이야기해 줬어요.

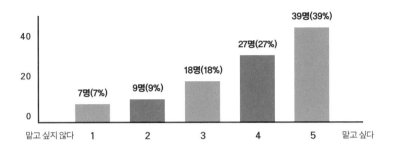

다시 6학년 담임을 맡겠습니까? (응답자 100명)

자신들의 문제를 스스로 해결한 모습을 봤어요.

반 아이들이 '우리 반이 최고'라고 늘 외치고 다녔어요.

작은 감동이 쌓이면 큰 감동으로 이어진다. 그리고 그 감동은 교사인 당신이 만들 수 있다. 아이들은 언제나 진심을 알아차린다. 때로는 실수를 할 수도 있지만, 6학년 담임을 맡은 당신이 한 모든 것은 의미 있는 일이고, 내가 할 수 있는 최선이라고 생각하자. 현재의 결과가 아닌, 미래를 바라보자. 작은 것에도 감동하는 교사를 보며 아이들은 그다음의 감동을 만들고 준비한다.

이런 감동 때문인지 많은 선생님이 '힘듦'을 경험하지만 다시 담임을 하겠다는 답을 해주는 것이라 생각한다. 6학년은 두려움과 좌절을 선물하기도 하지만, 감동과 의미 그리고 제자라는 더 큰 선물을 주는 학년이다.

6학년 부장은 무엇이 힘들었나요?

———

　이 질문에는 많은 부장 선생님들이 업무라고 답을 했다. 6학년 부장은 가장 먼저 수학여행과 졸업앨범 계획을 세우고 공문을 올린 뒤 운영위원회의 승인을 받아야 한다. 전년도에 미리 계획하는 학교도 있지만, 보통은 숙소와 예약 문제 때문에 6학년 부장 생활을 시작하자마자 신경 써야 하는 일이다. 체험학습 관련 사전 답사도 해야 하고, 진행할 때는 학년 전체를 인솔해야 한다. 이 밖에 학교 행사와 관련된 잦은 회의에도 참석해야 한다. 무엇보다 중요한 것은 중학교 진학과 졸업 관련 업무다. 이렇듯 담임으로서 교실에 집중하기가 어렵고, 에너지를 분산해 학교 업무를 처리하다 보니 교실 속에서 크고 작은 사건이 발생했던 부장 교사의 반도 있었다. 따라서 업무를 동학년 선생님들과 잘 분배하고 협조 체제를 어떻게 만드느냐가 중요하다.

　두 번째로 많은 응답은 6학년 선생님들과의 소통이었다. 부장 교사는 크고 작은 사건들 때문에 힘들어하는 6학년 선생님들을 다독이고, 때론 이야기를 들어주고, 여러 행사의 진행을 주도하기도 한다. 그 과정에서 부장 교사는 종종 외로워진다. 관리자가 부장 교사를 잘 다독여주고 이야기를 들어주면 좀 낫겠지만 쉽지 않은 현실이다.

　각자의 성격과 성장 과정이 다르기 때문에 때로는 전달하는 내용을 다르게 해석하고 감정을 갖는 선생님들도 생긴다. 누군가와는 마음이 잘 맞지만 어떤 누군가와는 알게 모르게 불편함이 생길 수도 있다. 내 경우엔 동학년 선생님들과 함께 모여 성격유형검사를 해보고 서로 다르다는 것을 이해하는 자리를 가졌었다. 서로 잘하는 부분과 부족한 부분을 살펴보며, 좋은 것은 서로 도와주고 부족한 부분은 서로 보완해 줄 수 있도록 했더니 좋은 협력 관계가 만들어졌던 경험이 있다. 이외에도 동학년 선생님들과 함께 이야기를 잘 나누고, 잘 먹고(!), 잘 풀어내는 시간과 이벤트 등을 가진다면 관계를 돈독히 하는 데 도움이 될 것이다.

　마지막으로 생활지도가 힘들었다고 답한 선생님들도 있었다. 부장 교사는 6학년 전체에 일어나는 많은 사건들을 살펴보고 때론 여러 반 학생들을 관리해야 하며, 그와 관련해 담임선생님과도 소통해야 한다. 또 부장으로서 사건에 대해 파악하고, 동학년 교사들과 관리자 사이의 다리 역할도 해야 한다. 이렇듯 여러 책임을 져야 하는 역할 속에서 어려움을 느끼는 분들도 있었다.

Q

6학년 담임을 하실 선생님들께 조언을 해준다면?

6학년 담임을 맡고 불안해 하시는 선생님들도 많다. 그런 선생님을 위해 따뜻한 조언의 한 마디를 많은 선생님들께서 다음과 같이 남겨 주셨다.

- 6학년 담임은 선생님과 아이의 성장이 되어 감동의 선물로 돌아올 것입니다.

  힘내세요, 6학년은 힘들지만 그만큼 보람도 커요!

  내 탓이라고 생각하지 마시고, 선생님은 잘하고 계시니, 힘내세요!

  동학년 선생님과 함께하면, 어려운 일도 현명하고 가볍게 해결돼요!

  힘든 만큼 정말 행복한 학년입니다. 해보시면 중독되실 겁니다!

  선생님이 먼저 마음을 열면, 아이들도 마음을 열어요.

  6학년 제자는 평생 제자라는 것을 기억하세요!

  6학년 아이들은 우리가 생각하는 것보다 훨씬 그 이상으로 성장해 있어요.

  힘들지만 보람 있습니다. 성인이 된 제자들과의 만남은 언제나 행복해요.

  학년 초반에 학생들을 내 품에 들어오게 하면 일 년이 괜찮아요.

  6학년은 선생님과 의사소통을 할 수 있는 나이랍니다. 대화로 일 년을 보내보세요.

  6학년 담임을 하는 것은 교사로서, 인간으로서 한 걸음 성장할 수 있는 기회랍니다.

편견을 내려놓고, 믿어주고, 많이 들어주세요.

선생님의 노력을 모두 알아주길 바라지 마세요.

6학년은 초등학교의 꽃이랍니다.

안아주고 웃어주면 반드시 보답하는 아이들이라는 것을 기억하세요.

졸업시킬 때의 뿌듯함과 시원함은 무엇과도 바꾸실 수 없을 거예요!

아이들이 최고로 기억해 주는 선생님은 6학년 담임, 바로 선생님입니다.

초조해 말고 잘할 수 있는 것부터 시작하세요. 모든 것을 잘해야 하는 것은 아

닙니다.

6학년들과 함께하다 보면 가르치는 재미를 진정으로 느낄 수 있어요

시간은 금세 지나가더군요. 막상 졸업식 날이 되면 울컥하실 겁니다. 파이팅!

기본 정보와 팁

이것만은 미리 알고 시작해요!

● ● ●

여러 기법과 프로그램에 대한 이야기를 시작하기 전에
6학년 생활을 위한 기본적인 팁과 조언을 정리했다.
체제와 관습, 학교 문화를 쉽게 바꿀 수는 없지만
6학년에 대한 기본적인 이해가 있다면 학교에서 만나는 여러 사건을
요령껏(?) 처리할 수 있고, 평화와 이해가 자리한 교실을 만드는 데
도움을 얻을 수 있을 것이다.
또한 선생님이 하고자 하는 프로그램에 깊이도 생기리라 믿는다.

경력 교사가 먼저 6학년을 담임하자

저경력 선생님 대상으로 연수를 함께 진행하던 중에 들었던 정유진 선생님의 이야기가 기억에 남는다.

의과대학 졸업생은 바로 수술실에 들어가지 않고 인턴, 레지던트 과정을 거치며 다양한 경험을 쌓는다. 보조적인 역할로 다양한 수술과 배움을 경험한 뒤, 수술 집도의가 된다. 하지만 교육대학교 학생은 졸업을 하고 임용고사에 합격한 뒤 현장에 나오자마자 남들이 기피하는 업무와 학년을 맡게 되는 경우가 많다. 그만큼 6학년 담임과 함께 또 다른 복잡한 업무도 동시에 맡게 되는데, 이는 의대생이 졸업을 하자마자 바로 어려운 외과수술을 집도하는 것과 같다는 비유를 들었다.

실제로 초임 선생님들이 6학년 담임을 하면서 생긴 어려움 때문에 내게 상담을 요청하는 경우가 많았다. 이들은 두근거리는 마음으로 최선을 다했지만 경험과 배움의 부족으로 어려움을 느끼고 있었다. 그 안에서 만난 큰 상처와 좌절은 트라우마로까지 자리해 교직 생활 전반에 영향을 주며 스스로를 움츠러들게 만들고 있었다.

신규 교사는 대개 자신의 과거 경험을 바탕으로 학급을 운영하곤 하는데, 성장 과정과 학창 시절 동안 따뜻하고 지지 받았던 경험이 가득했던 교사는 그를 기반으로, 반대로 꾸중과 통제 등의 경험이 많았던 교사는 그 경험을 기반으로 운영하는 경향이 있다. 그리고 문제 상황은 후자의 경우에 더 많이 발생했다.

내가 저경력 시절 근무했던 학교는 6학년 담임을 아무나 할 수 없었다. 다른 학교에 근무하던 동기들로부터 6학년 제자가 생겼다는 말을 들으면 정말 부러웠다. 하지만 당시 근무했던 학교에서는 최소 10년 이상의 경력이 있어야만 6학년 담임을 할 수 있다면서 교사의 경험과 순발력, 노련함을 중요시했다. 하고 싶어도 못 해서 그랬는지, 마음속엔 강렬한 끌림이 생겼고 학교를 옮긴 뒤부터는 6학년 담임을 주로 했다.

학교 사정상 신규 교사가 6학년 담임을 하는 경우라면 경력이 많고 노련한 선배 교사와 옆 반에 짝을 지어주고 다양한 소통을 하도록 하는 멘토링 작업이 진행되어야 한다. 신규 교사는 선배 교실의 문을 두드리는 것에 대해 미안해하고 죄송스럽게 생각하지만, 많은 선배들은 이제 막 발령받은 후배에게 너그럽고 많은 것을 알려주고 싶어 한다. 최소한 내 주변은 그랬다.

또한 저경력 교사들은 6학년 담임을 하면서 실수라도 하게 되면 매우 움츠러드는 경향이 있다. 하지만 실수할 수밖에 없는 시기이고, 그 실수로 성장하고 더 많이 알게 된다는 것을 기억하자. 내가 나에게 '괜찮아' 하고 다독거려야 한다. 누구나 신규 교사 시절이 있었고, 누구나 실수를 해서 얼굴이 붉어졌을 때가 있었다. 모두가 겪는 과정이니 완벽해야 한다는 부담감은 털어내는 것이 좋다.

폭풍이 몰아치는 학년 초, 나를 자주 다독이자!

학교와 지역마다 차이가 있겠지만, 첫날은 학년을 불문하고 모든 담임에게 굉장히 힘든 시간이다. 아이들과 차분히 멋진 첫 만남을 하고 싶지만, 아침부터 쪽지(메신저), 프린트물, 인편으로 전달되는 다양한 알림을 비롯해 크고 작은 회의까지 진행된다. 선생님 소개도 해야 하고, 학생들끼리 서로 인사도 시켜야 하고, 첫 만남 프로그램도 해야 하고, 사물함과 물건을 챙기도록 해야 하며, 명렬표 작업을 하는 등 그야말로 쉴 틈이 없다. 동시에 여러 개를 해낼 수 있는 '멀티형 교사'라면 크게 스트레스가 올라오지 않겠지만, 안타깝게도 그런 선생님은 많지 않다. 자연스럽게 화가 울컥 올라올 수밖에 없는 구조다.

이런 시스템이 교사에게 스트레스를 주고, 화를 촉발시킨다. 첫 만남에서 미소와 함께 좋은 모습을 보여주고 싶었는데, 외부적인 자극 때문에 스트레스 가득한 교사의 이미지로 아이들에게 다가가는 것이다. 경력이 짧고 이런 모든 일을 처음으로 경험한다면 더욱 당황할 수밖에 없다.

첫날, 학생들은 앞으로 펼쳐질 6학년 생활에 대해 두렵고 두근거리는 마음으로 집중한 상태에서 선생님을 만난다. 첫인상은 심리학에서도 많이 이야기될 만큼 매우 중요한데, 그만큼 학생들에게 선생님을 바라보는 첫날 첫인상은 크게 각인된다.

학생들과 보내게 될 첫 주에는 스트레스 상황이 생길 수밖에 없다는 것을 기억하자. 스트레스 상황이 생기면 어떻게 처리할지 미리 생각하고 계획해 보는 것도 도움이 된다.

내 경우엔 스트레스 상황이 올라올 때면 '완벽하게 하지 않아도 괜찮아'라는 생각을 하며 활동을 덜어내거나 학생들에게 '이런저런 일을 해야 하는데 선생님이 좀 힘든 상황이니 몇 분만 양해를 구할게' 하는 식으로 대화를 나눈다. 아이들이 날 지켜보고 있고 평가한다는 것을 알기 때문에 어렵거나 스트레스를 받을 만한 일들은 가급적 아이들이 없을 때 처리하려고 노력한다.

또한 첫 2~3일간의 프로그램을 시간대별로 미리 계획하면 아이들과 훨씬 여유롭게 만날 수 있다. 뒤에서 소개하는 다양한 활동을 나름대로 조합해 보고, 각자 중요하게 생각하는 말과 가치를 담아보거나 하고 싶은 다양한 것을 도전해 보자.

6

친구 같은 선생님이 될 것인가?
무서운 선생님이 될 것인가?

저경력 선생님의 경우 6학년 담임을 하게 되면 '친구처럼 재미있게 한 해를 지내야 할까?' 아니면 '아이들을 꽉 쥐어 잡고 통제해야 할까?' 하는 고민을 한다. 즉, 친구 같은 선생님으로 아이들을 만날 것인지, 아니면 무서운 모습으로 만날 것인지를 고민하는 것이다.

보통 선배들은 "처음에 아이들 꽉 잡아야 해, 그렇지 않으면 아이들은 여러 사건사고를 만들어내!"라며 자신이 경험했거나 들었던 다양한 정보를 알려준다. 학교폭력자치위원회가 열리면서 어떤 선생님은 스트레스 때문에 육아휴직에 들어갔다느니, 아이들이 선생님에게 대드는 바람에 자존심이 상해 다음 날 학교에 가지 않았다느니 하며, 아이들을 통제할 것을 권한다. 하지만 이런 방식이 모두에게 맞는 것은 아니다.

선천적으로 눈매가 매서워서 시선만 마주쳐도 무섭게 보이는 선생님이 있겠지만, 화를 내본 적이 없고 세상을 마냥 아름답게만 보는 유약한 이미지의 선생님도 있다. 후자의 경우라면 '무섭게 해야 한다'라는 신념

을 만들고 학생들에게 꾸중을 해봐도 어색할 것이다. 80사이즈 옷을 입도록 태어났는데 100사이즈 옷을 억지로 입는 것과 같기 때문이다. 아이들도 그걸 안다. 그리고 무엇보다 중요한 것은 우리나라 역사를 돌아봐도 왕과 정권이 무섭고 억압이 심하면 백성이 들고 일어나서 저항하지 않았는가! 무섭고 엄격하게 학급을 운영하면 아이들과 전쟁을 치르게 되는 경우가 많다.

나 또한 저경력 때 아이들을 일방적으로 꾸중하고, 잘못을 지적하면서 군대식으로 학급을 운영했었다. 여학생들은 연합했고, 안티카페를 만들었다. 나는 또 화가 나서 반 전체 학생을 앞에 두고 화를 냈고, 결국은 선생님을 싫어하는 또 다른 아이들이 발생하는 악순환까지 생겼던 경험이 있다. 반대로 친구처럼 요구를 전부 들어주고, 언제나 미소를 짓고, 크고 작은 실수에도 그냥 웃고만 넘어가는 것도 바람직하지 않다. '언젠가 아이들은 잘될 거야'라는 생각으로 방목한 경우, 교실이 난장판으로 변하고, 선생님이 아이들에게 휘둘리기도 하다가 또 다른 스트레스를 받게 되는 상황을 주변에서 목격하기도 했다. 결국은 남이 말하는 것에 나를 맞추기보다 내 스타일을 어떻게 잘 살리고 활용하는지가 중요한 것이다.

이후 경력이 쌓인 뒤, 6학년 담임과 학년 부장을 하면서는 크게 소리 지르는 경우도 없고, 잘 놀고, 편안하고 부드럽게 아이들 속에 자리하게 됐다. 그러면서도 아이들의 전체적인 분위기는 나를 조심하는 경향이 있다. 궁금해서 물어보면 아이들은 일(사건)이 생겼을 때 내가 굉장히 합리적이고 이성적으로 대처하기 때문이라는 답을 해준다. 사건이 생기면 눈을 바라보면서 차분히 질문을 던지고 끝내 행동을 교정해 내기 때문이라는데, 이 내용은 뒤의 기법 부분에서 조금 더 자세히 설명하고자 한다.

아이들은 무서운 선생님보다 이해시키는 선생님을 바란다. 반 전체를 운영할 땐 확고하면서 명확한 태도를 보여주는 한편, 일대일로 아이를 만나게 되면 따뜻하게 대화를 나누고 귀를 열어주는 것이 아이들이 바라는 교사의 모습이다. 실제로 아이들이 원하는 대로 나를 조각했더니 효과가 있었다. 아이들이 정말 무서워하는 것은 무작정 소리를 지르는 것이 아니라, 낮은 목소리와 안정감 있는 얼굴로 집요하게 물어보고 학생의 입에서 무엇이 옳은지 말하도록 하는 교사 이미지였다.

6학년은 원래부터 사고뭉치가 아니다

6학년 학생들을 사고뭉치로 생각하는 교사들이 많다. 하지만 사실은 그렇지 않다. 잠을 못 자면 자고 싶은 욕구가 올라오고, 배가 고프면 밥을 먹고 싶은 것처럼 성장 과정 속에서 생긴 결핍, 공허함, 욕구가 현재의 모습을 만드는 것이다.

상담을 통해 알게 된 6학년 학생들의 '현재 행동' 뒤에는 감춰진 이야기들이 많았다.

A는 어린 시절에 부모와 단절되어 아빠의 아들, 엄마의 아들이 될 기회를 놓쳤다. 그로 인해 내면에 공허함이 생겼고 '부모님 주세요!'라는 마음이 대체품인 '친구야 줘!'로 연결됐다. 부모에게 받지 못했던 충족감을 친구에게 받으려 하다 보니 친구의 요청을 거절하지 못하고 결국은 친구의 심부름만 하는 학생이 되었다.

B는 부모가 다투는 모습을 자주 봤다. 그 속에서 자신의 가족이 다른 가족과 달리 불행하다고 생각한 B는 자꾸 화가 올라왔다. 하지만 부모에게 그 모습은 잘못됐다고 말할 수 없었다. 가정에서 만들어진 짜증과 분노가 조금씩 B에게 쌓였고, 학교에서 답답한 상황이 생기면 그 전에 생긴 짜증과 분노까지 더해 친구와 선생님에게 풀어내기도 했다.

6학년 학생들은 태어나면서부터 "6학년이 되면 교실에서 사건을 만들고 담임선생님을 힘들게 해야지" 하고 계획한 것이 아니다. 아이들에게는 그리 될 수밖에 없었던 배경이 있다. 그 배경과 숨겨진 스토리를 알면 학생들에게 꾸중과 처벌이 아닌 위로와 마음을 내어줄 수 있다.

6학년 정도가 되면 학생들은 어른을 평가하기 시작한다. 부모나 교사가 이중적인 모습을 취하거나, 본인은 제대로 하지 않으면서 우리들에게 강요한다는 느낌을 갖는 순간 얼굴과 몸으로 '당신이 싫어요'라는 메시지를 발산한다. 그 순간 내면에 상처나 트라우마 경험이 있는 교사는 아이들의 태도에 자극받아 미숙한 방식으로 투쟁을 하거나 무섭게 학급을 운영하고, 혹은 그 아이들 곁을 떠나기도 한다. 학생들의 사건에 자극받은 교사가 또 다른 상처를 아이들에게 주는 경우도 있다.

아이를 온전히 이해하더라도, 아이를 완전히 바꿀 수는 없다는 것을 기억하자. 아이들의 운명에 동의하고, 내가 할 수 있는 범위 내에서 최선을 다하자. 교사가 아이를 잘못됐다고 생각하는 순간 그 메시지는 언어적이든 비언어적이든 어떠한 형태로든 아이에게 전달된다. 아이들은 생존하기 위해서 어렸을 때부터 가정에서 눈치를 보고 어른들을 살피며 자라왔기 때문에 어른들 마음의 변화를 금세 알아차린다. 6학년 학생들은 자신을 지지하는 교사에겐 반항하지 않으며, 자신을 사랑하는 교사에게 상처 주려 하지 않는다. 교사가 주는 자극이 틀림없이 존재한다는 것을 기억하자.

6

SNS와 커뮤니티사이트 정보를 적극 활용하자!

우리는 인터넷을 통해 많은 정보를 얻을 수 있는 멋진 시대에 살고 있다. 예전엔 정보가 부족해 학교 내 선배의 경험이 최고였고, 노하우 한두 개를 감사한 마음으로 받고 기뻐하던 시대였다. 배우고 싶은 기법이 있어도 어디서 배워야 하는지 좀처럼 알 수 없었던 시대이기도 했다. 하지만 지금은 다양한 커뮤니티 사이트와 페이스북(facebook)에서 정보를 얻을 수 있다. 6학년 교사라면 다음 두 가지를 추천한다.

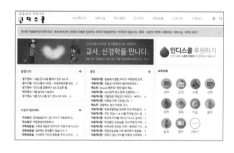

초등 교사를 위한 대표적인 커뮤니티 사이트로 '인디스쿨(www.indischool.com)'이 있다. 교사 인증을 받고 가입하면 전국 고수들의 다양한 수업 자료와 생각, 고민을 한곳에서 얻을 수 있다. 다양한 주제로 오프라인 연수를 만날 수도 있다. 나는 몇 번의 숙박 연수에 참여한 적이 있었는데, 사이트에서 만난 교사들의 노하우를 실제로 체험하면서 수업과 학급 운영에 관한 많은 아이디어를 얻었다. 당장 내일 학생들과 진행해야 하는 수업에 대해 도움이 필요하다면 〈교육나눔〉과 〈교육자료〉 메뉴를 활용하고, 고민이 있다면 〈교육상담실〉을 활용해 보자.

SNS로는 페이스북을 추천한다. 개인적인 일상을 노출해야 한다는 부담감 때문에 사용하지 않는 분도 있지만, 배움의 수단으로 유익하게 활용할 수 있다. 전국의 쟁쟁한 선생님께 친구 신청을 하고 타임라인에 올라오는 다양한 소식을 읽어보자. 학교에서 얻을 수 있는 정보 외에도 다양한 수업, 학급운영, 학교를 바라보는 태도 등 배우고 만나고 싶은 선생님들이 많다. 나 또한 페이스북에서 〈서준호〉라는 개인 계정과 〈학교흔들기 & 마음흔들기〉라는 페이지를 통해 소식을 전달하고 있다. 여러 선생님의 자료를 보며 자극 받고, 배우고, 교실에 적용해 보며, 이를 또 다른 프로그램으로 발전시키는 작업도 계속해 오고 있다.

지금 바로 페이스북에 가입한 뒤, '서준호'를 검색하자. 그런 뒤 친구 목록에 들어가 활동이 왕성한 선생님들에게 친구 신청을 하자. '모르는데 친구 신청을 받아줄까?'란 생각은 기우이다. 콘텐츠 생산과 소통을 위주로 좋은 것을 널리 알리는 분들이 더 많다.

동학년 선생님과 협력 체제를 만들자!

학교생활의 행복은 동학년 선생님들과의 관계가 90%라 할 수 있다. 학교 내에서 가장 많은 시간 이야기를 나누고, 함께 고민하면서 업무도 처리하고 다양한 자료를 주고받는 관계다. 특히 6학년은 동학년과의 협력 관계가 정말 중요하다. 힘든 일이 있어도 서로 이해하고 편이 되어주면 힘든 6학년 생활을 잘 이겨낼 수 있다.

앞서 설문조사에서도 잠깐 언급했지만 많은 선생님들이 6학년 담임 생활을 하면서 힘들 때 동학년 선생님의 도움을 가장 필요로 했다. 하지만 동학년의 위로로 감동받고 감사해 하는 경우는 적었다. 그만큼 서로의 힘듦을 봐줄 수 있는 감정적인 여유가 없다는 것으로 해석된다.

이야기를 들어주고, 위로해 주고, 다독여주고, 문제에 대해 함께 생각해 보는 것만으로도 충분하다. 함께 많은 일을 하게 되면 모두가 일정 정도의 스트레스를 받게 되는데, 스트레스에 가장 취약한 사람은 성격적인 부분도 있겠지만 그보다는 저경력 교사들이라는 것을 기억하자. 동학년의 저경력 교사에게 먼저 다가가 선배로서 후배를 다독이고 '괜찮다'는 위로를 해주자.

학년 부장을 하면서 처음 동학년 교사들의 행복을 위해 시작했던 것은 '각자 다르다는 것을 인정'하는 작업이었다. "우리 모두 똑같이 해요!"라는 말을 하는 선생님도 있었다. 그분의 마음속에는 '저 선생님보다 내가 부족해 보이면 어쩌

지?'라는 불안감이 잠재되어 있는 것이다. 하지만 성격과 성장 과정 속 경험이 다르기 때문에 모두가 똑같을 수는 없다. 그래서 성격검사를 받고 결과를 놓은 뒤 각자의 강점을 살펴봤다. 내가 부족한 것은 다른 동학년 선생님에게 도움을 얻고, 내가 잘할 수 있는 부분은 동학년 선생님에게 내어줄 수 있도록 이해시켰다. 그리고 손을 잡고 "우리는 동학년입니다. 동학년이란 이름은 큰 힘이 있습니다. 6학년 생활을 하다 어려움이 있으면 동학년이 함께 이겨내겠습니다."라고 짧게 따라 읽으며 의식적인 자리를 만들었다. 이 문구는 큰 힘이 되었는데, 실제로 일이 생길 때마다 동학년이 함께 머리를 맞댔다. 동학년은 질투하는 대상이 아니라 함께 성장하는 대상인 것이다.

　참고로 6학년 동학년 선생님들끼리 교재 연구를 분산해 놓으면 좋다. 시수가 많고 생활지도 등의 업무로 6학년 선생님은 언제나 시간이 부족하다. 1반 선생님은 국어, 2반 선생님은 사회 등 교재 연구를 분산해 놓으면 시간이 절약되고 좋은 것을 주고받는 형태가 만들어진다.

함께 맛있는 것도 자주 먹자. 피자도 시키고 치킨도 시키자. 먹는 힘으로도 이겨낸다. 먹으면서 대화를 나눌 수 있으니 이 또한 얼마나 좋은가! 생일과 크고 작은 좋은 일에는 축하를 해주자. 학년

부장이 꼼꼼하게 다 챙기면 좋지만, 동학년 선생님들의 분위기를 파악하고 적당한 먹을거리 이벤트를 할 수 있는 담당을 정하는 것도 좋다. 아이들을 졸업시킨 뒤, 동학년 선생님들과 기념사진을 찍는 것도 잊지 말자!

6

학생들이 교사의 말에 집중하도록
간단한 규칙을 정하자

학생들 전체를 움직여야 하는 상황이 있을 땐 교사의 말이 전달되지 않거나 집중할 수 없는 경우가 많다. 아이들이 서로 나누는 이야기 소리를 넘어서 교사가 이야기를 해야 하는데, 이 때문에 가끔 소리를 버럭 지르게 되곤 한다. 때론 휴대용 앰프를 이용해 아이들의 소음보다 더 큰 소리로 접근하는 방법도 있는데, 이보다 더 좋은 것은 종과 호루라기를 적절하게 이용해 교실이 조용해진 상태에서 교사가 작은 목소리로 차분하게 이야기하는 것이다. 이런 규칙은 한 번 정하고 일 년간 같은 방법을 유지하면 된다. 특히 6학년 전체 학급에 통일을 해 놓으면 학년 부장은 전체를 통솔할 경우에 큰 도움이 된다.

1. 박수를 이용한다

나는 학급에서 또는 학년 전체의 집중을 유도할 때 기본적으로 박수를 사용한다. 작은 목소리로 "박수 세 번 시작" 하면, 그것을 들은 가까이에 있던 학생 몇 명이 박수를 '짝짝짝' 친다. "박수 세 번 시작"이란 말을 몇 번 반복하다 보면 박수를 치고 나를 바라보는 학생이 늘어나고 소음은 세 번 정도에서 확 줄어든다. 그럴 때 차분히 "박수가 끝나면 선생님 눈을 바라봅니다."라고 말한 뒤, 한 번 정도 더 박수를 치게 하고 반 아이들 눈을 바라보면서 전체의 소음을 잡고 집중을 만들어낸다. 학년 부장으로 학년 전체에 집중을 만들 때도 그렇다. 강당에 설치된 마이크에 입을 대고 "박수 세 번 시작!" 하는 것이다. 소리 지르지 않고, 약간 낮은 목소리로, 카리스마 있게 두세 번 진행하는 것만으로도 전체 집중을 만들어낼 수 있다.

2. 호루라기를 이용한다

운동장이나 체험학습 때에는 목소리만으로 아이들을 통제하기가 어려울 수 있다. 그럴 때는 호루라기를 이용해 반, 학년 전체를 통솔하고 집중하도록 한다. 입에 호루라기를 대고 (절대 크지 않게) '삑삑' 하면 아이들은 박수 세 번을 '짝짝짝' 치고 교사에게 집중하도록 한다. '삑삑, 짝짝짝' 박자에 맞게 몇 번 호루라기를 불면 소음이 갑자기 확 줄어드는 타이밍이 생긴다. 이때 교사가 말을 하면 큰 목소리로 하지 않아도 잘 전달이 된다. "모두가 선생님 눈을 바라보도록 합니다." 또는 "모두가 박수를 치는데 아직 떠드는 학생이 있다면 옆 친구가 알려주도록 합니다." 그렇게 말하곤 다시 호루라기를 '삑삑' 하고 불면서 '삑삑, 짝짝짝' 박자에 맞게 박수를 치고, 교사의 눈을 바라보도록 유도한다.

3. 종을 이용한다

교실에서 호루라기 대신 종을 이용하기도 한다. 종을 '한 번' 쳤을 때는 선생님에게 집중, '두 번'은 손뼉으로 집중하도록(땡땡, 짝짝짝), 정말 소음이 심할 때는 종 '세 번'으로 모두 엎드리기 또는 잠깐 자리에서 일어나기 등으로 규칙을 정해서 사용했다. 최근엔 '에너지차임(Zenergy Chime, 인터넷 쇼핑몰 등에서 '에너지차임'을 검색하면 쉽게 찾을 수 있다)'을 사용하는데, 은은하게 퍼지는 맑은 소리가 아이들 떠드는 소리 사이사이를 뚫고 들어가 한 번만 울려도 거부감 없이 교사에게 집중하게 되는 장점이 있다.

6학년 담임 교사의 업무는
없애거나 줄여야 한다!

6학년 담임에게는 업무 부담을 없애거나 줄여줘야 한다. 6학년 교사가 학생들과 수업하고 함께 생활하는 데 100이란 에너지가 필요하다고 가정해 보자. 학교 업무로 30~40 정도의 에너지를 사용해야 한다면, 남은 70정도의 에너지로 학생들과 살게 된다. 학생들을 바라보며 사랑을 주고, 수업을 준비하고, 대화를 나누는 데 100과 70 차이는 매우 크다.

6학년들은 교사의 미묘한 감정 변화를 금세 알아차리고 그 틈새를 활용하는 경우가 많다. 교사가 교실과 학생에게 집중하지 못할 때, 반 학생들이 교사의 눈치를 보면서 크고 작은 사건을 만드는 것은 어느 학년이나 비슷하지만, 6학년이 만들어내는 사건은 좀 더 크고 다양하다. 그래서 교사가 교실에 있는 것만으로도, 아이들과 쉬는 시간에 대화를 나누거나 활동을 나누는 것만으로도 교실 분위기는 확연히 달라진다.

최근 상담했던 많은 6학년 선생님들은 저경력 교사인 데다가 다른 선생님들이 힘들어하는 업무까지 맡고 있는 경우가 많았다. 누구나 힘든 것은 피하고 싶겠지만 젊다는 이유로, 나도 과거에 그런 경험을 했다는 이유로 너무 많은 일감을 6학년 담임을 맡고 있는 저경력 선생님에게 떠넘겨서는 안 된다. 이로 인해 트라우마 경험이 생기면 다시 6학년 담임을 하기가 쉽지 않다.

업무에 영향을 많이 받는 6학년 교사는 에너지의 일부가 컴퓨터 모니터 한쪽에 도착해 있는 메신저의 내용으로 향하게 된다. 수업을 해야 하는데 학교 업무까지 해야 하는 상황까지 벌어진다면 작은 자극에도 민감해지고 학생들의 작은 실수에도 버럭 화를 내게 된다. 특히 6학년 부장을 하다 보면 쉴 새 없이 날아오는 메신저와 여러 업무들로 인해 집중이 깨지는 경우가 많다. 반 학생들에게 미안함이 올라오는데 학교 업무도 제대로 처리해야 하는 난감함이 자리해 감정적인 불편함이 생기곤 한다. 이런 불편함이 생기지 않도록 학교에서도 시스템을 만들어야 한다.

최근 6학년 부장으로 생활하던 중에 '업무제로화'라는 이름으로 6학년 교사들의 업무가 2학기 시작과 함께 사라진 적이 있었다(물론 학년 부장은 제외였다). 1학기에는 크고 작은 업무를 하면서 정신없었던 동학년 선생님들이 2학기에 업무가 사라지자 차분히 교실을 바라보고, 더 많은 활동을 하고, 매우 안정감 있게 생활하는 것을 보았다. 동학년 선생님들도 6학년 생활의 어려움이 줄어든 것을 몸과 마음으로 느끼고 있다고 했다. 혁신학교 위주로 시작됐던 다양한 실험과 활동 결과물이 일반 학교에도 잘 전달된 사례 중 하나이다.

앞서 봤던 설문을 보면 업무가 없다는 이유로 6학년을 희망한 선생님들도 꽤 있었다. 6학년 담임보다 힘든 것이 '업무'라고 느껴지는 대목이기도 하다.

휴대폰 관리는 철저히!

학생들이 들고 오는 스마트폰은 어떻게 관리하면 좋을까?

일반적으로 학교에 도착하면 스마트폰 전원을 끄고 몸에 보관하거나 가방 속에 넣어두도록 하는 방법도 있고, 일괄 수합해서 보관하다가 집에 돌아갈 때 갖고 가도록 하는 방법도 있다. 스마트폰을 어떻게 사용하면 좋을지 학년 초에 학생들과 함께 정할 수도 있다. 또는 학년 부장이 6학년 첫날 강당에 모여서 생활지도를 할 때 강하게 '6학년 대규칙'에 넣고 일방적으로 수합하는 등의 통제를 할 수도 있다.

몇 년간 6학년 학생들을 관찰한 결과, 스스로 관리하도록 맡겨두니 몇몇 학생은 스마트폰 사용을 제어하지 못하는 모습을 보였다(물론 지역, 학군에 따라 다를 수도 있다). 화장실에 가서 살짝 보는 학생도 있고, 선생님 눈을 피해서 점심시간에 게임을 하는 학생도 있었다. 심지어는 수업 시간에 스마트폰을 몰래 사용하는 학생도 있었다.

보통 학생에게 스마트폰 사용을 자율적으로 맡기는 선생님의 경우 통제의 힘보다 학생들의 자제력을 믿는 마음이 크다. 하지만 스마트폰을 하고 싶다는 유혹은 때로 선생님과 반 친구들끼리 했던 약속의 힘보다 클 때가 있다. 선생님이 스마트폰 사용에 대해 꾸중하는 순간 대들며 선생님에게 소리를 지르는 학생도 있었고, 스마트폰 속 메시지 속에서 따돌림이 일어나 학교에 와서 싸움으로 연결되는 일도 있었다.

스마트폰을 스스로 관리하도록 했던 어떤 반에서는 선생님과 힘겨루기를 하던 도중, 녹취를 하고 영상을 촬영해 부모에게 전달하고, 이것이 밴드로 퍼진 뒤 담임을 자신들의 욕구에 맞게 조정하고 정치를 했던 학생과 학부모도 있었다. 어떤 때는 학부모들이 수업 중 스마트폰 사용에 대해 학교에 민원을 넣어 아침에 모두 수합해 보관했다가 방과 후에 찾아가는 방식으로 6학년 전체가 사용 규칙을 다시 정한 적도 있었다.

(각 학교마다 사정이 다르겠지만) 나는 과거에 학교에서 있었던 사건, 학부모 민원 등의 에피소드를 학생들에게 들려주며 학급회의로 규칙을 정하도록 했다. 그리고 학생들이 정했던 대로 스마트폰은 아침에 교실에 도착하면 전원을 끄고, 정해진 바구니나 장소에 보관하도록 했다.

보통 나는 작은 바구니에 스마트폰을 수합한 뒤 책상 서랍에 넣어 열쇠로 잠가놓는다. 급한 연락을 해야 하는 상황이면 담임인 나에게 양해를 구하고 사용하도록 한다. 사회 시간 등에는 검색을 활용한 공부를 위해 '모둠별(4명이 한 모둠) 스마트폰 2개 사용' 등의 규칙을 만들어놓고, 정해진 시간이 되면 다시 전원을 끄고 바구니 안에 넣어두는 형태로 운영했다. 그리고 교문을 나서기 전까지는 가능한 휴대폰을 사용하지 않도록 부탁했다. 방과 후 나무 그늘에서 여자 아이 두 명이 나란히 앉아 카톡으로 서로 대화를 나누는 황당한 모습을 본 뒤, 서로 얼굴을 보면서 실제 삶 속에서 대화를 나누는 것이 '진짜 대화'라는 안내도 했었다.

교사 또한 스마트폰을 잘 관리해야 한다. 학생들의 사용 규칙이 있는 것처럼 교사 또한 수업 중에 SNS를 확인하거나 습관적으로 스마트폰을 들여다보는 일은 자제해야 한다. 교실에서 스마트폰 알림을 읽고, 앱을 실행시키는 등의 활동을 줄여보자. 선생님 손에 항상 붙어 있는 스마트폰, 그리고 사용하는 순간순간을 반 학생들이 보고 있음을 기억하자.

6

6학년의 일기 지도는?

—

　6학년 학생들을 대상으로 일기 지도를 하는 것은 쉽지 않다. 오랫동안 일기 쓰기 지도 속에서 겪었던 불편함, 의미 없음, 귀찮음 등의 감정이 작동되는 경우도 있고, 학교와 학원 사이에서 해야 할 일들이 많은 아이들에게 일기를 쓸 여유가 없다는 이유도 있다. 일기장을 아침에 제출하지 않는 경우도 많아서 막상 일기 지도를 하려면 힘이 빠지는 경우가 생긴다. 하지만 일기는 굉장히 중요하다. 일기 지도는 학생에게 생긴 사건, 감정, 교우 관계를 파악할 수 있는 중요한 일이다.

　때로는 인권과 관련해 일기 지도를 하지 않아야 한다는 이야기도 나온다. 하

지만 6학년 담임을 하면서 느낀 바에 따르면, 일기 지도는 학생들 사이에 생기는 사건에 대해 알 수 있고, 개인의 특성을 고려하며 다독이고, 대화를 나눌 수 있다는 장점이 있어 꼭 해야 한다고 생각한다. 그만큼 일기 지도는 생활지도와도 밀접한 관련이 있다.

학생들이 집에서 일기를 쓰기 힘들고, 꼬박꼬박 쓰는 것도 귀찮아하고, 챙겨오기도 힘들어 한다면 어떻게 하는 것이 좋을까?

내 경우엔 등교하자마자 일기를 쓰도록 한다. 그것도 2~3줄만. 더 쓰고 싶은 것은 자유지만 2~3줄 안에 사건, 감정, 사람이 들어가도록 작성한다. 이 세 가지는 상담과 밀접한 연관이 있다. 사람들 사이에 생긴 사건은 그로 인한 감정을 만들어내기 때문이다. 화도, 기쁨도, 슬픔도, 행복도 모두 사람 관계 속에서 일어난다.

2~3줄 쓰는 데 시간이 많이 걸리지도 않고, 학교에 막 도착했을 때의 기분과 밀접하게 연결되기 때문에 교사는 9시 수업 전에 일기를 읽어보고 파악하면 좋다. 아이들의 속상했던 일, 친구와의 사건, 학교에 등교하기 전 가정에서 있었던 일 등 다양한 정보를 얻을 수 있다.

피드백은 길게 하기보다 글 마지막에 짧게 '힘내' '고생했구나' 등의 단어로 마음을 전달하고 서명을 해줬다. 그러다가 중요한 조언을 해주고 싶다면 따로 일기장을 챙겨놓은 뒤 교과전담 선생님의 수업 시간에 장문의 글을 남겨주곤 했다.

나는 교실 책장 한쪽에 일기 지도를 할 수 있는 공간을 마련해 놓았다. 학생들은 일기를 쓴 뒤 윗칸에 올려놓고, 나는 일기를 검사한 뒤 아랫칸에 둔다. 등교하자마자 일기를 쓸 수도 있지만 특별한 일이 생각났거나 학교에서 생긴 일을 써야 할 때는 언제든지 가져가서 쓰고 윗칸에 올려놓도록 한다.

우리 교실에서는 '성장일기'라는 이름으로 운영되는데, 특별한 활동(마음흔들기 등)을 한 뒤 마음을 정리하거나 소감을 써야 할 때에도 이 노트를 이용한다. 예전엔 일기장과 마음흔들기 노트를 따로 운영했었는데, '성장일기'란 하나의 노트로 합치니 더 경제적이고 집중이 되어 좋았다. 활동 후 짧게라도 글을 쓰는 것은 마음과 감정 위주(우뇌)의 활동을 이성과 논리로 정리(좌뇌)하는 장점도 있다. 학년 초에 다른 것은 별도로 준비하는 편이 아니지만 일기장만큼은 항상 라벨지를 붙여 한 권씩 선물로 주면서 중요함을 이야기해 준다.

온라인 설문조사를 이용하자!

학급운영을 교사가 주도하는 것은 매우 중요하다. 학생과 함께 만들어가는 교실이지만 그 중심엔 교사가 있어야 한다. 학급은 교사의 색이 묻어나는 곳이고, 학생들도 교사를 닮아간다. 하지만 소통 없이 일방적으로 교사가 주도하는 것은 학생과 학부모에게 서운함을 만들 수 있다. 그래서 적절하게 학생과 학부모의 생각을 받아보는 것이 좋다. 교실에는 학생과 교사뿐만 아니라 학부모도 있다고 항상 생각하자.

학생과 학부모의 의견을 받기 위해서는 투표 기능이 있는 설문조사를 활용하는 방법이 있다. '밴드(BAND)' 같은 앱에서도 간단한 설문은 가능하다. 하지만 정말 간단한 설문(예를 들어, 반티 제작에 찬성, 반대)에만 활용이 가능하고, 여러 질문을 다양하게 구성하기에는 한계가 있다. 그렇다고 설문지를 만들어서 출력하고 복사한 뒤 집으로 보내고 이를 다시 수합하는 것도 쉽지 않다. 설문 결과를 정리하는 것도 일이다.

구글(Google)에서 제공하는 설문조사 양식은 다양한 설문 형태를 구성할 수 있어서 운영하기도 편하지만, 무엇보다 스마트폰을 이용해 피드백을 받을 수

있어서 좋다. 설문 유형은 단답형, 단락, 객관식, 체크박스, 드롭다운, 직선단계, 객관식그리드가 있고, 날짜와 시간도 구성할 수 있다. 설문 결과도 깔끔하게 보이기 때문에 교사의 일감도 줄여준다. 체험학습이 끝나고 돌아오는 버스 안에서 바로 스마트폰으로 답을 하게 하거나, 반티 색을 고르거나, 프로젝트 학습을 하면서 체험 장소를 고르는 등 다양한 주제로 활용이 가능하다.

학부모에게는 주로 학급운영에 대한 여러 의견을 수렴하는 도구로 활용했다. 이 또한 스마트폰으로 바로 설문이 가능하기 때문에 빠른 참여와 결과 확인이 가능했다.

주기적으로 이렇게 담임선생님에게 바라는 것을 설문 받으면, 교사 스스로를 가다듬을 수 있는 계기도 되고 학부모도 교실을 만들어가는 데 참여하게 된다. 설문 결과는 있는 그대로 공개했을 때 유용했다. 그러면 다음 설문 때 답변에 작은 변화가 생기고 단답형 글을 쓸 때나 조언 글을 쓸 때 조금 더 신중하게 작성하는 것을 보게 됐다. 학년 말, 학부모에게 일 년간의 피드백도 구글 설문으로 받았다. 이를 토대로 나는 다음 6학년을 준비할 수 있었다.

6

학생 정보를 담을 파일철을 준비하자!

학년 초부터 말까지 학생에 관한 중요한 자료를 어떻게 보관하면 좋을까?

몇 년간 병원의 차트처럼 학생 한 명당 파일철(차트) 하나를 만들었었다. 처음 받았던 가정실태조사서부터 (뒤에 소개할) LCSI 검사결과지, 과거 그래프, 감정의 마인드맵, 가족 구조 파악 결과, 문장완성검사 등을 모았었다. 학생 상담을 하거나 한 사람의 변화 과정을 꾸준히 기록하고 싶은 마음이 컸는데, 막상 일 년 동안 제대로 파일철을 사용한 경우는 학부모 상담 때뿐이었다.

사건을 다룬 '상담용지'는 따로 파일철을 구성해 문제해결을 기록했다. 그러다 보니 학생 개인별로 파일철을 보관하고, 다루기가 무척 번거로웠다.

작은 수첩을 준비해 반 아이들의 중요한 프로파일을 축소 복사해 붙이고 이곳에 여러 정보를 손으로 쓰고 학급을 운영할 때 이용해 보기도 했는데 이 방식도 한계가 많았다. 크기가 작아 보기엔 아담하고 활용도가 높아 보이지만 아이

들의 기록과 여러 정보가 담긴 결과물들은 보통 A4 크기가 많아서 제대로 활용하지 못했다.

최근엔 '반 학생 수×2매' 정도 분량의 커다란 파일철을 구매해서 그곳에 여러 기록과 정보를 담고 있다. 앞 페이지엔

기본 정보와 관련된 것들을, 다음 장엔 심리 상태를 파악할 만한 여러 진단프로그램 결과물을 담았다. 그리고 특별한 일이 있으면 바로 위에 포스트잇으로 간단하게 써 붙이는 식으로 운영하다 보니 담을 수도 있고, 적을 수도 있고, 붙일 수도 있어서 좋았다. 그리고 반 전체의 '관계 척도'를 파악한 결과물들을 파일 앞쪽에 두는 등 반 전체에 대한 정보를 앞쪽에 배치하고 뒤로 가면 개인의 정보를 확인할 수 있도록 파일철을 구성하고 있다. 이곳엔 사건의 규모(기록해야 하는 양)에 따라 크고 작은 포스트잇을 이용해 정보를 취하는 식으로 운영하고 있다.

6

각 반 사진 명렬표를 모아 교재연구실에 두자!

———

6학년들은 자기 반 외에 다른 반 아이들과 놀이, 운동, 학원, 주말 만남 등 다양한 관계를 맺는다. 그러다 보니 생활지도를 하거나 학교폭력사건 등이 생기면 내 반 아이뿐만 아니라 다른 반 아이를 확인해야 할 때가 있다. 교재연구실 가운데 커다란 책상이 있고 유리가 있다면 그 아래에 반 별로 사진 명렬표를 넣어두자. 교재연구실은 선생님들이 수시로 오가며 회의도 하고 담소를 나누기도 하는데 사진 명렬표가 있다면 학생을 주제로 다양한 이야기를 나누며 자연스럽게 학생들을 이해할 수 있는 자리가 만들어진다. 여러 반 학생들과 얽혀 있는 문제가 생길 경우, 이를 해결하는 데도 큰 도움이 된다.

각 반의 양식은 다를 수 있다. 반별로 차이가 있을 수 있지만, 학년 부장이 양식 하나를 만들어 부탁하자. 학년 초에 동학년 선생님들께 일거리를 주는 듯해 미안한 마음이 있을 수 있지만 경험상 학년 초부터 다양한 관계를 기반으로 한 사건이 생겨 동학년 선생님들과 대화를 나눌 일이 많았고 상담도 해야 했었다.

6

6학년 교과전담 선생님이라면?

교과전담 교사로 몇 년간 6학년 교실에 수업을 들어간 적이 있었다. 6학년 수업을 하다 보면 유독 담임선생님과 교과전담 선생님 시간에 차이를 보이는 녀석들이 있다. 처음엔 내가 담임이 아닌 이유로 생활지도를 어느 정도 선까지만 하고, 담임선생님에게 맡겼지만 결과적으로는 그다지 좋지 않았다. 담임에게 수업 중 문제가 되는 학생을 인계하는 순간 수업에 들어온 학생들은 내 힘(?)의 정도가 어느 정도인지 재빨리 파악했고, 적당히 눈치 보는 모습을 보여줬다. 그러고는 담임과 나 사이의 서열을 생각하고 나를 더 낮은 사람으로 대우하고 있었다. 심지어 우리를 어떻게 하지 못하는 선생님이라는 특성을 교묘하게 이용해 분위기를 깨는 녀석들이 추가로 발생되기도 했다.

'내가 담임이 아니기 때문에'라는 생각을 내려놓고 내 수업은 내가 책임진다는 생각으로 6학년 전체에 공통적인 규칙을 정했다. 수업 진도를 나가는 것보다 수업 분위기가 더 중요하다고 생각했다. 수업 분위기가 제대로 잡히지 않으면 진도 또한 피해를 볼 수밖에 없다. 수업 중에 일이 생기면 차분하게 '나, 너 그리고 우리'라는 원칙을 이야기하고 이 행동은 누구에게 좋은 것인지, 그 행동은 이 수업에 참여하고 있는 모두에게 도움이 됐는지 학생 스스로 돌아볼 수 있도록 질문을 했다. 그리고 여러 번 일이 생기면 담임선생님께 양해를 구하고 학생을 교담실로 불러 대화를 나눴다.

아울러 수업 목표를 낮춰야 할 필요도 있다는 것을 기억하자. 수업 시간에 너무 많은 것을 자세하게 하기보다는 일종의 이벤트와 같은, 사막의 오아시스와 같은 시간이라 생각하고 조금 여유 있게 6학년 수업을 진행하길 바란다.

담임선생님은 교과전담 선생님과 협력해야 한다. 수업이 끝나면 수업이 어땠는지 물어보고, 문제가 있다면 생활지도를 바로 해야 한다. 교과전담 선생님은 여러 반에 들어가 수업을 하기 때문에 학급운영을 위한 여러 조언을 줄 수 있는 귀한 자리라는 것을 기억하자. 내가 보지 못한 것을 교담 선생님은 볼 수 있다. 수업 분위기에 대해 물어보고, 학생에 대한 정보를 얻을 수도 있다.

나 또한 교담으로 생활하면서 보고 배운 교실이 있는가 하면, 내가 도움을 준 교실도 있었고, 담임선생님과 함께 머리를 맞대고 학생 몇 명의 성장을 위해 노력한 적도 있었다. 무엇보다도 도덕 과목을 전담하면서 진행했던 '스펙터클 인생그래프'와 '감정의 마인드맵' 활동을 통해 알게 된 정보를 바탕으로 추후 상담이 필요한 학생을 표시해 담임선생님께 드렸더니 더 깊은 상담이 그 교실에서 진행되기도 했었다.

학생들에게 '차별받는 것'에 대해 물어봤더니 다들 차별받는 것이 싫다고 한다. 그래서 "너희는 차별받기 싫다면서 담임선생님과 교과전담 선생님을 차별하는 것은 아니니?"라고 스스로 생각할 수 있도록 질문을 던졌다. 내 말에 아이들은 모두 고개를 끄덕이고 더 집중하는 모습을 보여줬다.

6학년 부장 선생님이라면

6학년 부장은 책임져야 하는 게 많다. 체험학습에서부터 수학여행, 졸업앨범, 졸업업무 등 6학년 선생님들과 함께 학생들을 위해 준비해야 할 것이 많다. 또한 6학년 선생님들을 잘 살펴보고 지치거나 힘들어 하지 않도록 다독여야 한다. 관리자와 6학년 선생님들 사이에서 적절한 소통을 해야 하며, 학년에서 생긴 다양한 사건사고를 담임선생님과 함께 해결해야 한다.

1. 동학년 선생님들을 잘 챙기자

6학년 부장의 자리는 동학년 선생님보다 조금 더 책임이 있는 높은 위치지만 권위적인 모습은 학년 분위기를 망친다. 부장의 가장 큰 역할은 학년 선생님들이 안정적으로 생활할 수 있도록 다독여주고 손을 잡아주는 일이다. 그렇게 하기 위해서는 부장인 내가 먼저 행복해야 한다. 하지만 내 감정의 안정을 위해 동학년 선생님을 도구화해서는 안 된다. 부장은 주는 위치이고 조금 더 책임이 있는 위치다. 받으려는 태도는 조직의 역동을 불편하게 만들 뿐이다. 따뜻한 마음과 이해를 지닌 모습으로 위치하자.

2. 일을 혼자 하려 하지 말고 나눠서 하자

부장 혼자 모든 것을 하려고 한다면 여러모로 손해다. 건강도 잃고, 적절한 에너지 분배에 실패하게 된다. 열심히 일하면서 동학년 교사들과 관리자들에게 인정받으려 하는 마음도 올라오겠지만, 그런 기대감은 관계를 해치기 마련이다. 적절히 주고받고, 건강한 거리 관계를 유지하며, 일 또한 합리적인 범위 내에서 나눠서 하자.

3. 학년 부장이 모든 것을 책임질 필요는 없다

아무리 능력이 있고 뛰어난 기술이 있다 하더라도 부장이 할 수 있는 것이 있고, 없는 것이 있다. 어려운 일은 관리자와 잘 상의하자. 그리고 동학년 선생님들과 자주 회의를 갖고 대화를 나누며 조금 더 현명하게 일을 처리해 보자. 부장이 상황을 정리하고 끌어가야 할 때도 있지만 연장자, 학교 경력자의 조언을 새겨들어야 할 필요도 있다. 결과가 좋지 않을 때도 있을 것이다. 그 일에 너무 감정적으로 매달리지 말고 상황에 동의하고 다른 일들과 학생, 동학년 선생님을 바라보자.

4. 생활지도의 체계를 만들자

생활지도는 각 반에서 하는 것이 원칙이다. 학년 부장이 학년 전체를 과거의 선도 부장 선생님처럼 해야 한다는 부담감은 내려놓자. 반 선생님들이 생활지도로 고민하는 것을 들어주고, 선생님을 다독여주자.

동학년 선생님의 문제(?) 학생을 학년 부장이 마구 처리하면 학생들은 교사 사이의 서열을 생각하고 담임의 말을 더 듣지 않게 된다. 학생이 보이지 않는 곳에서 담임선생님을 지원하자. 그리고 문제 상황이 있을 때 담임과 함께, 동학년 선생님들과 함께 협조 대화 체제 속에서 생활지도를 처리하자. 6학년 담당 상담 선생님이 있다면 함께하자.

5. 학년 부장은 외롭다

선생님들 각자가 해결해야 하고, 처리해야 하는 일이 있다. 학년 부장의 경우 책임지고 해결해야 하는 사항이 조금 더 많아서 가끔 지칠 때가 있다. 하지만 본인이 표현하지 않는다면 다른 선생님들은 그 마음을 잘 모를 수밖에 없다. 말로 표현하지 않고 다른 선생님들이 날 위로해 주길 바라는 마음을 먹는 순간 이중 메시지가 얼굴과 몸에 생겨 묘한 관계가 만들어진다. "오늘 힘들었어요. 학년 선생님들 차 한잔해요."라는 식으로 마음을 표현하고 이야기 나누는 것이 건강한 관계를 만든다.

6. 학년 부장이 아니라면

6학년 부장이 짊어진 책임에 대해 이해하고, 사용할 시간과 에너지에 대해 생각해야 한다. 학년 부장은 당신이 할 수도 있었던, 피하고 싶었던 그 자리에서 어려운 일을 하고 있다. 누구나 완벽하지 않기 때문에 실수할 수 있다. 내 마음과 다르다고 해서 부장을 함부로 흉보거나 부장과 싸우지 말자. 1년이 지나고, 졸업식까지 마치면 케이크 하나 놓고 함께 박수 보내고 축하하면서 학년 부장에게 수고했다는 박수 한 번 더 보내는 것도 잊지 말자.

PART 1
첫날, 첫 주

첫날은 누구에게나 긴장되는 날이다.

다른 학년도 마찬가지겠지만, 특히 6학년 담임교사는 '첫날', '첫 주'를 중요하게 생각해야 한다.

교사만큼이나 학생들 역시 불안감과 두려움을 갖고 학교에 올 것이다.

따라서 교사가 먼저 불안감과 두려움을 내려놓고 학생들을 편안하게 바라보자.

불안감과 두려움은 모두 미래와 연관된 감정이다.

미래에 어떤 일이 생길지는 아무도 모른다.

내가 만난 학생들은 다 좋고 멋지며, 누군가의 소중한 자녀라고 생각하자.

교사가 먼저 숨을 고르고 학생들이 보다 편안하게 교실에 자리할 수 있도록 분위기를 만들자.

선생님이 먼저 마음을 열면, 아이들도 마음을 열어요.
6학년 제자는 평생 제자라는 것을 기억하세요!

01
너희도 선생님도 완벽하진 않아

● 새 학년 첫날, 6학년 학생들은 '완벽한 담임선생님'을 기대한다. 전에 만났던 선생님보다 더 좋은 선생님, 이해심도 많고 친절한 선생님을 만나고 싶은 마음이다. 교사 또한 괜찮은(?) 학생들이 교실에 자리하면 좋겠다는 마음으로 반 아이들과의 첫 만남을 기대한다. 하지만 이런 기대는 판타지일 가능성이 크다. 세상엔 모두를 만족시킬 수 있는 완벽한 교사도, 완벽한 학생도 없기 때문이다. 사람은 누구나 주관적으로 세상을 바라본다. 따라서 내 마음에 들면

blog.daum.net/teacher-junho

좋은 사람이고, 내 마음에 들지 않으면 좋지 않은 사람으로 생각하기 마련이다. 하지만 사람마다 살아온 환경이 다르고 성격과 관심 분야가 다르기 때문에 '좋은 사람'의 기준 또한 다를 수밖에 없다. 누구에게나 좋은, 완벽한 사람은 없다는 점을 기억하자.

특히 저경력 교사는 학생들과 만나고, 학급을 운영하는 과정에 있어서 자신의 완벽하지 못함에 대해 자책하기 쉽다. 또 학생들이 나의 부족함을 알아차리면 어떡하나 하는 걱정에 움츠러들기도 한다. 그래서 그 부족함을 채우기 위해 자신의 성격과 맞지 않는 옷을 억지로 입기도 한다. 하지만 학생들은 맞지 않은 옷을 입은 교사의 어색한 태도, 움츠러든 모습 등을 금세 알아차린다.

교직 경력이 짧더라도 선생님은 학생들에 비해 더 많이 살았고, 더 많은 것을 배웠으며, 여러 훈련을 받았고, 다양한 고민을 경험한 존재라는 점을 기억하자. 그리고 있는 그대로의 자신을 인정하자. 이것이야말로 교실에 이해를 만드는 첫걸음이다.

그렇다면 구체적으로 학생들과의 첫 만남을 어떻게 운영하면 좋을까? 나는 주로 다음의 활동을 통해 첫 만남을 시작한다. 아이들에게 이해와 성장의 첫걸음을 내딛게 하는 것이 이 활동의 목표다.

포스트잇을 한 장 나눠준 다음, 이렇게 이야기해 보자.

"애들아, 너희들은 어떤 선생님을 바라니? 선생님이라면 무엇을 가장 중요하게 생각해야 할까? 너희들 생각을 짧게 한 문장 또는 단어로 쓴 뒤 칠판 왼쪽에 붙여보렴."

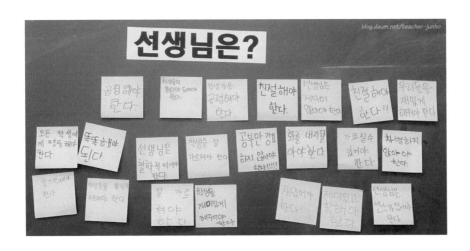

그리고 여유 있게(!) 아이들이 칠판에 포스트잇을 붙이는 것을 바라보자. 조급할 필요는 없다. 첫날의 아이들은 기다리는 선생님의 그 모습조차 눈여겨보고 있으니까! 포스트잇을 한 장 더 나눠준 뒤,

"얘들아, 이제 6학년이 됐는데, 앞으로 일 년 동안 행복한 교실이 되기 위해 학생은 무엇을 가장 잘 해내야 할까? 학생이 지켜야 할 가장 중요한 것이 무엇인지 한 문장 정도로 포스트잇에 적어볼래? 그리고 칠판 오른쪽에 붙여보는 거야."

그리고 역시 여유롭게 기다린다. 반 아이들이 포스트잇을 다 붙이면 학생에 대한 포스트잇이 붙은 쪽으로 걸어가서 하나씩 읽어보자.

"그래, 학생은 눈치가 있어야 하고, 친구와 싸우지 않아야 하는구나. 노는 것도 공부하는 것도 적당히 해야 하고, 폭력도 쓰면 안 되고…."

얼굴에 작은 미소를 띠고 천천히 읽으며 '학생의 역할'에 대해 이야기한다. 그리고 아이들 쪽으로 몸을 돌려 눈을 마주치며 이렇게 물어보자.

"그래, 학생은 이런 모든 것을 갖추고 있어야 하는구나. 너희들 중에 이 모든 것을 다 갖춘, 그러니까 다 해낼 수 있는 사람은 손을 들어볼래?"

당연히 손을 드는 학생은 없을 것이다. 왜 손을 들지 못하는지. 눈이 반짝거리는(답을 잘 해줄 듯한) 학생 몇 명에게 물어보자. 학생들의 대답 속에서 모든 것을 지킬 수 없고, 사람은 완벽하지 않다는 메시지를 뽑아낸 뒤,

"그건 너희들 모두 완벽하지 못하다는 뜻이겠지? 그래, 세상에 완벽한 사람은 없어. 누구에게나 장점과 단점이 있으니까. 하지만 선생님은 너희들이 못하는 것이 아닌, 할 수 있는 것을 바라볼 거야."

그리고 몸을 살짝 돌려 선생님과 관련된 포스트잇 쪽으로 이동한 뒤 내용을 하나씩 읽어보자.

"음… 너희들은 내가 공정하길 바라고, 똑똑하길 바라고, 잘 가르치길 바라며, 화를 내지 않길 바라는구나. 그리고 재미있고 착해야 하고 센스도 있어야

하고…."

천천히, 여유 있게 하나씩 읽은 뒤 가벼운 미소와 함께 아이들을 보면서 이야기를 이어나가자.

"어쩌지? 너희들이 완벽하지 않은 것처럼 선생님도 완벽하지 않은데…."

그리고 몸을 돌려 포스트잇을 분류해 본다.

"선생님은 이런 강점이 있어. 하지만 이런 부분은 부족하단다. 너희들이 완벽하지 않은 것처럼 말이야. 아마도 학년이 올라가면서 똑같은 담임선생님과 계속 공부하는 것이 아니라 다른 선생님을 만나도록 하는 것은 여러 장점을 지닌 선생님들을 골고루 만나보라는 뜻 아닐까?

선생님이 너희를 완벽한 학생으로 바라보지 않는 것처럼, 너희들도 선생님이 모든 것을 다 해낼 수 있다고 생각하지 않았으면 좋겠구나. 선생님은 너희들이 실수하고 넘어질 때 비난하지 않겠다고 약속하고 싶어, 너희들도 선생님을 그런 눈으로 봐주면 좋겠구나. 우리 함께 성장하는 일 년을 만들어볼까?"

1 포스트잇을 한 장씩 학생들에게 나눠준다.

2 '여러분은 어떤 선생님을 바라나요?'라는 질문을 던지고, 학생들이 바라는 것을 포스트잇에 한 문장으로 적게 한 뒤 칠판에 붙이도록 한다.(이때 작성된 내용에 대해서는 바로 피드백을 하지 않고 다음의 활동으로 진행한다. 익명으로 하거나, 실명으로 해도 좋다. 선생님이 끌리는 대로 하자. 실명인 경우 그 학생의 특징을 파악할 수 있는 자료가 되기도 한다.)

3 포스트잇을 한 장씩 더 나눠준 뒤 '행복한 일 년을 위해 학생은 어떤 모습을 지녀야 할까요?'라는 질문을 던지고, 위에서처럼 한 문장을 적게 한 뒤 칠판에 붙이도록 한다.

4 3번 활동의 포스트잇 내용을 확인하고, 이 모든 것을 지닌 학생이 있는지 파악한다. 당연히 포스트잇의 내용을 모두 충족시키는 학생은 없을 것이다. 이를 통해 세상에 '완벽한 학생'은 없다는 것을 이야기한다.

5 완벽한 학생이 없는 것처럼 '완벽한 선생님'도 없다고 이야기한 뒤, 2번 활동의 포스트잇 쪽으로 이동한다.

6 선생님에게 해당된 포스트잇을 하나씩 확인하면서 선생님이 할 수 있는 것과 할 수 없는 것을 분리하고 이야기한다.

7 학생과 교사 모두 완벽하지 않다는 것을 이해시키고, 서로의 단점보다는 장점을 바라보자며 이야기를 나눈다.

8 선생님이 나의 어떤 점을 봐주고, 어떤 점에 대해 이해해 주면 좋겠다는 짧은 글을 써본다.

- 내 경우엔 포스트잇과 컴퓨터용 검정색 수성 사인펜(같은 색이고 눈에 잘 보임)을 이용했다. 포스트잇에 가장 어울리는 색이기도 했고, 교실에 많이 비치되어 있

기 때문이기도 했다. 포스트잇에 글을 쓸 때는 "선생님과 처음 만남인데 문장으로 써주렴" 또는 "너희 마음을 단답형이 아닌 '~해 주세요'라는 부탁형으로 써보렴" 하고 말하며 문장을 쓰도록 유도했다. 여기에 "바라는 마음이 크면 글씨도 크게 써보렴" 하고 이야기하면 아이들은 제법 큼직하게 글씨를 썼다.

- 반 아이들이 적어낸 '학생'에 관련된 내용을 바탕으로 학급 내 임시 규칙을 만들 수도 있다(나는 학급 규칙을 1~2주 뒤에 정한다. 관계를 파악하고 사건을 토대로 만들었을 때 더 큰 효과가 있었기 때문이다). 학생들의 포스트잇을 분류하면 몇 개의 덩어리가 만들어지는데, 그 덩어리를 문장으로 만들어보게 한다. 그 문장 중 중요한 순서를 정해서 나열한 뒤, 우리 반 임시 규칙으로 만든다.

- 이 활동은 교사인 나를 학생들에게 이해시키기 위한 쪽에 무게가 있지만, 반대로 교사 역시 학생들이 완벽하지 않다는 것을 기억하고 이해하자. 내가 원하는 대로 되지 않는다고 학생들을 통제하면서 이 활동으로 아이들에게 나를 이해시켜려 하는 것은 모순이다.

02

한 곳을 보지만 기억하는 것은 달라

● ● ● ● ● ● ● ● ● ● ● ● ● ● ● ●

● 선생님이 좋은 의도로 했던 말이 때로는 학생들 사이에서 왜곡되기
도 하고, 학교에서 있었던 일이 가정으로 전달되는 과정에서 종종 다른 스토리
가 더해지기도 한다. 카카오톡 등의 메신저와 온라인 대화가 늘어나는 6학년 여
학생들은 주고받은 대화 속의 사소한 문장에도 오해를 해서 서로 다투고 따돌

림을 만들어낸다. 6학년 남학생들은 문제 상황이 생겼을 때, 자신에게 유리한 쪽으로 상황을 해석하거나 말을 바꾸고는 한다.

아이들이 친구를 바라보는 눈도 이와 유사하다. 있는 그대로 바라보지 않고 '저 친구는 문제가 있을 거야' 혹은 '저 친구는 좋을 거야'처럼 아직 경험도 하지 않은 상태에서 미리 짐작하곤 한다. 그 친구의 보고 싶은 부분만 보려고 하는 것이다. 그러다 보면 뜻하지 않은 오해가 생기게 마련이다.

어떤 대상을 기억에 의존해 그릴 경우, 짧은 시간을 보는 것보다 오랫동안 차분히 바라봤을 때 원래의 모습을 더 자세하고 정확하게 그릴 수 있다. 이런 부분을 활용해 '첫 만남으로 서로의 모든 것을 파악했다고 믿지 말자' 등의 교훈을 주는 활동을 할 수 있다. 이 활동은 모두가 한 곳을 바라보지만 서로 기억하는 것이 다르다는 것을 이해시키는 데 큰 효과가 있다.

함께 생활하다 보면 어느 학급에서나 오해와 왜곡된 전달 등의 문제가 생길 수밖에 없다. 학년 초반에 이 활동을 해놓으면 여러 문제를 중재하는 데 많은 도움이 된다. 이후에라도 카톡방 등에서 오해로 인해 다툼이 생긴다면, 학년 초에 했던 이 활동의 기억을 되살려 오해를 풀 수도 있다.

같은 색의 사인펜과 도화지(16절지 정도)를 나눠준 뒤, TV 화면에 사진 한 장을 보여주자.

"선생님이 보여주는 이 사진을 1분 정도 자세히 관찰해 보렴. 이 사진으로 무엇을 할지 1분 뒤에 알려줄 거야. 지금부터 시작!"

1분이 지나면 TV를 끄고 아이들을 바라보며 말한다.

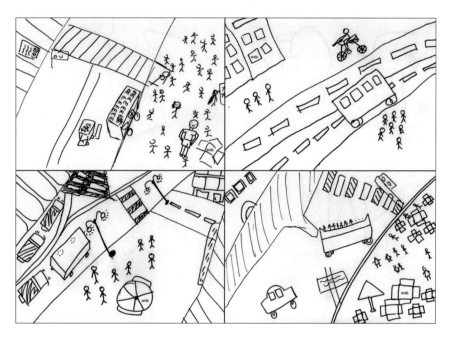

"조금 전 사진을 잘 집중해서 봤을 거야. 이제 도화지 위에 미리 받은 사인펜을 이용해 기억나는 것을 그려보렴. 지금은 미술 시간이 아니니까 잘 그려야 한다는 생각은 내려놓아도 좋단다. 5분(또는 10분) 동안, 틀려도 좋으니 기억나는 것을 그려보렴."

5~10분간 학생들이 그림을 그리도록 하고, 다 그린 학생은 칠판에 붙이도록 한다. 모든 학생이 붙이면 TV로 사진을 다시 보여주자. 그리고 각자의 그림을 살펴보도록 하자. 아이들이 피식하고 웃는 소리가 들릴 것이다.

먼저 버스의 위치를 확인해 보자. 아이들이 그린 그림에 버스의 위치가 저마다 다르다. 이후 횡단보도의 위치를 확인시켜주자. 그리고 사람 수, 자동차 수 등 그림 속 다양한 요소를 비교해 보자. 그런 뒤,

"이렇게 우리 모두 한 장의 사진을 봤는데 기억하는 게 각자 다르구나. 우리가 함께 생활하는 이 교실 또한 그럴 거야. 같은 일을 경험하는데 누군가는 그 일을 크게 느끼기도 하고 누군가는 작게 느끼기도 한단다. 때론 학교에서 같은 사건을 관찰했는데 각자 집에 가서 이야기한 것이 다르기도 해. 너희 그림이 보여주는 것처럼 받아들이는 부분이 다르고 전달하는 것이 다를 때도 있단다. 내가 경험한 것을 남에게 전달할 때 (손가락으로 그림 한쪽을 가리키며) 이렇게 없던 것이 생기기도 하고, 객관적인 정보가 아닌 왜곡된 정보가 자리할 때도 있단다."

그리고 지난 4~5학년 때, 이와 비슷한 사건은 없었는지 학생들에게 물어보자. 학생들의 입에서 나온 이야기들을 토대로 또 하나의 메시지를 전달해 주자.

"여학생들은 카카오톡 메시지를 읽고 오해해 화를 내거나 슬퍼하는 경우가 있

단다. 같은 단어지만 때로는 사람마다 달리 해석하기도 하지. 그리고 남학생들은 친구들 사이에서 일어난 싸움 때문에 선생님과 만날 때면 싸움이 일어난 이유를 자신에게 유리한 쪽으로 왜곡해서 선생님에게 말하기도 하지. 메시지를 주고받거나 이야기를 할 때에도 객관적인 태도를 가지면 좋겠구나."

시간이 좀 있다면 사진 두 장으로 두 번을 진행해도 좋다. 한 번은 2분 동안 사진을 관찰한 뒤에 그림을 그리고, 다른 한 번은 5분을 관찰한 뒤에 그림을 그려 보도록 한다. 2분 관찰하고 그린 그림은 왜곡이 많을 것이고, 5분 관찰하고 그린 그림은 왜곡이 줄어들어 있다. 이를 이용해서 학생들에게 어떤 차이점이 있는지 찾아보도록 하자.

"첫 만남과 첫인상으로 친구와 선생님을 단정 짓지 않았으면 좋겠어. 우린 아직 만난 지 얼마 되지 않았으니 서로에 대해 모르는 것은 당연해. 조금 더 시간을 보내고 추억이 쌓이면 지금 우리들 눈에 보이지 않는 더 자세한 부분까지 보게 될 거야. 그래서 우린 더 많은 시간을 함께 보내야 해. 오늘 첫 만남으로 선생님과 친구의 모든 것을 파악했다고 생각하지 않았으면 좋겠구나. 선생님 또한 너희를 오늘 만남으로 단정 짓지 않을 것을 약속할게."

1 미리 한 장의 사진을 준비하고, 같은 색의 사인펜과 도화지를 나눠준다.

2 TV 화면을 통해 1~2분 정도 사진을 응시하도록 한다.

3 (TV를 끈 뒤) 나눠준 도화지와 필기구를 이용해 응시했던 사진을 그려본다.

4 그린 그림을 칠판에 붙인다.

5 사진과 그림을 서로 비교하고, 강조된 부분을 찾는다.

6 활동을 통해 알게 된 점을 나눈다.

• 이 활동은 학기 중에 해도 좋다. 학생들 간에 오해가 생기거나 선생님의 말이 잘 못 전달되는 경우가 자주 생긴다면 학급 내 사건을 교정하는 데도 도움이 된다. 사진은 여행지 등 여러 사람이 산발적으로 자리하는 장면이 좋다. 학교 주변 등 학생들이 이미 파악하고 있는 곳의 사진을 사용하면 의도한 대로 활동이 진행 되지 않을 수도 있다. 물론 학생들을 선생님의 의도대로 이끄는 식의 진행보다 는 아이들이 진심으로 활동의 목적을 이해하고 세상을 보는 눈이 조금 더 깊어 지기를 바라면서 활동을 진행하자.

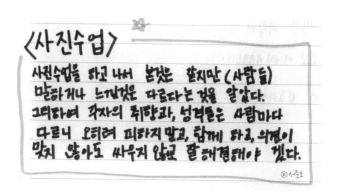

〈사진수업〉
사진수업을 하고 나서 본것은 같지만 (사람들)
말하거나 느낀것은 다르다는 것을 알았다.
그리하여 각자의 취향과, 성격들은 사람마다
다르니 오히려 피하지 말고, 함께 하고, 의견이
맞지 않아도 싸우지 않고 할 해결해야 겠다.
ⓒ서호

03

A와 B, 달라진 내 모습

● ● ● ● ● ● ● ● ● ● ● ● ● ● ●

● 6학년 학생들은 새로 만난 담임선생님을 선뜻 신뢰하지 않고 의심 (?)하기도 하며, 불안감을 갖기도 한다. 또 다른 한편으로는 선생님과의 만남을 특별하게 생각하는 경향도 있다. 그렇다면 학생들의 불안감은 줄여주고, 기대감은 높일 수 있는 효과적인 방법은 없을까?

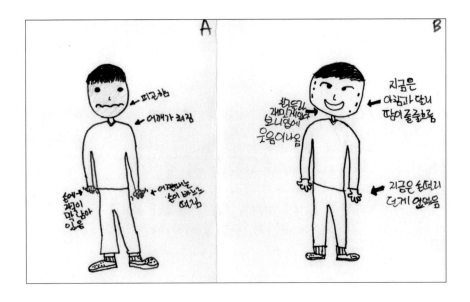

이를 위해 간단한 놀이나 활동을 진행하며 활동 전후 자신의 모습을 그려보도록 하는 방법이 있다.

선생님을 처음 만난 아이들은 어색하고 불편한 상태이다. 선생님이 무서우면 어쩌나 하는 불안감에 심리적으로도 다소 불안정하다.

놀이와 활동은 불안감으로 움츠러든 마음을 이완시켜주면서 학생들이 조금 더 편안하게 교실에 자리하도록 도와준다. 이 과정에서 자신의 상태를 그림으로 그려보게 하면 무엇이 나를 조금 더 편안하게 하는지에 대한 수업을 할 수 있다. 교사는 이 그림을 학생을 파악하는 자료로 활용할 수도 있다.

학생들은 활동 전과 후, 달라진 스스로의 모습을 해석하고 의미를 찾아보면서 앞으로 교실에서 선생님과 하게 될 다양한 활동에 대해 기대감을 갖게 된다.

절반으로 자른 도화지를 미리 준비해서 학생들에게 두 장씩 나눠주자.

"선생님이 나눠주는 종이 한 장은 A, 다른 한 장은 B라고 약속할 거야. 우선 한 장을 빼서 왼쪽 구석에 작게 A라고 적어보렴."

학생들이 다 적으면,

"이제 막 6학년이 됐고, 처음으로 친구들과 선생님을 만나게 됐는데, 여러 생각과 감정이 자리하고 있겠단 생각이 드는구나. 지금 이 자리에 앉아 있는 네 모습은 어떤지, 마음이 드러나도록 네 자신을 그려보렴."

학생들이 그림을 다 그리면,

"이제 그 종이를 책상 속에 넣어두렴. 너희가 딱딱하고 무서운 선생님이 아닌 부드럽고 편한 선생님을 기대하는 것처럼, 선생님도 너희가 조금 더 편안하게 이 자리에 앉아 있으면 좋겠구나. 너희의 몸과 마음이 풀어지는 데 몇 가지 놀이가 도움이 될 거라 생각해. 선생님과 처음 하게 되는 놀이가 너희들을 즐겁게 하면 좋겠구나."

그리고 나서 아이들과 놀이 활동을 진행한다. 어떤 놀이든 아이들을 미소 짓게 만들고 기분 좋게 몸을 움직이게 하는 놀이면 된다.

한 걸음 술래잡기

책상을 밀어놓고, 빈 공간을 만든 뒤 술래잡기를 하자고 제안한다. 선생님이 크게 "한 걸음!" 하고 외친 뒤 '한 걸음 술래잡기'에 대해 알려준다.

"선생님과 한 걸음 술래잡기를 해보자. 선생님이 술래야. 술래가 되면, 손을 번쩍 들면서 크게 '한 걸음' 하고 외칠 거야. 그러면 너희는 술래로부터 한 걸음

도망갈 수 있단다. 자, 술래가 된 선생님으로부터 한 걸음 도망가보렴. 그다음 술래도 '한 걸음' 하고 외치면서 한 걸음을 뗄 거야. 그러면 너희는 술래와 동시에 한 걸음 떼어 도망갈 수 있단다. 자, 시작해 볼까? 한 걸음!"

한 걸음 술래잡기는 격한 몸동작이 없기 때문에 워밍업으로 하기에 괜찮다. 몇 번의 술래가 돌아가고 어느 정도 학생들의 얼굴에 딱딱함이 줄어들면 '산토끼'로 변형시켜보자. 술래가 한 걸음 깡충 뛰면서 "산토끼" 하고 외치면 술래가 아닌 학생들은 동시에 "산토끼"라고 말하면서 한 걸음 깡충 뛰어 도망간다. 웃기면서도 허벅지가 뻑뻑해질 정도로 에너지를 많이 쓰게 되는 놀이다.

━━ 나는 최면술사

한 친구에게 도움을 청하여 불러낸 뒤, 함께할 활동은 '최면술사' 놀이라고 이야기하자. 이 단어만으로도 아이들은 호기심을 갖고 기대한다. 나온 친구에게 가위바위보를 하자고 제안한 뒤 '주먹'을 내달라고 부탁하자. 그런 뒤 가위바위보를 하고, 선생님은 '가위'를 내자.

"이긴 사람은 최면술사가 되고, 진 사람은 최면에 걸릴 거야."

앞에 서 있는 학생 손바닥을 선생님 얼굴 앞쪽에서 한 뼘 정도 되는 거리에 두고,

"최면에 걸리는 방법은 아주 간단해. 이 거리만 유지하면 되거든. (한 손으로 학생 손을 움직여서 잡아당긴다) 손바닥이 선생님 앞쪽으로 오면 거리를 유지해야 하기 때문에 뒤로 가게 된단다. (학생 손을 움직여서 뒤로 보낸다) 손바닥이 선생님과 멀어지면, 역시 거리를 유지해야 하기 때문에 선생님은 앞으로 가야겠지.

(학생의 손바닥을 좌우로 움직이면서) 손바닥 각도와 얼굴의 각도도 같아야 해."

이 정도의 설명에도 듣고 있던 학생들은 재미있어 한다. 앞에 나온 학생에게 선생님을 이리저

리 마음껏 움직여 보게 한다. 그런 뒤, 두 명씩 짝을 지어 한 명은 최면술사가 되어 놀이를 해본다. 최면술사는 앞 친구의 얼굴에 미소가 가득하게 만들고, 호흡과 심장을 더 뛰게 만든다. 일정 시간이 지나면 반대로 바꿔서 한다.

놀이가 끝나면 학생들에게 종이 B를 꺼내도록 한다.

"자, 선생님과 놀이 몇 개를 했는데, 너희 얼굴에 보이는 미소와 편안함이 정말 보기 좋구나. 그 미소와 시선 덕분에 선생님까지 편안해졌단다. 고마워. 이제 두 번째 종이에 친구들과 선생님과 놀이를 한 뒤의 느낌(또는 현재 내 몸의 상태)

을 그려보렴."

그림을 다 그리면, 종이 A와 종이 B를 비교하도록 한다. 그리고 어떤 변화가 있는지 찾아보도록 한다. 크기의 변화, 색의 변화, 표정의 변화, 테두리의 변화, 동작의 변화 등 학생들이 입으로 이야기하는 변화들을 칠판에 잘 정리해 보자.

"선생님과 짧은 시간 동안 함께 몇 개의 놀이만 했는데도 너희 모습에는 큰 변화가 있었구나. 그래 뭔가를 경험해 보면 우린 이렇게 성장하게 된단다. 놀이 몇 개만으로도 너희는 A에서 B로 변화가 생겼는데, 선생님과 일 년 동안 다양한 활동을 하면 어떻게 될까? C, D, E, F…. 다양한 변화가 자리 잡을 거야. 이렇게 재미있는 활동도 하겠지만 때로는 힘이 들 때도 있을 거야. 하지만 조금 전 너희가 했던 것처럼 마음을 열어보렴. 그러면 더 많은 좋은 변화를 만날 수 있을 거야. 앞으로 더 재미있게 지내보자."

1 학생들에게 같은 크기의 종이 두 장을 나눠준다.

2 한 장을 A라고 한 뒤, 자신의 현재 상태를 그려보도록 한다.

3 A 그림을 보이지 않게 책상 서랍에 넣은 뒤, 선생님과 신나게 놀이 활동을 한다.

4 놀이 활동이 끝나면 다른 종이를 꺼내 B라고 한 뒤, 놀이가 끝난 뒤의 현재 상태를 그려보도록 한다.

5 A와 B 그림을 서로 비교하고, 강조된 부분을 찾는다.

6 활동을 통해 알게 된 점을 나눈다.

7 선생님은 앞으로의 활동에도 많은 변화가 있기를 기대한다고 이야기해 준다.

- 〈한 걸음 술래잡기〉와 〈나는 최면술사〉 놀이 외에도 몸을 움직이는 다양한 놀이들이 있다. 〈쥐와 고양이〉 시리즈들, 〈눈먼 자동차〉, 〈1-2-3-4-5〉 등의 놀이로 교실에서 아이들과 함께 놀아보자(보다 다양하고 자세한 놀이 방법은 《서준호 선생님의 교실놀이백과239》를 참고하세요). 교실뿐만 아니라 다목적실 또는 강당에서 하는 것도 좋다. 공간이 충분하다면 〈나는 최면술사〉를 할 때 넓은 공간을 움직이면서 더 큰 역동을 만들 수 있다. 그러면 B 그림이 훨씬 달라진다.

- 선생님이 "이걸 하면 좋다!"고 설명하는 대신 아이들이 직접 몸과 마음으로 경험하도록 하면 여운이 오래간다. 시간이 걸리긴 하지만 차분히 메시지를 전달하면 꽤 오랫동안 이 활동이 아이들의 기억 속에 남는다. 이후에 다른 프로그램을 진행하다 학생들이 멈칫하면, "이번엔 어떤 변화가 여러분들에게 생길지 선생님은 정말 기대됩니다. 이번에도 가슴을 열고 '에라 모르겠다' 하는 마음으로 함께 참여해 보세요. 이 경험이 여러분에게 E, F, G 등의 변화를 주고, 우리 모두가 성장할 수 있을 거라 생각합니다."와 같은 이야기로 동기를 부여하고 독려할 수 있다.

04
'나 설명서' 만들기

● 6학년 학생들은 친구와 공부에 대한 걱정과 함께 담임선생님에 대한 불안감을 갖고 교실에 들어온다. 어떤 담임선생님을 만나느냐에 따라 일 년의 행복이 달라지기 때문이다. 때로는 초등학교 5년간 만난 여러 선생님들과의 경험이 걱정의 크기를 만들기도 한다.

교실에 들어오는 순간 선생님에 대한 걱정(무엇보다 불안감)을 내려놓게 만드는 데 좋은 방법 중 하나는 전년도 학생들이 만들어준 〈선생님 사용설명서〉를 교실 뒤 게시판에 붙여놓는 것이다. 선생님이 자신의 입으로 나는 어떤 사람이라고 설명하는 것보다 학생의 관점에서 진솔하게 작성된 선생님에 대한 이야기는 걱정을 내려놓게 만든다.

사용설명서를 스캔한 뒤 첫 만남 때 PPT를 이용해 선생님 소개를 하는 것도 좋다. 좋은 것은 자랑스럽게 이야기하고, 학생들이 단점이라고 이야기했던 부분도 쿨하게 웃으며 넘기자. 그런 모습 또한 이제 막 6학년에 올라온 학생들의 눈에는 좋게 보인다. 그런 뒤, 학생들에게 자신에 대한 '설명서'를 만들어 달라고 부탁하자. 이 활동은 앞에 나와서 자신을 소개하는 등의 주목받는 활동이 아니라, 자리에 앉아 자신의 관점에서 중요하게 생각하는 부분을 찬찬히 쓸 수 있는 활동이기 때문에 학생의 마음을 조금 더 확인할 수 있다는 장점이 있다.

작년 반 학생들이 만든 '선생님 사용설명서'를 보여주며 이렇게 이야기하자.

"작년 반 아이들은 선생님을 이렇게 생각하고 있단다. 이렇게 선생님에 대한 설명서를 보여주는 것은 너희가 선생님을 첫인상으로만, 혹은 보이는 것만으로 판단하지 않길 바라기 때문이란다. 첫인상만으로 상대를 파악할 수도 있지만, 함께 몇 달은 살아봐야 진짜로 어떤 사람이라는 것을 알 수 있다고 생각해."

그리고 도화지를 한 장씩 나눠주자.

"자, 선생님 또한 겉으로만 보이는 첫 만남의 이미지로 너희를 판단하거나 단정 짓고 싶지 않단다. 선생님이 어떤 사람인지 알게 되면 걱정을 내려놓고 조금 더 편안한 관계를 만들 수 있는 것처럼, 너희가 '학생 설명서'를 만들어준다면, 선생님도 너희를 좀 더 깊고 자세하게 알 수 있을 듯해. 너희 입장에서 설명서를 작성해 주렴."

학생들과 설명서에 들어가면 좋을 만한 것은 무엇이 있을지 이야기를 나눠보자. 장점, 단점, 선생님 이런 것은 오해하지 마세요, 저는 무엇을 좋아해요, 저는 이런 도움이 필요해요, 저는 이런 말에 힘이 나요 등 학생들과 대화하며 항목을 찾아보고  골라서 작성해 보도록 하자(무엇을 설명서 안에 작성하게 하도록 하느냐에 따라 진단 프로그램으로도 사용할 수 있다).

다 작성한 학생들은 설명서를 칠판에 붙이도록 하고, 이야기를 나눈다.

"이렇게 자신에 대해 설명해 줘서 정말 고맙구나. 잘 읽고, 너희와 더 좋은 관계를 만들기 위해 노력할게. 한 번에 모든 것을 기억하기는 쉽지 않겠지만, 자주 읽어보고 이해하다 보면 더 깊은 관계를 만들 수 있을 거라 생각해. 여러분, 고마워요!"

활동 방법

1 학생들에게 〈선생님 사용설명서〉를 보여준다.(〈선생님 사용설명서〉가 없는 경우에는 칠판에 선생님이 이야기와 함께 작성해 보자.)

2 종이 한 장을 주고 자유롭게 〈학생 설명서〉를 제작하기로 하자.

3 장점, 단점, 걱정되는 것, 선생님이 알았으면 하는 정보를 넣도록 한다.

4 완성된 설명서를 칠판에 붙인다.

5 서로를 이해하고, 더 좋은 관계를 만들기로 약속하고 마친다.

팁 Tip

• 완성된 〈학생 설명서〉를 스캔해서 보관하거나 상담을 위해 만들어놓은 파일철에 끼워놓자. 내 경우엔 뒤에서 소개할 여러 진단 프로그램 결과물과 함께 파일철 안에 보관한다. 학생과 학부모 상담을 하는 데 도움이 되며, 학생과 크고 작은 대화를 나눌 때도 소소한 팁이 많이 생긴다.

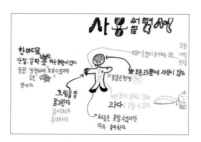

- 양식을 만들어주기보다는 빈 종이를 주는 것이 좋다. 그만큼 자유롭게 작성하도록 하고, 어떤 부분을 자세히 작성했는지 파악하자. 설명서를 선생님만 보는 것이 아니라, 친구들도 읽도록 하자. 관계 속에서 서로 오해하지 않고 이해할 수 있는 자료가 된다. 교실 뒤 게시판에 일주일 정도 붙여놓는 것도 좋다.

- 잊지 말고 학년 말에 반 학생들에게 〈선생님 설명서〉를 부탁하자. 내년에 선생님이 만날 학생들이 선생님을 무서워하거나 두려워하지 않고 편안하게 만날 수 있도록, 교실에 들어온 첫날 학생들이 설명서를 보면서 키득거릴 수 있게 만들어달라고 부탁하자. 좋지 않은 내용이 있더라도 열을 내거나 심각하게 받아들이기보다는 아이들의 솔직한 평가라고 생각하자. 크고 작은 단점이 있는 선생님 설명서가 훨씬 인간적이다.

05
가정으로 보내는 편지

● ● ● ● ● ● ● ● ● ● ● ● ●

● 학생들과의 첫 만남도 중요하지만, 학부모와의 첫 만남도 고려해야 할 부분이다. 학교에서 '교육과정 설명회' 등의 일환으로 학부모들과의 만남을 만들지만, 다수의 학부모들은 참여하기가 힘들고 실제로는 2~3주가 지난 뒤에

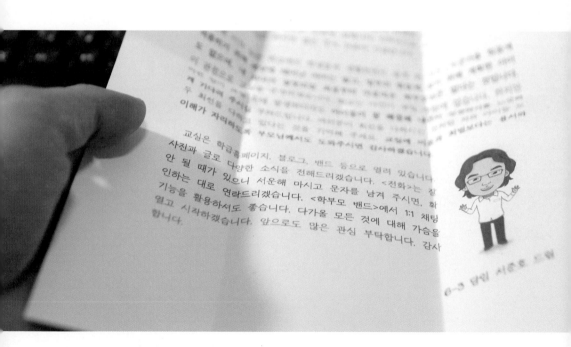

야 만남이 이뤄지는 경우가 많다. 그래서 첫날 가정으로 편지를 보내거나 문자를 보내는 방법 등으로 학부모와의 소통을 시작하는 것이 좋다.

학생들이 집에 돌아가 부모에게 전하는 정보는 제한적이고, 6학년 학생 일부는 부모와 대화를 많이 하지 않기도 한다. 그러니 교사의 교육관과 학급운영 계획 등을 편지에 담아 교사의 마음을 전달해 보자.

이와 함께 학부모와 소통할 수 있는 통로를 만들어놓는 것도 중요하다. '클래스팅' 또는 '밴드'에 학부모 공간을 만들고 초대해 보자. 물론 교사 성향에 따라 이런 공간에서 대화를 나누는 것이 불편할 수도 있다. 다만 내 경우엔 학부모 밴드를 운영하면서 도움을 받은 적이 많아 가능하면 운영을 하려고 한다.

편지나 문자를 어떤 내용으로 보내야 할지 막막하다면, 커뮤니티 사이트인 '인디스쿨'에서 '학부모 편지'로 검색해 보자. 여러 선생님들의 고민이 가득 담긴 편지와 양식, 작성 요령 등을 얻을 수 있다. 새로 작성하는 게 어렵다면 선

배 선생님들의 편지를 살짝 엿보고 내 스타일에 맞게 바꿔보는 것도 좋다.

나는 교직 초반부터 매년 편지를 작성했고, 내용도 매년 다르게 썼다. 또 몇 학년을 담임하느냐에 따라 학부모에게 부탁드리는 내용 또한 달리했다. 특히 6학년 교실에는 다양한 사건사고가 생기기도 하는데, 학부모가 개입해 학생들이 스스로 해결하고 성장할 기회를 갖지 못하는 경우가 있다. 또 사춘기에 접어든 자녀와의 소통에서 어려움을 겪는 분도 있다. 이렇듯 6학년 학부모에게 보내는 편지에서는 고려해야 할 상황이 많다.

내가 6학년 학부모들에게 편지를 쓰는 원칙은 아래와 같다.

1. 한 페이지 안에 전하고자 하는 내용을 모두 넣을 것
2. 편지는 읽기 쉽고, 간결할 것
3. 교사의 이미지와 교직관, 학급운영 원칙을 넣을 것
4. 선생님과의 소통 방법을 알려줄 것

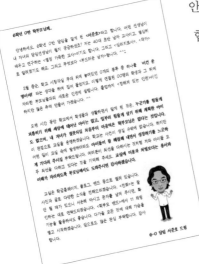

안녕하세요, 6학년 0반 담임을 맡게 된 〈서준호〉라고 합니다. 어떤 선생님이 내 자녀의 담임선생님이 될지 궁금하셨죠? 저는 40대 초반 남자 교사이고, 열심히 배우고 연구하는 〈열정 가득한 교사〉이기도 합니다. 그리고 무엇보다 〈부드러운 남자〉랍니다. ^^;;

내가 부모가 되어 보니 자녀의 담임선생님에게 온 편지를 읽으면서 느끼는 게 많았다. 그 느낌을 바탕으로 내 편지 스타일 또한 변했는데, 첫인사에서는 '교사의 이미지'를 만들어 보는 것이 좋다. 부모는 글 스타일을 통해서 교사가 이성적인지 감성적인지를 파악한다. 그리고 학생들이 무섭지 않은 담임을 바라는 것처럼 학부모도 부드러운 선생님을 기대한다.

일반적으로 학부모가 살아온 시대를 생각해 보면 억압적인 분위기의 학창 시절을 보낸 경우가 많기 때문에 교사를 바라보는 눈이 그리 좋지만은 않다. 그러

니 과거에 자신들이 만난 담임선생님보다 좋은 사람이길 바라는 학부모의 마음도 고려하자. 그래서 내가 어떤 교사인지 가능하면 딱딱하지 않도록 썼다. 무엇보다 마지막에 '부드러운 남자'라는 이미지를 일부러 만들어 썼다(이렇게까지 해야 하나 하는 생각을 할지도 모르겠다. 하지만 중요하다. 권위적인 교사에게 길들여진 학부모는 현재의 교사들을 바라보면서 과거 권위를 내세운 교사를 투사하는 경향이 있다).

오랜 시간 동안 학교에서 학생들과 생활하면서 알게 된 것은, 누군가를 힘들게 괴롭히기 위해 세상에 태어난 아이는 없고, 일부러 힘들게 살기 위해 계획한 아이도 없으며, 내 자녀가 잘못되길 처음부터 마음먹은 학부모님도 없다는 것입니다. 이 관점으로 교실을 운영하겠습니다. 학교에는 사건이 생길 수밖에 없습니다. 하지만 어떤 일이 교실 속에 발생하더라도 아이들이 잘 해결해 내면서 성장하기를 느긋하게 기다려주시길 부탁드립니다. 여러분이 최선을 다하시는 것처럼 저와 아이들 모두 최선을 다하고 있다는 것을 기억해 주세요. 교실에 미움과 처벌보다는 용서와 이해가 자리하도록 부모님께서도 도와주시면 감사하겠습니다.

내가 가장 공들여 쓰는 부분이 이곳이다. 6학년 학생들은 다양한 사건사고를 만들어낸다. 학년 초부터 끊임없이 사건이 벌어지곤 하는데, 나의 경험상 대부분의 학부모는 이런 학생들 간의 관계를 여유 있게 바라보지 못했다. 넓은 시야로 모든 상황을 고려하며 사건을 바라보는 것이 아니라, 내 자녀의 행복에만 초점을 맞춘다. 자녀로 인한 스트레스 상황을 현명하게 해결할 수 있는 힘이 떨어진 것인데, 이는 어쩌면 우리 사회가 만들어낸 이기주의가 아닐까 싶기도 하다.

일이 점차 커지면 학생 간의 다툼이 학부모 간의 싸움이 되기도 한다. 학부모가 교육청에 민원을 넣고, 나름대로 최선을 다하고 있는 교사에게 책임을 덮어씌우는 황당한 일도 있다. 그래서 "아이들이 잘 해결해 내면서 성장하기를 느긋하게 기다려주시길 부탁드립니다."라는 문장에 힘을 줬다. 상대방을 처벌하길 바라는 학부모들도 있어서 "교실에 미움과 처벌보다는 용서와 이해가 자리하도록" 도와달라는 문장을 넣기도 한다.

이렇게 편지를 보내놓으면 추후 일이 발생되더라도 상담 속에서 학부모의 손을 잡고, "학년 초 제가 편지에 말씀 드렸던 것처럼, 조금만 더 느긋하게 아이들을 믿어보세요. 잘 해결될 거라고 봅니다.", "학교는 잘못에 대한 벌을 주는 곳이 아니라 교육을 하는 기관입니다. 이 사건을 어떻게 교육적으로 풀 수 있을까요? 아이들이 성장할 기회를 주세요." 등의 이야기를 할 수 있는 근거와 힘이 된다.

교실은 학급 홈페이지, 블로그, 밴드 등으로 열려 있습니다. 사진과 글로 다양한 소식을 전해 드리겠습니다. 〈전화〉는 잘 안 될 때가 있으니 서운해 마시고 문자를 남겨 주시면, 확인하는 대로 연락드리겠습니다. 〈학부모 밴드〉에서 1:1 채팅 기능을 활용하셔도 좋습니다. 다가올 모든 것에 대해 가슴을 열고 시작하겠습니다. 앞으로도 많은 관심 부탁합니다. 감사합니다.

감정에 사로잡힌 학부모는 바로 응대하기보다 살짝 시간을 두고 이야기 나누는 것이 좋다. 그래서 나는 평소에도 바로 학부모와 전화를 주고받기보다는 메시지로 이야기하거나, 학부모 밴드 채팅창을 이용하곤 했었다. 전화로 바로 현명한 해결책을 나누거나 학생 상황을 살필 여유가 없기도 했었다. 그래서 메시지나 채팅창 등으로 내용을 확인하고, 내가 기록했던 것(뒤에서 소개할 진단 프로그램 결과물 등), 학생 상담 내용 등을 한 번 더 읽고 생각한 뒤 글로 대화를 나누거나 전화를 걸어 조금 더 지혜롭게 이야기를 나눴던 적이 많았다.

- 교사에게 전화 연락이 편한 시간을 편지 속에 제시하는 것도 좋다. "자녀와 관련해 대화를 나누고 싶은 분은 오후 2시 40분~5시 사이에 연락주세요."라고 구체적으로 넣어보자. 그 외에 자녀가 아팠을 때, 체험학습을 갈 때 등 "담임선생님에게 어떻게 연락해 주세요."라고 넣어보자.

- 퇴근 후, 휴일 등에 휴대폰으로 전화가 오면 때론 난감하다. 그래서 교실 전화, 학부모 밴드 등으로 소통 방법을 정하여 운영하는 것도 괜찮다. 감정 조절이 되지 않는 학부모를 몇 번 만났는데 늦은 저녁에 다짜고짜 전화를 해서 감정을 쏟아내고 나중에 죄송하다는 연락을 받은 적도 있었다. 바로 전화를 받지 않고, "연수에 참여하는 중이라 전화를 받을 수 없어 죄송합니다. 어떤 일로 전화하셨는지 문자로 먼저 알려주시면 정말 감사하겠습니다." 등으로 메시지를 통해 대화를 시작하곤 했다.

- 편지 속에서 학부모가 교사의 신념, 자신감을 느낄 수 있도록 작성해 보자. 나에게 아들과 딸이 있는데, 그 담임선생님에게 편지를 받았다고 생각해 보자. 어떤 선생님이 믿음직스러운가! 아무래도 따뜻하고 신념이 있으며 자신감이 엿보이는 선생님이 아닐까?

- 학부모에게 보내는 편지와 함께 '학생들에게 보내는 편지'를 함께 넣어 보내는 것도 좋다.

06

첫 만남을 의미 있게 만드는 놀이

● 차분하게 학생과 소통하는 것보다 역동적인 만남을 선호한다면 '놀이'를 이용하는 것도 좋다. 놀이 안에서 선생님이 하고 싶은 말을 들려주고, 첫 만남의 의미를 부여하거나, '우리는 한 반'이라는 이미지를 강조할 수도 있다. 텍스트와 영상 등을 통해 일방적으로 메시지를 전달하는 것이 아니라, 아이들

이 활동 속에 직접 참여하면서 몸과 마음으로 우리는 한 반임을 느끼기 때문에 더 쉽고 가슴 깊게 중요한 '의미'를 이해할 수 있다.

첫 만남에 사용할 수 있는 다양한 놀이들이 있지만, 이곳에서는 6학년에 초점을 두고 소개하려 한다. 재미로만 접근하기보다는 놀이 안에 의미가 자리해야 한다. 또 첫 만남에서는 시선에 민감할 수도 있으므로 특별히 주목받지 않으면서도 모두가 교실 안에서 편하게 참여할 수 있는 집단 놀이가 좋다.

6학년들에게 효과가 좋았던 놀이와 진행하며 사용했던 멘트의 일부를 아래에 소개한다. 각자의 교실과 분위기에 맞춰 응용해 보자. 여러 놀이를 조합해서 첫 주를 다양하게 구성한다면 어색한 분위기를 풀고, 반 전체가 서로를 알아갈 수 있을 것이다.

━━━ 한 곳을 바라봐

"애들아, 아마 너희는 앞으로 1년 동안 선생님과 함께 지내며 서운한 일은 일어나지 않기를 바랄 거야. 그 생각 속에 담겨진 마음은 너희 생각과 선생님의 생각이 항상 같기를 바라는 것이라고 할 수 있어. 정말 너희와 선생님이 항상 같은 생각을 하고 같은 곳을 바라볼 수 있는지 놀이 하나로 실험을 해보자."

학생 한 명에게 앞으로 나와달라고 부탁하자. 서로 등을 대고(붙지 말고) 선 뒤, 신호와 함께 오른쪽 또는 왼쪽을 바라보기로 하자.

"자, 선생님이 시작 하고 말하면, 모두가 하나 둘 셋 하고 크게 외치렴. 그럼 앞에 나온 친구와 선생님은 오른쪽 또는 왼쪽을 바라볼 거야. 모두 다섯 번을 할 텐데 몇 번이나 같은 곳을 바라보는지 살펴보자. 시작!"

아이들과 함께 웃으며 다섯 번을 해보자. 아마 다섯 번 모두 같은 곳을 바라보지는 못할 것이다. 학생들에게 두 명씩 짝이 된 뒤 앞에 나온 친구와 선생님처럼 다섯 번 동안 몇 번이나 같은 곳을 바라보게 되는지 해보도록 하자. 시간 여유가 있다면 옆, 앞뒤 친구 등 다양하게 짝을 지어 활동해 보자. 어느 정도 시간이 지나면, 다섯 번 중 몇 번이나 같은 곳을 바라봤는지 확인해 보자. 그리고 한 친구에게 다가가 물어보자.

"함께했던 친구가 같은 곳을 바라보니까 마음이 어땠어?"

기분이 좋고, 웃음이 나왔다는 등의 반응이 나올 것이다. 그러면 다음 질문을 해보자.

"함께했던 친구가 다른 곳을 바라보니까 마음이 어땠어?"

서운하고, 속상하고, 아쉬웠다는 등의 답이 나온다. 그러면 위의 반응을 가지고 이야기를 진행해 보자.

"그래, 같은 곳을 바라보면 기분이 좋았을 거야. 너희가 방금 놀이로 경험했던 것처럼, 우린 한 반이니 같은 곳을 바라보면 우리 모두가 좋을 거라 생각해. 좋고 멋진 쪽을 향해 같은 곳을 바라봐야지. 하지만 조금 전에 본 것처럼, 다섯 번 중 다섯 번 모두 같은 곳을 바라보는 것은 굉장히 힘든 일이야. 그러니 모든 친구와 같은 곳을 바라보는 것은 더욱 힘들 수밖에 없지. 아마 앞으로도 함께 같은 반으로 지내면서 같은 곳을 바라보지 못해 속상하거나 아쉬워하는 일이 생길지도 몰라. 하지만 기억하렴. 네가 최선을 다했던 것처럼 네 짝도 최선을 다했던 거야. 때론 생각의 차이와 살아온 경험의 차이, 중요하다고 여기는 것 등의 차이가 서운함을 만들겠지. 하지만 시간이 지나서 교실 속에서 같은 곳을 바라보는 일이 생기면 놀이보다 몇 배로 기쁠 거라는 것을 기억해 주렴."

1 두 명씩 짝을 짓는다.

2 몸이 닿지 않도록 등을 맞대고 서거나 앉는다.

3 선생님의 신호에 따라 각자 오른쪽 또는 왼쪽을 바라본다.

4 3회 또는 5회 정도를 해보고 짝과 같은 방향을 바라보는 횟수가 몇 번이나 되는지 확인한다.

5 소감을 나누고 짝을 바꾸어가며 진행한다.

━━ 텔레파시 박수

한 학생을 앞으로 불러낸 뒤,

"선생님과 오늘 처음 만났는데, 선생님과 앞 친구가 얼마나 마음이 잘 맞는지 텔레파시 박수로 한번 알아보자. 방법은 혼자서 박수 한 번을 치고, 상대방과 손바닥을 맞대어 박수를 한 번 치는 거야. 그리고 혼자서 박수 두 번, 상대방과 박수 두 번, 혼자서 세 번, 상대방과 세 번. 이렇게 1부터 10까지 박수를 말하지 않고 틀리지 않고 치는 것이 목표란다. 성공하면 만세 하고 외쳐보자."

선생님이 먼저 앞 친구와 시범을 보여주자. 일부러 한 번 틀려보면서 틀리면 처음부터 다시 시작하고, 속도를 살짝 줄여서 한다는 요령도 알려주자. 그리고 천천히 1부터 10까지 박수를 성공하고 함께 만세를 외쳐보자.

"자, 너희도 할 수 있어. 반 친구들과 다양하게 박수로 만나볼 텐데 먼저 짝과 함께 박수를 쳐보자."

짝과 함께 한 뒤엔 앞뒤로, 대각선 친구와 텔레파시 박수를 쳐보도록 하자. 그

리고 모둠이 함께하도록 한다. 이때 손바닥 위치를 잘 알려주자. 내 배꼽 쪽에 왼 손바닥이 하늘로, 오른 손바닥이 바닥을 향해 박수를 치고, 오른손을 옆으로 보내 옆 친구의 왼 손바닥을 치는 식으로 손뼉을 치기로 하자.

"이번엔 모둠끼리 해보자. 원으로 선 상태에서 손을 위아래로 놓고 시작하면 된단다. 이번에도 역시 성공하면 만세를 외쳐보렴."

모둠, 분단, 남녀, 한 반 모두. 이런 순서로 조금씩 인원을 늘려보자. 인원이 늘어나는 재미 때문에 아이들이 집중하고, 신기하게 생각한다. 중간에 틀리면 처음부터 다시 하도록 하고, 속도를 조절하도록 하자. 혹시 틀린 친구가 있으면, "계획적으로 틀리기 위해 이곳에 온 친구는 없을 거야. 네가 최선을 다하는 것처럼 친구도 최선을 다하는데, 누군가는 이런 놀이를 재빨리 잘하는 사람이 있겠지만 때론 천천히 해야 잘하는 사람도 있단다. 나 혼자 잘하는 것이 아니라 우리 모두가 잘할 수 있는 속도로 함께 끝까지 가도록 해보렴." 등의 멘트를 하고 선생님은 여유롭게 지켜봐주자. 반 전체가 성공하는 순간까지 이끌어가고, 성공을 하게 되거든 한 손을 심장 위에 올리고 감동 받았다는 리액션과 함께 반 아이들을 흐뭇한 눈으로 바라보자.

"선생님은 감동 받았어. 두 명이 시작했던 텔레파시 박수가 우리 반 모두까지 발전될 수 있구나. 좀처럼 쉽지 않은데 정말 놀랍다."

이런 의도적인 멘트는 반 아이들을 뿌듯하게 만든다. 그런 다음 반 학생들 모두 손을 잡도록 한 뒤,

"자, 모두 손을 잡아보렴. 손을 잡기 쑥스러워하는 친구도 있겠지만, 1분만 잡아주렴. 선생님은 이 순간을 함께 기억하고 싶구나. 그리고 이렇게 따라해 보자."

"우리는 한 반입니다."

"한 반이란 이름으로 많은 것을 이겨내겠습니다."

위의 중요한 두 문장 외에도 각자의 교실 상황에 맞게 "차별하지 않습니다, 실수해도 괜찮습니다, 조금 못해도 괜찮습니다, 친구는 나와 다를 뿐입니다, 혼자보다 여럿이 재미있습니다" 등의 멘트를 이용해 우리 교실에 중요한 것이 무엇인지 알려주자. 그리고 함께 모여 단체사진을 찍는 등으로 발전시킬 수 있다.

1 짝꿍과 서로 마주 본다.

2 말을 하지 않고 혼자 박수를 한 번 치고 이어서 짝과 함께 박수 한 번을 친다.

3 이후 순서대로 혼자 박수 두 번, 짝과 함께 두 번, 혼자 박수 세 번, 짝과 함께 박수 세 번… 이런 식으로 10까지 틀리지 않고 박수를 짝과 함께 친다.

4 앞뒤 친구, 대각선으로 앉아 있는 친구와 함께 텔레파시 놀이를 한다.

5 한 모둠이 둥그렇게 앉거나 선 뒤, 텔레파시 박수를 친다. 이때 손바닥 모양을 바꾼다. 왼 손바닥을 아래, 오른 손바닥을 위로 한 뒤 옆 친구 왼손에 오른손을 보내 짝 소리를 낸다.

6 한 분단이 함께 원으로 선 뒤, 텔레파시 박수를 친다.

7 남자끼리, 여자끼리 텔레파시 박수를 치거나 반 절반을 나눠 박수를 친다.

8 반 전체가 원으로 선 뒤, 박수를 친다.

━━ 과일바구니

학생들을 원으로 앉게 한 뒤, 어색함을 느낄 여유도 없을 만큼 빠르고 단순하게 놀이를 진행한다. 앉아 있는 학생들에게 바로 사과, 배, 복숭아, 사과, 배⋯. 순서를 정해 놓고 가운데 한 명을 서게 한 뒤, 〈과일바구니〉놀이를 진행해 보자. 계속해서 자리를 바꾸고 서로 섞이고, 웃음을 유발하면서 몸과 마음을 녹이는 쪽으로 초반 10분 정도를 진행해 보자. '무슨 과일을 좋아하니?'를 응용해서 다양한 질문을 하도록 바꿔보아도 좋다.

"자, 이제 가운데 서 있는 친구에게 '무슨 음식을 좋아하니?'하고 물어보자. 술래는 자신이 생각하는 좋아하는 음식 한 가지만 이야기해 주렴. 그러면 앉아 있던 여러분들은 듣고 있다가 나도 그 음식이 좋다고 생각하면 자리에서 일어나 다른 자리에 앉으면 된단다."

5~10번 정도 지나면 조금씩 질문을 바꿔나간다. 중요한 것은 아이들의 마음을 알아보는 쪽으로 운영을 하는 것이다. 정신없이 이동하기 때문에 가능하다면 미리 캠코더를 설치해서 녹화를 해보자. 아이들이 집에 돌아간 뒤에 차분히 살

펴보면 아이들의 속마음을 읽을 수 있다. 마음속까지 알아보기 위해서는 질문을 미리 생각해 놓는 것이 좋다. 내가 6학년 담임을 하면서 준비했던 질문은 다음과 같은 것들이었다.

- 6학년 때 우리 교실에서 무엇을 하고 싶니?
- 6학년을 어떻게 보내고 싶니?
- 어떤 사람이 짜증 나니?
- 선생님이 우리에게 어떻게 해주길 바라니?
- 6학년 때 친구들과 무엇을 하며 놀고 싶니?

"자, 이번엔 질문을 살짝 바꿔서 '6학년 때 무엇을 하고 싶니?'라고 물어보자. 앞과 마찬가지로 가운데 서 있는 술래는 하고 싶은 것을 이야기하렴. 앉아 있던 친구들은 나도 비슷한 생각이라면 일어나서 움직이면 된단다."
아이들의 모습과 이동을 잘 살펴보면서 몇 가지를 기억해 두자. 예를 들어, "6학년을 어떻게 보내고 싶니?"라는 질문에 "체육을 많이 하면 좋겠어요."라는 답을 하자 아이들 대부분이 일어나 우르르 이동하는 것을 보았다면 "너희들이 바라는 것은 체육을 많이 하는 것이구나. 그래 너희들이 원하는 것을 잘 기억할게. 하지만 다른 과목 공부도 잘해 주면 좋겠구나." 하고 이야기해 주는 것이다. 이 같은 피드백을 통해서 자연스럽게 교사가 할 수 있는 부분, 못하는 부분, 또 교실에서 필요한 것 등을 공유할 수 있다. "어떤 사람이 짜증 나니?"라는 질문을 활용해 자연스럽게 교실 속의 규칙 등과 연관 지어 이야기를 나누며 진행해도 좋다.

1 술래를 제외한 모두가 의자에 빈자리가 없도록 둥그렇게 앉는다.

2 앉은 순서대로 과일 이름을 세 개 정도 정해 차례로("사과, 복숭아, 배, 사과, 복숭아" 하는 식으로) 지정한다.

3 가운데에 술래가 선다.

4 의자에 앉은 친구들이 크게 "무슨 과일을 좋아하니?"라고 외치면 술래는 과일 하나를 말한다. 술래가 말한 과일에 해당된 친구들은 자리에서 일어나 다른 자리로 가서 앉는다. 술래도 빈자리를 찾아가 앉는다.

5 자리에 앉지 못한 친구가 다음 술래가 되어 다음 과일의 이름을 말한다.

6 과일은 한 개를 말할 수도 있고 "사과-배", "복숭아-배" 하는 식으로 두 개를 한 번에 말할 수도 있다.

7 전부 일어나게 하고 싶으면 술래는 "과일바구니!"라고 외친다.

8 자리가 충분히 섞이면 응용 게임을 진행한다. 술래에게 다른 질문, 예를 들어 "6학년 때 우리 교실에서 무엇을 하고 싶니?"라고 묻는다.

9 술래가 "체육을 많이 하고 싶어요." 등의 대답을 하면 술래와 같은 생각을 가진 모두가 자리를 옮긴다. 술래도 빈자리를 찾아간다.

10 빈자리를 찾지 못한 친구가 다음 술래가 되어 선생님의 질문에 답한다.

나는요

반 학생들에게 '나는요(또는 저는요)'라는 용지를 한 장씩 나눠준다. 학생들에겐
친구들의 정보를 하나씩 듣고 이름을 맞춰보는 '탐정 놀이'를 한다고 하자.

"학년 초라 친구를 파악하는 데 때론 어려움이 있기도 해. 눈앞에 보이는 친구
의 모습만 보다 보면 때론 실수를 할 수도 있어. 친구에 관한 몇 가지 정보를 기
억하는 것만으로 우린 조금 더 세련된 관계를 맺을 수 있단다. 선생님이 주는
종이에 정보를 적어주렴. 이걸 모은 뒤, 하나씩 들어가면서 친구를 찾아보는 탐
정 놀이를 진행할 거야. 자 지금부터 친구들이 보지 않도록 조심히 적어보렴."

5분 정도 시간을 주고, 시간 안에 자신이 생각하는 것을 적도록 하자. "없으면
어떻게 해요?"라는 질문이 가장 많이 나온다. "없으며 적지 않아도 되지만, 친
구들이 널 찾을 수 있는 최소한의 정보는 적어주렴. 너무 큰 것을 적지 않아도

저는요~	( ) 번 이름 ( )
저는요	( ) 때가 가장 행복해요.
저는요	( ) 슬픈 일이 있었어요.
저는요	( ) 행동을 하는 친구가 정말 짜증나요.
저는요	선생님에게 ( ) 을 바래요.
저는요	( ) 라는 말을 들으면 저는 힘이 나요!
저는요	( ) 걱정이 있어요.

괜찮아."라고 이야기해 주면 아이들이 편안하게 적을 수 있다.

시간이 지나면 종이를 모두 모은 뒤, 학생들에게 보이지 않도록 글씨가 선생님 쪽을 향하게 한 뒤, 한 장씩 계속 넘겨가자. 오늘 임원에게 "Stop!" 하고 외치게 하고, 멈춘 종이를 보면서 하나씩 읽어주고 친구를 찾아보는 놀이를 진행해 보자.

위의 용지를 이용해 진행해도 좋고, 뒤 페이지(118p)에 있는 '소개합니다' 자료를 이용해 활동을 진행할 수도 있다.

'(   ) 슬픈 일이 있었어요.'처럼 민감한 항목은 학생들에게 읽어주지 말고 담임 선생님만 기억하자. 이런 놀이를 통해 알 수 있는 귀한 정보로 생각하고, 다른 문장 등을 활용해 보자.

"자, 이 친구는 '힘내'라는 말을 들으면 힘이 난대요. 그리고 친구와 게임을 하며 방에서 뒹구는 것을 좋아한대요. 누구일까요?(이름 속에 'ㄴ'이 두 번 들어가 있어요, 하는 식의 힌트를 줄 수도 있다.)"

누군가 손을 들어 맞추면, 종이의 주인공에게 "Stop!"을 할 기회를 주고 새로운 친구를 뽑아서 진행하자.

이 놀이는 아이들이 종이에 어떤 정보를 쓰게 할 것인지가 무엇보다 중요하다. 담임교사가 아이들에게 필요한 정보가 무엇인지 파악해서 샘플의 항목을 변형해 사용해도 좋다.

"선생님과 탐정 놀이를 하다 보니 친구들에 대해 조금 더 알게 됐을 거라 생각해. 특히 어떤 친구를 힘들어 하고, 짜증 나게 여기는지 기억해 보렴. 이런 부분을 기억하다 보면 더 좋은 관계를 만들 수 있을 거야. 그리고 선생님은 너희가 어떤 말에 힘이 나는지를 기억할 거야. 때론 너희가 힘들어 할 때 잠깐 너희 어깨 위에 손을 올리고 그 말을 건네는 그런 선생님이 되고 싶구나."

그러면서 선생님의 '나는요'를 읽으며 마쳐도 되고(놀이 중간에 선생님 것을 넣어서 해도 재미있다), 뒤에 소개할 '문장완성검사'를 자연스럽게 제공해도 된다.

1   학생들에게 작은 종이를 한 장씩 나누어 준다.

2   종이 맨 위에 자신의 이름을 쓴다.

3   각자 "나는요"로 시작되는 문장을 완성한다.

4   자신의 성격, 좋아하는 것, 고민거리 등 자신을 소개할 수 있는 말을 적는다. 세부 항목은 선생님이 정해서 알려준다.

5   마지막 문장에는 외모 등 자신을 금방 알아챌 수 있는 힌트를 써넣는다.

6   적은 종이를 다 모아서 섞은 뒤 한 장을 골라내 "나는요"로 시작된 문장을 한 줄씩 읽어준다.

7   아이들은 선생님이 들려주는 문장을 듣고 누구인지 맞춰본다.

8   정답을 맞힌 아이가 다음 종이를 뽑아 차례로 진행한다.

• 작게 프린트 해서 '나는요' 놀이용으로 사용할 수도 있고, 크게 프린트 해서 교실 뒤에 학기 초 게시용으로 활용할 수도 있다(양식은 서준호 선생님의 마음 흔들기 블로그(http://blog.daum.net/teacher~junho) '6학년 담임 해도 괜찮애' 게시판에서 다운로드 받을 수 있습니다).

07
쉽고 간단한 선생님 소개 준비하기

● 6학년 아이들에게는 담임선생님의 이미지를 어떻게 보여줄 것인지도 매우 고민되는 부분이다. 그렇다면 예전 제자들과 함께했던 사진을 보여주면서 '나는 어떤 것을 추구하는 교사'라는 이야기를 들려주는 것도 좋다 (영상을 보여줄 수도 있지만, 화질이나 오디오의 수준이 좋지 않으면 보는 사람이 불편할 수도 있다.

그러니 사진만으로도 충분하다). 교사가 앞으로 어떤 것을 할 것이며 어떤 활동을 좋아한다는 것을 말로 이야기하는 것보다 예전 제자들과 함께했던 활동을 사진 슬라이드로 3~5분 정도 보여주는 것이 선생님의 진심과 열정, 따뜻함을 전달하는 데 더 큰 효과가 있다.

많은 선생님들이 첫 만남을 위해 영상을 제작하거나 파워포인트를 제작하는 등 미리부터 너무 과한 에너지를 사용하여 지치는 경우가 있다. 어쩌면 10분 정도의 정보 전달을 위한 것인데, 몇 시간을 투자하는 것 또한 균형이 맞지 않을 수 있다. 그렇다면 어떻게 하는 것이 좋을까?

'알씨'라는 이미지 뷰어를 이용하면 사진 슬라이드를 뚝딱 만들 수 있다. 사진만 모아서 한 폴더에 넣고 '연속 보기'라는 메뉴를 누르면 음악과 함께 사진을 슬라이드 형태의 영상처럼 재생시킬 수 있다.

예전 반 아이들과 즐겁게 생활했던 사진들을 모아서 한 폴더에 담아보자. 그리고 그 폴더 안에 밝고 경쾌한 음악을 한두 곡 넣어두자. 사진을 더블 클릭해서 '알씨'를 실행시킨 뒤, 〈도구〉-〈환경설정〉에 들어가 시간 간격을 정하고 〈배경 음악 사용〉을 체크하자. 그런 뒤 〈보기〉에 들어가 〈연속보기〉를 클릭하면 음악과 함께 슬라이드를 보여줄 수 있다(참고 : http://blog.daum.net/

teacher-junho/17032888).

그런 뒤, 반 아이들에게 이야기를 들려주자.

"선생님은 예전 반 학생들과 이렇게 생활해 왔단다. 이 사진 슬라이드를 보면서 너희들이 선생님과 보낼 한 해를 두근거리는 마음으로 기대하면 좋겠구나. 선생님도 너희와 일 년을 보내면서 또 어떤 추억을 만들게 될지 기대된단다. 우리가 일 년 동안 함께 만들어갈 사진 슬라이드에는 슬픔과 고민보다는 미소와 따뜻함이 모이면 좋겠구나."

그런 뒤, 학생들에게 '선생님에 대해 궁금한 점'을 질문 받자. 손을 들고 발표하는 것도 좋지만 반 전체가 무엇을 궁금해 하는지 파악해 보는 것도 좋다. 포스트잇 한 장, 사인펜 하나를 나눠주고 선생님에 대해 궁금한 것을 쓰게 한 뒤, 칠판에 붙이도록 하자. 그러면 자연스럽게 비슷한 부분끼리 모이게 되고, 조금 더 많은 쪽부터 답을 해주면 좋다.

이벤트를 좋아한다면 종이 한 장을 나눠주고 선생님에게 질문하고 싶은 것을 적게 한 뒤, 종이비행기로 날리도록 하자. 선생님 가까이에 있는 종이비행기 중 몇 개를 골라 읽고 답을 해주자. 또는 작은 종이에 질문을 쓰게 한 뒤, 작은 통에 모아 넣고 몇 개를 뽑아 읽고 답을 하는 방식으로 운영해도 좋다.

"이런 질문만으로 선생님을 모두 파악하는 것은 힘들 거야. 질문만으로 상대를 파악할 수 있다면 얼마나 좋겠니. 질문보다 더 좋은 것은 함께 생활해 보는 거야. 너희가 선생님에 대해 궁금해 하는 것을 살펴보니 선생님과 행복하게 지내고 싶은 마음이 느껴지는구나. 선생님 또한 그렇단다. 너희들에 대해 궁금한 것도 많고, 너희와 행복하게 지내고 싶은 마음도 크단다. 앞으로 여러 질문을 서로 주고받으면서 교실을 함께 만들어가보자."

이후에 〈학생 설명서〉 활동 또는 학생이 자신에 대해 설명하는 활동 등으로 넘어가는 것도 좋다.

- 수학여행, 학교 내 행사 등에서 찍은 사진들도 사진 슬라이드로 활용해 보자. 하나의 폴더 안에 넣고 위와 같은 방식으로 사용하면 된다. 따로 영상을 만들지 않아도 깔끔한 영상과 같은 결과물을 바로 볼 수 있다.

- 선생님에게 궁금한 것을 물어보는 포스트잇, 비행기, 쪽지 등은 전부 뒤에서 소개할 생활지도와 문제해결 부분에서도 응용해 사용할 수 있다. 친구의 고민을 적어 비행기로 날리기, 쪽지로 만들어 뽑아서 해결책 찾아보기 등을 해도 좋고, 친구에게 조언해 주고 싶은 말을 포스트잇에 적어 붙인 뒤 분류하고 정리하는 식으로 운영할 수도 있다.

- 사진을 찍으면 정리가 중요하다. 내 경우에는 학교와 관련된 사진 기록은 〈연도〉별 폴더 안에 〈학교기록〉이란 폴더를 만들고 그 안에 '일시-주제' 별로 세부 폴더 정리를 해놓는다. 그러면 내가 했던 활동이 몇 월 정도인지만 떠올리면 '일시' 부분을 보고 대

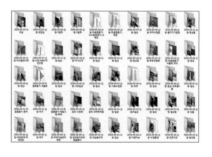

략 살펴보다가 주제를 확인하고 필요한 사진을 찾을 수 있다. 예를 들어 '2017-03-01-학급-첫 만남' 이렇게 장소, 활동명을 기록해 놓는다. 그리고 포토샵으로 다듬은 사진이나 크기를 조절하는 등 편집을 했다면 그 폴더 안의 〈편집〉이란 곳에 넣어두고, 파일명은 가장 뒤에 '-1'로 표시를 해놓았다(예 : AKT0001-

1). 필요한 사진이 있을 때는 내컴퓨터 또는 해당 연도의 폴더에 들어가서 확인하거나 오른쪽 상단의 '검색창'에서 주제어를 넣고 검색을 하기도 한다(예 : 첫만남). 위의 경우엔 1년간의 활동 중 좋은 것을 찾아야 하니, 포토샵 편집까지 했던 사진 위주로 고르는 것이 좋다. 이럴 때는 해당 연도에 들어가 검색창에 '-1'을 넣고 엔터를 누르면 편집한 사진들이 나온다. 그중에서 컨트롤 키를 누르고 필요한 사진만 마우스로 클릭해서 필요한 폴더에 복사해 넣는다.

PART 2
학생 파악하기

교실에서 일어나는 일의 대부분은 서로 다른 성향의 사람들이 관계를 맺는 과정에서 비롯된다.

성장하면서 부모로부터 인정받지 못한 어떤 학생은

그 인정을 교사와 친구들로부터 대신 받고 싶어 한다.

체벌과 꾸중을 일삼는 권위적인 부모 아래 성장한 아이는 자존감이 낮아

친구의 작은 비난에도 욱하고 화를 낸다.

이처럼 교실에서 일어나는 다양한 상황은 관계 속에서 각자의 욕구가 충돌하며 발생한다.

그러므로 교사가 학생의 성향만 제대로 파악하고 있어도

교실에서 일어날 일을 예측할 수 있고,

학생들의 행동을 이해할 수 있으며,

여러 조언을 해줄 수 있다.

6학년은 초등학교의 꽃이랍니다.
안아주고 웃어주면
반드시 보답하는 아이들이라는 것을 기억하세요!

01

성격 파악하기 – LCSI 검사

● 6학년 학생들은 겉모습과 속마음이 달라 선생님을 애먹이기도 하고, 친구들과 애매한 관계를 만들기도 한다. 성격유형에 대해 공부해 보면 '모든 학생이 같지 않고 각자 특유의 성격적인 장점이 있다'는 것을 알게 된다. 따라서 학생들의 성격을 제대로 파악하고 있으면 학생을 이해하고 지도하는 데 큰 도움이 된다.

나는 학생들의 성격을 파악하기 위해 LCSI 청소년용 성격검사를 이용한다(림스연구소 http://www.lcsi.co.kr 참조). LCSI는 국내에서 개발된 검사 중 유일하게 한국상담심리학회의 인증을 받은 표준화 심리검사이다.

최근 몇 년간 신학기에 이 성격검사를 진행해 학생들의 개인 특성을 파악했고, 이 검사를 통해 좀 더 세밀한 이해를 바탕으로 학급운영을 시작할 수 있었다. 무엇보다 부적응 학생을 상세히 파악하고, 학생의 특성에 따라 맞춤형 생활지도를 할 수 있다는 점이 좋았다.

구체적이고 객관화된 도구를 사용해 학생을 파악하는 것은 가장 정확하고 장점이 많은 방법이다. 뒤에서 소개하겠지만, 그림이나 문장 등을 통해 학생의 마음을 파악하는 것도 그 나름의 장점은 있다. 하지만 진단이 정확하지 못할 수 있고, 교사의 마음이 투사된다는 단점이 있다. 반면, 검증된 검사 도구를 이용해 객관적으로 학생을 파악하면 교사가 파악할 수 있는 것 이외에도 많은 도움을 받을 수 있다.

LCSI 검사는 도전성, 사교성, 수용성, 신중성, 안정성, 자아개념, 학구욕이라는 7가지 항목을 통해 성격 패턴을 분석한다. 검사 결과 리포트(Basic Report)는 표

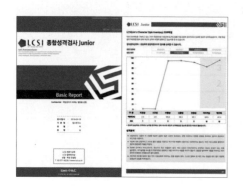

지를 포함해 총 6장이 제공되는데, 일반 성격, 심리 특성, 대인 관계, 유의점 등으로 영역을 나누어 상세한 설명을 제공한다. 또한 학생의 기질적 특성을 알 수 있도록 캐릭터 분석을 제공한다. 학생이 왜 해당 캐릭터에 속하는지 논리적인

근거와 함께 각 캐릭터가 지닌 주요 특성도 알려준다.

학교에서 검사를 할 경우, 학생들과 함께 컴퓨터실에 가서 주어진 공통의 아이디와 비밀번호를 입력한 뒤 검사 사이트에서 약 140개 문항에 마우스로 응답을 클릭하면 된다. 검사에는 약 20~30분 정도가 소요된다. 검사가 끝나면 출력된 검사 결과 리포트를 연구소에서 보내준다.

검사 비용은 근무했던 학교 예산 사정에 따라 학급운영비로 마련할 때도 있었고, 학생상담·심리검사 비용으로 책정된 예산을 사용하기도 했다. 또 성격검사이긴 하지만 진로에 대해 약간의 도움을 받을 수 있어서 진로 검사 예산을 이용한 적도 있었고, 예산이 확보되지 않으면 개인적인 비용으로 검사 비용을 충당한 적도 있었다(그만큼 장점이 많은 검사였다).

교사는 LCSI 검사 결과 리포트에 나와 있는 글만 꼼꼼하게 읽어도 학생에 대해 많은 것을 이해할 수 있다. 상담을 전공한 교사라면 이 검사를 뒤에 소개할 성격유형 워크숍으로 연결할 수 있다. 립스연구소에서 운영하는 트레이닝 과정을 소화하면 우울, 불안, 공격성, 반사회성 등의 정신 건강 위험 요인을 파악할 수 있는 자격을 얻어 학생의 심리 상태도 확인할 수 있다.

학생의 성격에 따라 칭찬, 상담, 공부법 등에 대한 소통은 달라질 수 있다. 예를 들어 어떤 학생은 자리에서 일으켜 세워 박수로 칭찬하면 뿌듯해 하지만, 어

주요척도 측정결과

주요척도	측정결과	
	0 10 20 30 40 50 60 70 80 90 100 Low / Average / High	%
도전성 (2.4 %)	목표달성에 대한 자신감과 역경에 대해 굴하지 않고 맞서는 강인한 속성을 측정하는 척도 / 정서적으로 안정되어 있다. 갈등을 싫어하고 타인에게 양보를 잘한다. 안정적인 환경을 선호하며 모험이나 도전을 싫어한다.	
사교성 (2.0 %)	다양한 사람들과 인간관계를 잘 맺고 우호적인 분위기를 만들어가는 친교적 속성을 측정하는 척도 / 낯선 사람 만나기를 두려워하고 혼자 지내기를 좋아한다. 자신의 의견이나 기분을 직접적으로 표현하지 못하고 활달이나 우울함을 자주 느낀다.	
수용성 (95.6 %)	타인을 이해하고 가까운 사람들에게 참조적으로 배려하는 속성을 측정하는 척도 / 효율이고 온순하며 학요적인 자기주장을 하지 않는다. 상대방의 요구를 수용하고 사람들에게 친절하다. 활동성이 낮고 안정적인 환경을 선호한다.	
신중성 (96.3 %)	원치와 목표에 대해 집중하고 체계적 사고로 분석하는 치밀한 속성을 측정하는 척도 / 정신적으로 안정되어 있고 집중력이 매우 높고, 성실성이 뛰어나고 순응적이며 학습태도가 좋다. 논리적이고 신중하여 위험한 상황을 예측하고 문제에 잘 대처한다.	
안정성 (93.1 %)	긴장과 스트레스 상황에서 심리적 안정성을 유지할 수 있는가를 측정하는 척도 / 심리 균형이 잘 잡혀 있고 자신에 대해 만족하며, 타인과의 감동교류가 활발하고 부정적 자극에도 안정적인 심리상태를 유지할 수 있다. 대인관계와 일상생활에 잘 적응하고 있다.	
자아개념 (83.9 %)	자신에 대한 평가적 관점으로서 자기 자신에 대한 정서적 만족의 정도를 측정하는 척도 / 자신에 대해 긍정적으로 생각한다. 성실하고 책임감이 강하며 자기관리능력이 좋다.	
학구욕 (97.4 %)	새로운 분야에 대한 지적 호기심과 학습의욕을 만족하여 현실적용 활용한 지적 미래능력을 측정하는 척도 / 다방면에 관심을 가지고 적극적으로 알고 싶어 한다. 실제로 존재하지 않는 것을 가상적으로 생각하는 능력이 뛰어나다. 여러 가지 공부방법을 알고 실천한다.	

성격/행동 특성 측정결과

영역구분	세부척도	백분위	측정결과				
심리적 특성	자신감	67.7%	Very Low	Low	Moderate	**High**	Very High
	공격성	2.0%	**Very Low**	Low	Moderate	High	Very High
	우울성	96.1%	Very Low	Low	Moderate	High	**Very High**
	소심성	98.3%	Very Low	Low	Moderate	High	**Very High**
대인관계 특성	외향성	2.3%	**Very Low**	Low	Moderate	High	Very High
	친화성	2.3%	**Very Low**	Low	Moderate	High	Very High
	활동성	2.0%	**Very Low**	Low	Moderate	High	Very High
성취행동 특성	주도성	2.0%	**Very Low**	Low	Moderate	High	Very High
	자기주장	12.9%	Very Low	**Low**	Moderate	High	Very High
	성취동기	69.5%	Very Low	Low	Moderate	**High**	Very High
인지행동 특성	성실성	88.9%	Very Low	Low	Moderate	High	**Very High**
	지적сообра	99.0%	Very Low	Low	Moderate	High	**Very High**
	지적욕구	86.4%	Very Low	Low	Moderate	High	**Very High**

주의점

- 자신의 가치에 대한 저부감이 약하며 다른 사람의 평가에 의해 자존심이 좌우될 수 있다. 자신만의 독특한 재능을 발굴하여 자신감을 증가시킬 필요가 있다.
- 조용하고 표현에 나서지 않는다고 느끼고 심각한 긴장 표현하지 못하며 실제 보다 낮게 평가되거나 얌전한 사람으로 보일 수 있다. 자신의 능력이나 심사를 남에게 자주 알려 위도록 할 필요가 있다.
- 학부모/교사 지원 지면: 주관된 칭찬과 격려를 해주고, 적절한 작업과 역할을 통해 자신의 존재감을 느낄 수 있는 기회를 제공한다. 부끄러움을 타므로 친구들과 어울릴이 지도로써 용기를 복돋아줄 필요가 있다.

LCSI(Lim's Character Style Inventory)캐릭터 예측

구분	주도형	표출형	우호형	분석형
자가측추			V	
검사예측			V	V

자신의 성격을 캐릭터는 우호형입니다. 그러나 관점적 연구 결과에 의한 캐릭터 확률은 주도 0.00% 표출 0.00% 우호 56.25% 분석 43.75% 이며, 이에 기반한 검사예측 캐릭터는 우호형과 분석형입니다. 감정적으로 우호형을 여유롭고 표현 인간관계를 중요하게 생각하지만 동시에 분석적인 성향이 남에게 양보하거나 천조합니다. 분석형은 문제에 이성적으로 논리적입니다. 두 유형은 공통적으로 원만한 반응속도와 높은 인간관계를 선호하는 공통점이 있습니다. 반대로 의해 표출형은 명청적이고 감정표현이 풍부한 사교성의 주도형은 진취적이고 박력있는 성취형 마일러프입니다. 설명을 잘 읽어보시고 주변사람들에게 자신에 대한 인상을 몇 분 후 신뢰할 판단하시기 바랍니다.

4-캐릭터 유형과 주요특성결과의 관계

	높은 관련	중간 관련	낮은 관련
주도형	도전성 ▲	신중성, 사교성	수용성 ▽
	도전성이 학상특성이고 사교성이나 신중성의 함께 상승하는 경우가 있으며 수용성이 거우로 멀어지는 경향이 있다.		
표출형	사교성 ▲	도전성, 수용성	신중성 ▽
	사교성이 학상특성이고 도전성이나 수용성이 함께 상승하는 경우가 있으며 신중성이 거우로 멀어지는 경향이 있다.		
우호형	수용성 ▲	신중성, 사교성	도전성 ▽
	수용성이 학상특성이고 사교성이 신중성의 함께 상승하는 경우가 있으며 도전성이 함께 상승하는 경우가 거의 없다.		
분석형	신중성 ▲	도전성, 수용성	사교성 ▽
	신중성이 단독으로 상승하는 경우가 드물고 도전성이나 수용성이 동반 상승하는 경우가 있으며 사교성과 마주 낮다.		

4-캐릭터 유형 관찰단서

	주도형	표출형	우호형	분석형
언어 표현	명령, 직선적, 긴조한, YES/NO 문법, 역설이 강하고 힘있음	즉흥적, 과장법, 감탄사, 미사여구, 말이 많고 빠름	우회적, 동조적, 얌곤 표정, 농낙이 있음, YES/NO 분명함	문쟁 없음, 논리적, 감정에빠, 비판적, 사무적
감정 표현	광한 눈빛, 제압적 표정, 이동반응 긴, 충분하면 진한 단어사용	상차 감정의 얼굴에 드러남, 눈몰음, 대중 의식, 스킨십	작은 몸짓, 표정변화 적음, 고개 끄덕임, 편한 편안성한 이미저	무표정, 제스처 없음, 생각한 뒤고 표현목음, 눈몰을 가려준
대화 패턴	적성한 간답비, 특표주의 중심	활달하고 산만으인 긴, 분위기 주성	들어주고 동의하는, 인간적 접근	들으면서 따져보는, 질문 많음
자세/손동작	자주 변하고 과광한 몸짓, 자신적인 손동작	자주 변하고 과광한 몸짓, 다양하고 자유로운 손동작	움직임이 작고, 안정적, 잔 손동작이 많음	손동작이나 신체적 움직임 적음

4-캐릭터 유형

진취특성: 기업가 전문직
최고경영자, 검사, 군 지휘관, 정치가, 스포츠감독
설계 > 판단 > 사회 > 의계 > 예능능력에 적합
교사대한태도
자신의 기준으로 선생님을 판단한다.
실력 좋은 선생님의 성적이 나빠도 잘 따른다.
성적 중심의 선생님을 추종한다.
교우태도
선두에 앞장서려 앞장선다.
적극성이 강하고 리더십이 있다.
다른 학생이 함부로 맞지 못한다.
학습태도
내용전심이 논리적이지 않으면 수을 안한다.
함적학습에서 리더역할을 선호한다.
〈학습 및 생활지도〉
토론하고, 발표시키거나, 활동적 체험학습
체계적으로 학습이 포함 참아를 채운다.
긴 등을 함에 한 욕계자료를 제시한다.
실제 수행하는 기회를 많이 갖도록 지도한다.
기를 살려주고 일관성 있게 지도한다.

[주도형]

진취특성: 논문사와 관료형
교사 강학자 변호사와 회계사 투자상담가
사업 > 상황(과학) > 인간 > 사회 > 의계개열 적합
교사대한태도
선생님에게 까다게가 팀을어 한다.
폐쇄적이고 독지적 의도한 시간은 것은 욕목하 참한다.
원칙과 고지식한 것을 선호한다.
교우태도
좋고 싫은 고무관계를 유지한다.
늘은 집을 잘 모으고 참독을 한다.
인간관계가 원친적으로 독립적이다.
학습태도
항상된반고한 편고 상황비판이 균칙적이다.
관조잡은 입시만 쌓으면 우수해도 포형적이다.
〈학습 및 생활지도〉
자기주도 학습, 학습량 수치화 시, 학습일지등
선생님이 자신보다 몇저히나 겨꼬워하도록 해야 한다.
논리적 근거를 갖추어 임관된 지도한다.
위험한 부분을 분석하여 선명하게 지도해 준다.
꼭 도움된 칭찬이 선생님이 개발부의 진인발하게 집합한다.

[분석형]

진취특성: 학승형, 과일형
외교관, 대종에술가, 방송인, 홍보전문가, 카피라이터
마케팅 > 상영 > 상황(과학) > 인간 > 사회개열 적합
교사대한태도
선생님의 유머에 영향을 제일 끝다.
선생님과 친구처럼 지내고 싶어 한다.
혼나도 기가 안 죽고 쉬지지 않는다.
교우태도
부의적이고 다니고 좋아한다.
친구 모음이 짜고 리더역할을 한다.
사교성이 좋고 입많이 좋다.
학습태도
단기 집중학습과 시험 잘 버티지기한다.
수업시간에 활발하고 어느 시간에 활발하다.
〈학습 및 생활지도〉
소감문 발표, 5단평을 체험학습, 비교과 프로그램 활동
인터넷강의보다는 면대면 지도가 효과적이다.
에프로드와 칭찬 동라주면서 성취한다.
개인지도 발행이고 못하면 수고 가능성을 믿어준다.
나서고 주목 받을 수 있는 기회를 만들어 준다.

[표출형]

진취특성: 관리형, 박사형
교사, 공무원, 의사, 간호사 사회사업가
사업 > 상황(과학) > 인간 > 사회 > 의계개열 적합
교사대한태도
선생님 말씀 꾸 기울이고 그게 영향을 받는다.
존자함의 크게 믿고 순종적이다.
원칙과 공지만 없고 예의바르다.
교우태도
친구들에게 용인을 잘 입혀주고 참조적이다.
남가잡이 있고 반면에 참혀 다닌다.
뛰어 많거야 인성없고 싶어 한다.
학습태도
시험시간에 올라도 욕고 참작이 행동을 하지 않는다.
질문은 잘 않고 시키는 것 잘 한다.
〈학습 및 생활지도〉
현동학습, 점치적 기행규치 학습, 시청각교육
체계적으로 긴 글보다는 수업이 효과적이다.
동참한 내용을 시간을 두고 반복학습 하도록 한다.
인지 다가기고 기보이 친근한과 칭찬을 곁들인다.
성취력을 발휘할 수 있는 기회를 자주 제공한다.

[우호형]

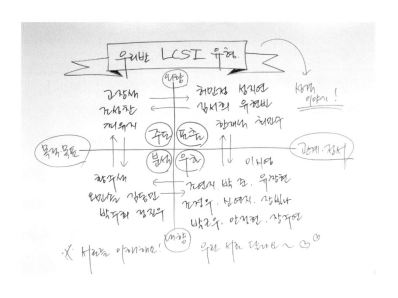

떤 학생은 얼굴이 붉어지고 쑥스러움 때문에 칭찬을 받았다고 느끼지 못한다. 이런 학생은 엄마에게 문자를 보내 자녀를 칭찬하도록 했었다. 때로는 구석에서 조용히 책을 보며 앉아 있는 학생이 잘못된 것이 아닌, 그게 가장 편하다는 것을 이해하고 학생을 존중할 수 있었다.

자살을 시도했던 학생의 그래프에 수용성만 높고 '자아개념'이 매우 낮은 것을 보고 일 년 동안 '넌 아무 잘못 없어' '네가 하는 일은 특별해' '미래는 네가 꿈꾸는 대로 변할 거야' 등의 피드백을 끊임없이 줬더니 졸업하기 전 검사에서는 자아개념이 높아져 학생이 기뻐하고 감동했던 경험도 있었다. 이렇게 학생을 좀 더 자세히 알면, 맞춤형으로 의미 있는 조언과 관심을 줄 수 있다.

02

성장 과정 엿보기 - 과거 그래프 그리기

●●●●●●●●●●●●●●●●●●●

● 눈에 보이는 학생의 모습이 전부는 아니다. 과거 성장 과정 속에서 경험한 다양한 사건과 트라우마가 때로는 학생을 움츠러들게 만들기도 하고, 마음속에 분노를 심어주기도 한다. 그러니 현재 학생의 모습만을 생각하며 무조건 꾸중하고 '너는 잘못됐어'라는 생각은 하지 않도록 하자. 그 학생의 과거

에 어떤 일이 있었는지를 알 수 있다면 깊은 대화를 나누고 마음을 담은 관계를 맺을 수 있을 것이다. 그럼으로써 학생의 현재 모습을 이해할 수 있게 된다.

물론 6학년 학생들은 쉽게 자신의 이야기를 꺼내지 않는다. 과거에 상처가 있거나 마음에 걸린 일이 있는 학생들은 이를 포장하거나 감추려고 한다. 또한 아이들의 입장에서는 과거의 모든 일을 글로 적어내기도 힘들고, 교사 역시 그 모든 글을 읽으며 파악해 정리하는 것도 어려운 일이다. 그래서 내가 주로 사용하는 것은 '과거 그래프'를 그려보는 활동이다. 이 활동은 간단하면서도 한눈에 반 아이들의 성장 과정을 파악할 수 있어서 학년 초에 주로 사용한다.

종이를 반으로 접은 뒤 위로 올라갈수록 좋았던 사건, 아래로 내려갈수록 힘들었던 사건을 적기로 약속하자. 태어났을 때부터 6학년 현재까지를 시간대별로 나누고, 사건이 있었던 때에 맞춰 점을 찍고 간단한 설명을 쓰게 하면 된다.

제출된 그래프의 모양만 보고도 성장 과정 중 좋은 경험이 많았는지, 아니면 그와 반대인지 한눈에 파악할 수 있다. 특히 가족 내 트라우마 사건을 쉽게 파악할 수 있다는 장점이 있다.

학생들이 조금 더 마음을 열고 그래프를 그릴 수 있도록 하기 위해서는 교사가 먼저 자신의 과거 그래프를 칠판에 그리며 이야기를 들려주면 좋다. (거짓말일 수도 있지만) 자라면서 부모님에게 상처 받았던 이야기, 친구들에게 상처 받았던 이야기 등을 넣어가며 그래프를 그려가보자.

"선생님은 4살 때부터 3년간 아빠가 집에 계시지 않았어. 영화 〈국제시장〉에서처럼 아빠가 해외 근로자로 일을 하러 중동 지역에 가셨거든. 그래서 선생님은 슬펐어. 하지만 나중에 아빠가 돌아오셨을 때는 기뻤단다. 음, 5학년 무렵에 선생님은 키도 작고 살도 좀 찌고 눈이 작은데 행동까지 느렸어. 친구들과 함께 놀고 싶었는데 잘 놀아주지 않았어. 생각해 보니 은따였나봐. (…) 선생님은 이렇게 성장했단다. 때론 마음이 아픈 적도 있었지만 그 경험 덕분에 선생님은 더 크게 성장할 수 있었어. 자, 너희들이 선생님에 대해 알게 된 것처럼 선생님도 너희에 대해 알고 싶구나. 너희 이야기를 들려주렴. 너희가 선생님의 과거 그래프에 대해 다른 누군가에게 이야기하지 않기로 약속한 것처럼, 선생님도 비밀을 지킬 거야. 부모님이 요청해도 너희가 허락하지 않으면 절대 보여주지 않을 거야. 너희가 살아온 이야기를 들려주면, 선생님은 눈에 보이는 대로 너희를 이해하는 것이 아니라 조금 더 깊은 마음으로 너희를 바라볼 거야. 그렇게 되도록 도와주렴."

그런 뒤 잔잔한 음악을 틀고 그래프를 그리도록 하자. 음악이 없어도 좋다. 모둠별 책상이 아니라 개인별로 혼자 앉아 활동을 하도록 하고, 침묵 속에서 하자. 다 그리면 선생님에게 개별적으로 제출하도록 하자.

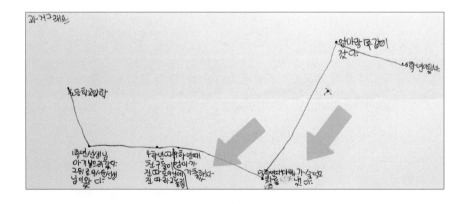

그래프를 확인한 뒤, 용지는 상담 파일에 끼워놓자. 이후 그래프 내용을 토대로 학생을 관찰해 보자. 학부모와의 상담 전에 살짝 그래프를 살펴본 뒤 물어보고 싶은 것을 파악하거나 상담을 준비하는 용도로도 활용할 수 있다. 단, 학부모에게 그래프를 보여주지는 말자. 자칫 부모에

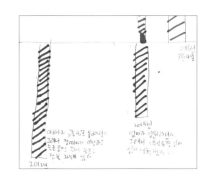

게 수치심을 주어서 교사에 대한 분노로 이어질 수도 있다.

그래프 형식을 바꿔도 좋다. 내 인생의 10대 사건 등으로 사건을 제한하면 또 다른 결과를 얻을 수 있다. 꼭 10대가 아닌 5~10대 사건으로 진행해도 좋다. 그래프 모양 또한 막대 형태 등으로 다양하게 운영해 보자.

그래프를 확인할 때는 언제나 교사의 주관적인 마음이 그래프에 투사된다는 것을 기억해야 한다. 학생과 상담하면서 구체적인 정보를 얻기 전에 그래프 자체만 보고 성급하게 결론을 내리지는 말자. 혹시라도 그래프에 나타난 가족 상처를 보고 부모를 비난하는 일도 삼가자.

1 A4 용지를 가로로 길게 두 개로 나눈 뒤, 반으로 자른다.

2 한 장에는 과거(출생부터 오늘까지)를, 다른 한 장에는 미래(내일부터 죽음까지)를 그리기로 약속한다.

3 각 종이를 다시 길게 접었다 펴면 가운데 줄이 생긴다. 줄의 윗부분에는 행복, 기쁨 등 긍정적인 기억들을, 아래에는 슬픔, 사고, 아픔 등 부정적인 기억들을 그리기로 한다.

4 그래프의 높이가 높을수록 기억이 지닌 긍정의 강도가 센 것이고, 낮을수록 부정의 강도가 센 것이다.

5 시간의 흐름에 따라 기억나는 여러 사건을 그래프로 그리고, 간단한 설명을 쓴다.

- 방학 생활이나 수학여행, 수련 활동 등 여행의 과정을 그래프로 표현하게 해보자. 시간대별로 학생들의 마음 변화를 알 수 있다. 이렇게 그래프를 그려본 뒤 글쓰기 활동으로 들어가도 좋다.

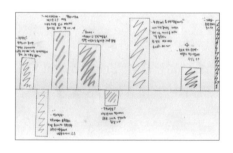

- 미래 그래프는 어떻게 결혼하고, 자녀를 얼마나 낳고, 어떻게 죽음을 맞이할 것인지까지 그려보며 학생들이 성공과 좌절, 극복을 상상해 보도록 지도하자. 미래 그래프는 진로 지도에 접목시켜 활용할 수도 있다(256p 참조).

03

감정 상태 알아보기 – 마인드맵 그리기

●·●·●·●·●●·●·●·●·●·●

● 6학년 담임을 하다 보면 크고 작은 사건을 만날 수밖에 없다. 그리고 그 사건을 바라보는 교사인 '내 마음'의 상태에 따라서 대처 방법 또한 달라진다. 평소에 분노가 자주 올라오고 이를 표출하는 교사라면 사건에 분노라는 감정을 담아 학생을 지도하게 된다. 마찬가지로 학생 또한 학교 내에서 만나는

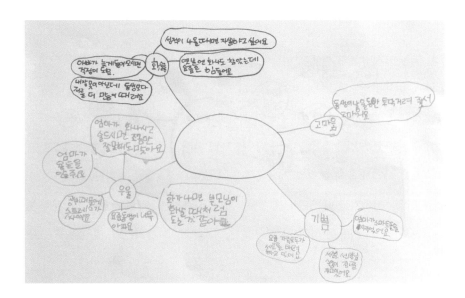

여러 사건, 관계 속에서 주로 사용하는 감정이 있다. 같은 사건을 경험하고도 어떤 학생은 감정을 잘 추스르는데 어떤 학생은 감정을 잘 처리하지 못해 더 큰 사건을 만들기도 한다.

　감정은 저절로 발생되는 것이 아니라 사람과의 관계 속에서 생겨나는 것이다. 주로 사용하는 감정, 주변에서 자주 접하는 감정, 해결되지 않는 감정 등을 파악하면 학생의 관계 패턴을 파악할 수도 있고, 감정과 관련된 사람과 사건까지 파악할 수 있다. 하지만 감정에 대해 구체적으로 이야기를 나누거나, 자신의 상태가 어떠한지 정리해서 이야기할 수 있는 학생은 그리 많지 않다. 교사가 관찰을 통해 얻을 수 있는 학생의 '감정'에 대한 정보 또한 한계가 있다. 오랫동안 경험해 본 바로는 '마인드맵 그리기' 활동이 6학년 학생들의 감정을 파악하는 데 가장 좋았다.

　활동을 시작하기 전에 선생님이 먼저 칠판에 자신의 마인드맵을 그려가며 설명을 해주는 것이 좋다. 이때 교사의 모든 것을 드러내지 않길 바란다. 혹시나 하는 걱정이긴 하지만, 내 주변에서는 실제로 학급에 사건이 생겨 교사가 해결에 곤란함을 겪을 때 학부모가 아이로부터 전해 들은 이 마인드맵 이야기를 떠올려 사건과 교사를 연결 지은 경우도 있었다. 어느 정도 평범한, 일상적인 스토리로 이야기를 나눠보자. 학생들이 주로 사용하는 '분노, 슬픔, 행복, 평화'를 의도적으로 이용해 마인드맵을 그려가며 이야기를 들려주자. 그리고 좋은 것부터 이야기하자. 첫 번째 이야기가 가장 강렬하게 와 닿기 때문이다.

"(행복을 그린 뒤) 선생님은 '행복'을 먼저 골랐어. 학교에 오면 행복하고, 교실에 오면 행복해. 너희를 만날 수 있잖아. 함께 공부하고, 놀이하고, 사진 찍고, 노래하는 모든 것이 좋아. 그리고 집을 떠올리면 행복해. 사랑하는 아내와 딸과 아들이 있거든. 책 읽고, 춤추고, 산책하고, 함께 이야기 나눌 때면 행복해.

(평화를 그리고 나서) 그리고 선생님은 '평화'가 눈에 들어오는구나. 교실에 다투는 친구가 없고, 남을 따돌리지도 않고, 말도 예쁘게 하는 너희와 함께하는 나날이 평화롭게 느껴져. 이 평화가 깨지지 않길 바란단다. 그리고 선생님 집 앞에는 차들이 지나다니지 않는 작은 길과 언덕이 있어서 그곳을 바라볼 때면 평화로워.

(부정적인 곳으로 옮겨 분노를 그리며) 가끔 화가 날 때도 있어. 동시에 여러 개의 일을 할 때면 집중할 수 없어서 화가 나기도 해. 그리고 소음이 커지면 커질수록 화도 커져.

(슬픔을 그리고) 예전에 있었던 세월호 사건을 떠올리면 슬퍼져. 너희와 함께 수학여행을 가다가 겪을 수도 있는 일이잖니….

선생님의 마음은 이래. 마인드맵을 그리면서 선생님의 이야기를 들어보니 어때? 선생님에 대해 조금 더 이해하게 됐니? 그래. 누군가를 이해하는 것은 더 깊은 관계를 맺는 것과 같단다. 선생님이 조금 전에 했던 것처럼 너희도 감정을 골라보고 사람과 장소를 떠올려보고, 사건을 써보렴. 이 마인드맵을 그려보는 것만으로도 많은 것을 알게 될 거야. 나를 바라보고 내 마음을 정리하는 일은 나를 좋은 쪽으로 변화시키는 시작점이 되기도 한단다.

자, 종이에 그려보렴. 마인드맵은 너희와 선생님만 보는 것으로 약속하자. 부모님이 요청하셔도 너희가 허락하지 않으면 절대 보여주지 않을 거야. 신뢰 속에서 마인드맵을 그려보자."

앞에서 이야기한 것처럼 마인드맵은 절대로 부모에게 보여줘서는 안 된다. 아래 샘플에서도 나타나는 것처럼 마인드맵은 굉장히 많은 정보를 보여준다. 체벌 도구에서부터 부모의 양육 방식, 아이들이 부모에게 느끼는 서운함까지 드러난다. 특히 학부모와 상담할 때 마인드맵을 펼쳐놓고 '부모님이 잘못 키우신 것은 아닙니까?'라는 의미를 드러내는 것은 부모의 수치심을 자극하는 일일 뿐이다. 생각해 보자. 일부러 자녀가 힘들기를 바라고 계획한 부모가 있을까?

마인드맵은 학생을 파악하기 위한 용도로만 사용하자. 그리고 마음에 걸리는 내용이 있거든 성급히 단정 짓지 말고, 학생을 따로 만나 대화를 나눠보자. 정확한 정보는 상담을 통해 파악하는 것이 좋다.

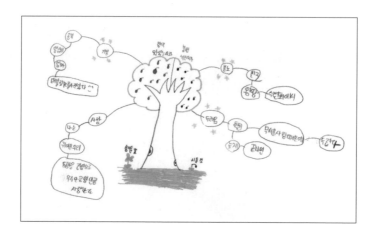

위의 마인드맵을 보면 이 학생에게는 친구 관계 속에서 따돌림을 당했던 경험이 있다. 해당 학생은 관계 속에서 자꾸만 움츠러들었을 것이고, 현재도 어려

운 관계 속에 있을 가능성이 크다. 실제로 일 년간 이 아이에게는 크고 작은 사건이 자리했다. 그 과정에서 아이는 스스로 자꾸 따돌림 당한다고 생각하기도 했다.

옆의 마인드맵은 행복과 사랑보다 두려움과 혼란 쪽의 비중이 많다. 그리고 두려움 뒤에는 '엄마'가 자리 잡고 있다. 뭔가를 잘못했을 때 바로 화를 냈다는 것은 엄마가 분노 감정을 주로 사용한다는 의미로 읽힌다.

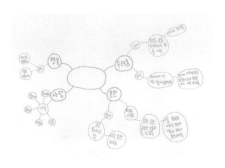

자녀를 천천히 바라볼 여유가 없다는 뜻이기도 하겠다. 혼란함 뒤에 있는 공부, 그리고 또 등장한 엄마.

실제 이 학생의 경우 가족 전체 상담 의뢰가 들어와 학부모와 함께 대화를 나눌 기회를 가졌었다. 이야기를 들어보니 엄마는 1남 4녀 중 넷째로, 아들을 바라던 집에서 넷째 딸로 태어났다. 어린 시절 자신의 존재에 대해 가족들이 보여준 부정적인 태도로 인해 내면에는 수치심이 자리했다. 가족 내에서 생긴 분노 감정이 여전히 해결되지 않은 상태이기도 했다.

마인드맵을 통해 얻은 정보는 생활지도를 위한 목적으로 사용할 수도 있다. 하지만 그보다는 학생을 다독여주고, 위로해 주고, 편이 되어주고, 안아주는 것이 더 중요하다.

활동
방법

1 종이 한 장을 나눠주고 가운데에 자신의 이름을 쓴 뒤 원을 그린다.

2 행복, 사랑, 기쁨, 평화, 혼란스러움, 우울 슬픔, 분노, 두려움 등 9가지 감정 가운데 긍정과 부정 각각 두 가지를 골라 이름 다음에 확장시킨다.

3 그 감정과 관련된 사람(또는 장소)을 떠올린 뒤, 감정 다음에 그린다.

4 그와 관련된 '사건'을 세부적으로 자세하게 확장해 가며 그린다.

팁
Tip

• 과거 그래프와 함께 학년 초 학생의 정보를 파악하는 도구로 사용해 보자. LCSI 성격검사 결과까지 있다면 학생의 대부분을 파악할 수 있다.

• 인생 전반에 걸친 마인드맵을 그릴 수도 있지만 주제를 세분화해서 마인드맵을 그려보는 것도 좋다. 교실 속 내 마음, 집에 있을 때, 학원에서, 지난 한 달 동안 등 세부 주제를 주고 감정을 그리게 하면 더 깊은 정보를 알아낼 수 있다.

04
가족 관계 파악하기 - 가족화 그리기

● 학생을 이해하는 데 가족에 대한 정보는 많은 도움이 된다. 예를 들어, 아빠와 엄마의 사이가 좋지 않으면 자녀는 부모 눈치를 보면서 제대로 된 욕구 표현을 하지 못했을 가능성이 있다. 아빠가 욱하는 성격이 있어 가족 모두가 아빠의 눈치를 보는 경우, 아빠의 기분이 좋으면 가정이 행복하지만, 아빠가 기분이 좋지 않으면 가족들이 살얼음판을 걷는 것처럼 눈치를 봐야 한다. 이런

가정환경에서 자녀들은 아빠의 감정에 길들여지게 된다. 이처럼 가족 내에 자리한 다양한 스토리를 알게 되면 학생의 현재 모습이 이해된다. 즉, 학생의 현재 모습은 성장 과정 동안의 경험, 부모와의 관계, 가정 내에서 만들어진 감정들이 한 조각씩 모여 만들어진 것이다.

태어났을 때부터 누군가를 괴롭히고 힘들게 하기 위해 작정한 아이들은 없다. 그리고 남을 괴롭히고 힘들게 하도록 키우는 부모도 없다. 교사가 최선을 다하는 것처럼 학생과 학부모도 모두 최선을 다하고 있음을 기억하자.

아래에 소개하는 활동은 현재 학생의 문제를 가족 내 시스템과 연결해 보는 기회 정도로만 활용하자. 검사와 기법은 대부분 학생의 주관적인 마음이 투사된 것이다. 학생들이 그려낸 정보의 일부만을 가지고 함부로 학부모를 평가하거나 성급하게 결론짓지 않기를 바란다. 또한 교사의 심리 상태가 학생의 결과물에 투사될 수밖에 없다는 것도 기억하자. 따라서 가족 치료와 검사 사용에 대한 전문적인 트레이닝이나 교육을 받지 않았다면 결과물을 함부로 사용하지 말자. 다만 교실 속에서 학생들을 이해하는 데 도움이 되는 부분은 분명 있을 것이다.

━━ 물고기 가족화

이 검사는 간단한 정보만으로 가족을 추측해 볼 수 있어서 많은 선생님들이 학년 초에 진행한다. 그래서 6학년의 경우 이미 해본 경험이 있는 학생도 있다. 진행하면서 "물고기를 그릴 때 물고기 사이의 감정적인 거리와 물고기 각자의 성격과 감정이 드러나도록 그려보세요."라는 멘트를 하면 조금 더 좋은 결과물

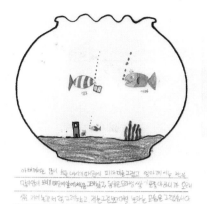

아빠께서는 물이 차는 내시기(대)에 피자 마음그렇고 엄마께서는 천분 다녀와서 보게 대미에 쌀에 씨을 그려놓고, 동생은 모래성 씨기를 좋아해서 가족 오자를 생각으로 그려놓고 거북 오자 다래를 놀라는 모습을 그렸습니다.

우리 가족의 모습입니다. 아빠는 편안적한 고래, 엄마는 멋지고 무서운 상어, 동생은 불가사리, 나는 고래와 상어 사이에서 나온 돌연변이 입니다.

을 만날 수 있다. 물고기 가족화 이외에 '동물 가족화'로도 활용해 보자. 학생의 마음이 동물의 상징적 의미에 투사되어 나타난다.

1   어항 그림이 그려진 종이를 나눠주고 다음의 지시 사항에 따라 그림을 그리게 한다.
    "종이에 있는 어항에 우리 가족을 물고기의 모습으로 그려보세요. 반드시 내가 있어야 하며, 감정적인 거리를 생각하며 그립니다. 그리고 성격과 주로 사용하는 감정이 잘 드러나게 그린 뒤, 각 물고기가 가족 중 누구인지 써주세요. 물고기 외에 어항 속을 자유롭게 꾸며도 좋습니다."

2   어항 그림 아래에 2~3줄 글 쓰는 공간을 두어 그림에 대한 설명을 쓰도록 한다.

인물 피규어를 활용한 가족 조각

레고 또는 플레이모빌을 이용해 가족 구조를 파악하는 방법이다. 방향과 감정적 거리 관계에 따라 아빠, 엄마, 나 외의 가족을 종이 위에 세우면서 가족 구조를 입체적으로 파악할 수 있는 방법이다. 내 경우엔 학부모 상담을 하면서 자주 사용했었다.

1　A4 용지(또는 동그란 종이 한 장)를 가정이라고 약속하자.

2　아빠, 엄마, 나, 그 외의 가족을 상징하는 피규어를 고른다.

3　감정적 거리에 따라 방향, 위치를 고려해 종이 위에 피규어들을 세운다.

4　그렇게 세운 이유에 대해 이야기를 들어보거나, 글로 써본다.

━━━ 동물 인형을 활용한 가족 조각

동물은 사회적으로 널리 사용되는 상징이 있어서 학생의 마음을 알아보는 데 조금 더 도움을 받을 수 있다. 마트에서 여러 동물이 담겨진 통 하나를 미리 구입한 뒤 학생 상담 중에 가족 간

의 감정적인 거리에 따라 동물 인형을 세워보도록 하고, 이야기를 나눴다. 가족에 대해 대화로 이야기를 나누는 것보다 몇 배 이상의 감정을 파악할 수 있었고, 이를 바탕으로 이야기를 만들고 상담과 심리치료로 들어갈 수 있는 등 장점이 많았다.

활동 방법

1 책상 한쪽에 동물 인형을 꺼내 모두 세워놓는다.

2 아빠, 엄마, 나, 그 외의 가족에 해당하는 동물을 골라보도록 한다.

3 성격을 생각하며 고르도록 하면 좋다.

4 고른 동물을 감정적인 거리에 따라 종이(종이는 '가정'을 상징함) 위에 세워보도록 한다.

5 세워진 가족을 보면서 이야기를 나눠본다.

가족 마인드맵

내 가족에 대한 '마인드맵'을 그려보면 보다 상세한 정보를 알 수 있다. 위의 활동들이 투사 작업이라면, 마인드맵 속에서는 학생의 관점에서 바라본 가족에 대한 여러 정보를 나타낸다. 따로 진행하기보다는 교과 속에서 자연스럽게 연결할 수 있는 고리를 찾아 적용하면 더 좋다.

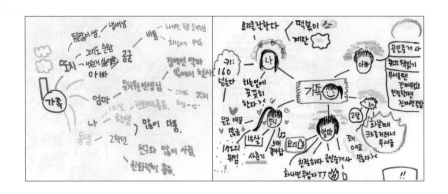

활동
방법

1 종이 한 장을 나눠준다.

2 가운데 원을 그리고 '가족'이라고 쓴다.

3 가족의 수만큼 확장한다.

4 가족에 대한 세부 주제로 확장한다(예 : 성격, 좋아하는 것, 직업, 고마운 점 등).

최근엔 학부모의 직업이나 가정 내 여러 이야기를 물어보는 것조차 민감한 일이 되었다. 위 활동은 학부모의 직업에 대해 파악하자는 것이 아니라, 성격과 감정처리 등에 대한 정보를 얻고자 하는 데 목적이 있다.

- 결과물을 절대 학부모 상담 때 보여주지 말자. 학생이 그려낸 결과물을 보여주려는 교사의 의도에는 부모가 조금 더 노력해 주길 바라고 학생이 바뀌도록 도움을 주길 바라는 마음이 클 것이다. 하지만 부모는 가족 내 불편함이 담긴 결과를 보는 순간 '수치심'을 느낀다.

- 피규어는 학급운영비로 구입해 놓으면 좋다. 가족 관계 외에도 친구 관계, 사건을 바라보는 내 마음을 동물 피규어로 표현하게 하면 상담하는 데 도움을 받을 수 있다. 고가의 피규어보다는 마트나 큰 문구점에서 파는 '동물 세트'가 유용하다.

05

관계와 자기개념 알아보기 – 문장완성검사

• • • • • • • • • • • • • • • •

　　● 문장완성검사(SCT : Sentence Completion Test)는 학년 초에 많은 선생님들이 활용한다. 미완성된 문장을 학생이 완성하게 하고, 완성된 문장 속에 투영된 학생의 마음을 알아보는 활동이다. 문장을 완성하는 데는 정답이 없으니 생각나는 대로 쓰게 하고, 가급적 생각나는 것을 재빨리 쓰도록 해야 한다.

　　이곳에 소개하는 문항은 청소년을 대상으로 한 문장완성검사다. 주로 가족

관계, 대인 관계, 학교생활, 자기개념의 네 영역을 알아보도록 구성되어 있다. 학생이 원하는 것과 실제 생활과의 차이를 파악해 보면서 학생의 마음에 대해 여러 정보를 얻을 수 있다.

'청소년을 대상으로 한 문장완성검사'는 모두 38문항으로 구성되어 있다(출처 : http://goo.gl/wyyZuu). 아동, 청소년, 성인 대상의 문항은 각각 내용에 차이가 있는데, 6학년 학생들은 아동 검사보다 청소년 검사로 하는 것이 대화를 나누기가 편했다.

문항이 적힌 용지를 나눠준 뒤, 이렇게 안내하자.

"여기 여러 문장의 일부가 쓰여 있는데, 너희가 재빨리 이 문장들을 완성해 보렴. 너무 고민하지 않고 바로 글을 써주면 좋겠구나. 너희가 알려준 정보를 통해 선생님이 너희를 있는 그대로만 보는 것이 아니라 조금 더 깊게 이해할 수 있을 듯해."

내 마음을 담아 문장을 완성해 봐요!

1	내가 가장 좋아하는 사람은
2	내가 백만장자라면
3	이번 방학에 꼭 하고 싶은 것은
4	내가 신이라면
5	내가 앞으로 하고 싶은 일은

6	내 생애에서 가장 행복한 날은
7	만일 내가 지금 나이보다 10살이 위라면
8	다른 사람들은 나를
9	내가 가장 우울할 때는
10	내가 가장 성취감을 느낄 때는
11	내가 가장 싫어하는 사람은
12	나를 가장 화나게 하는 사람은
13	담임선생님과 나는
14	아빠와 나는
15	엄마와 나는
16	친구들과 나는
17	내가 가장 두려워하는 것은
18	내가 가장 따뜻하게 느끼는 사람은
19	아무도 모르게 내가 원하는 것은
20	나는 공부는
21	내가 믿는 것은
22	집에 혼자 있을 때, 나는
23	우리 엄마는
24	내가 가장 자신하는 것은
25	다른 사람이 내게 기대를 많이 하면 나는

26	언젠가 나는
27	우리 아빠는
28	우리 선생님은
29	내가 좀 더 어렸다면
30	요즘 나는
31	내게 제일 걱정되는 것은
32	나의 좋은 점은
33	나의 나쁜 점은
34	내가 만약 외딴 곳에 혼자 살게 된다면,　　　와 제일 같이 살고 싶다.
35	현재 나의 큰 즐거움은
36	나의 학교생활은
37	무엇보다도 좋지 않게 생각하는 것은
38	내 소원이 마음대로 이루어진다면, 첫 번째 소원은 두 번째 소원은 세 번째 소원은

검사를 하고 나면, 대부분의 교사는 결과를 전체적으로 훑어본 뒤 나름대로 학생의 마음을 추측하는 경향이 있다. 하지만 이보다는 좀 더 자세하고 구체적인 해석 방법을 이용하는 것이 좋다.

다음에 나오는 것처럼 가족 관계, 대인 관계, 학교생활, 자기개념(우울, 두려움, 걱정, 긍정적 사고와 정서의 대상, 자신의 능력, 과거, 미래, 목표)에 맞춰 내용을 살펴볼 필요가 있다. 도움의 손길을 주고 싶거나 조금 더 깊게 이해하고 싶은 학생이 있다면 다소 번거롭더라도 아래에 소개하는 주제별로 나누어 해석해 보자.

6학년 담임교사는 심리검사 전공자가 아니니 약간의 정보만 얻는다고 생각하자. 결과가 모든 것이라고 단정 짓지 말고, 학생을 평가하거나 비난하는 수단으로 여기지도 말자. 이 검사는 학생들과의 상담에 도움을 얻거나 학생의 관계와 정서의 흐름을 이해해 보는 보조 도구 정도로만 생각하자.

분류에 맞춰 아이들의 문장을 모아보면 자연스럽게 이해되는 부분이 생긴다. 그 이해를 바탕으로 도움을 주고 평화로운 교실을 만드는 데 사용해 보자.

먼저, 〈가족 관계〉와 관련해서 아래의 항목을 살펴보자.

엄마	아빠
15. 엄마와 나는~	14. 아빠와 나는~
23. 우리 엄마는~	27. 우리 아빠는~

아빠와 엄마가 얼마나 멋지고 예쁜지, 또는 어떤 직장을 갖고 있는지가 아니라 부모와 자녀의 '관계'에 초점을 맞춰 읽어보자. 엄마는 어떻게 나를 돌보는지, 아빠는 어떻게 나를 보호하고 있는지 등을 살펴보자. 이상적인 부모의 모습과 실제 부모 사이에 어떤 차이가 있는지도 살펴볼 수 있다.

이 밖에도 다음과 같이 항목을 분류하여 묶은 뒤 살펴보면 좀 더 명확한 정보를 얻을 수 있다.

대인관계

1. 내가 가장 좋아하는 사람은 ~

8. 다른 사람들은 나를 ~

11. 내가 가장 싫어하는 사람은 ~

12. 나를 가장 화나게 하는 사람은 ~

16. 친구들과 나는 ~

18. 내가 가장 따뜻하게 느끼는 사람은 ~

22. 집에 혼자 있을 때, 나는 ~

34. 내가 만약 외딴 곳에 혼자 살게 된다면,
 ~와 제일 같이 살고 싶다.

학교생활

13. 담임선생님과 나는 ~

28. 우리 선생님은 ~

36. 나의 학교생활은 ~

자기개념(목표에 대한 태도)

3. 이번 방학에 꼭 하고 싶은 것은 ~

5. 내가 앞으로 하고 싶은 일은 ~

19. 아무도 모르게 내가 원하는 것은 ~

26. 언젠가 나는 ~

자기개념(부정적인 것에 대한 태도)

9. 내가 가장 우울할 때는 ~

17. 내가 가장 두려워하는 것은 ~

31. 내게 제일 걱정되는 것은 ~

37. 무엇보다도 좋지 않게 생각하는 것은 ~

자기개념(긍정적인 것에 대한 태도)

2. 내가 백만장자라면 ~

6. 내 생애에서 가장 행복한 날은 ~

10. 내가 가장 성취감을 느낄 때는 ~

35. 현재 나의 큰 즐거움은 ~

자기개념(자신의 능력에 대한 태도)

4. 내가 신이라면 ~

20. 나는 공부는 ~

21. 내가 믿는 것은 ~

24. 내가 가장 자신하는 것은 ~

25. 다른 사람이 내게 기대를 많이 하면 나는 ~

30. 요즘 나는 ~

32. 나의 좋은 점은 ~

33. 나의 나쁜 점은 ~

자기개념(과거와 미래에 대한 태도)

29. 내가 좀 더 어렸다면 ~

7. 만일 내가 지금 나이보다 10살이 위라면 ~

38. 내 소원이 마음대로 이루어진다면,
 첫 번째 소원은 ~
 두 번째 소원은 ~
 세 번째 소원은 ~

문장완성검사를 통해 아래와 같은 응답을 적어낸 학생이 있었다.

   15. 엄마와 나는 <u>사이가 좋은 관계입니다.</u>

   23. 우리 엄마는 <u>무서운 사람입니다.</u>

위의 문항을 보면 '엄마와 나는 사이가 좋다'고 했는데, '엄마는 무서운 사람'
이라고도 했다. 이상적인 관계와 실제 관계 간의 차이를 엿볼 수 있었다.

   11. 내가 가장 싫어하는 사람은 <u>학원 선생님이다.</u>

   12. 나를 가장 화나게 하는 사람은 <u>학원 선생님이다.</u>

   9. 내가 가장 우울할 때는 <u>학원 선생님이 나보고 '공부도 못하는 게 어디 학원</u>
      <u>을 끊어'라고 말할 때이다.</u>

   35. 현재 나의 큰 즐거움은 <u>학원을 다니지 않는 것이다.</u>

이 학생은 '학원'에 대한 언급이 네 군데나 나왔다. 학원 때문에 스트레스를
받고 있고, 학원과 관련해 갈등이 있어 보인다. 이런 학생에게는 상담을 하면서
학원에 대해 살짝 물어보면서 시작할 수도 있다.

   9. 내가 가장 우울할 때는 <u>엄마가 아프실 때와 내가 혼날 때이다.</u>

   31. 내게 제일 걱정되는 것은 <u>엄마가 아픈 것이다.</u>

   37. 무엇보다도 좋지 않게 생각하는 것은 <u>엄마가 아픈 것!</u>

   38. 내 소원이 마음대로 이루어진다면, 첫 번째 소원은 <u>엄마가 아프지 않게 해</u>

주세요.

26. 언젠가 나는 <u>의사가 될 것이다.</u>

    이 학생의 경우 엄마가 아프시다는 것을 알 수 있다. 보통 이런 경우엔 아이가 자신의 욕구를 제대로 표현하지 못하기도 한다. 또 착한 아이로 살기 위해 눈치를 보는 경우가 있겠다는 추측도 할 수 있다. 실제 이를 토대로 학부모와 상담을 하면서 "가끔 아프신가봐요, 딸이 엄마를 많이 걱정하더라고요." 등의 이야기로 시작해 깊은 대화를 나눈 경험이 있다.

06
친구 관계 파악하기 - 타깃 그래프

● ● ● ● ● ● ● ● ● ● ● ● ● ●

● 6학년 교실에서 학생들의 관계 역동을 주기적으로 파악하는 일은 매우 중요하다. 누구와 누가 서로 친하게 지내는지, 누구를 불편하게 생각하는지 등을 알고 있으면, 생활지도와 학급운영에 큰 도움이 된다.

'소시오메트리(Sociometry)'는 집단 안의 인간관계를 측정하여 집단의 구조,

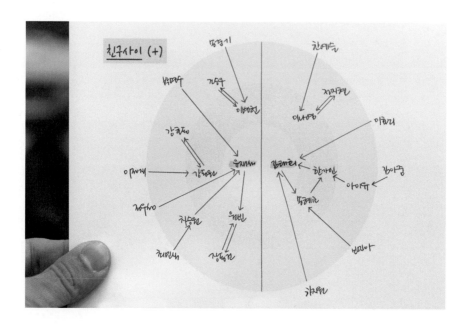

특성, 양상 등을 밝혀내는 방법으로 다른 말로는 '사회측정법'이라고 한다. 학교에서 사용하는 측정법은 매우 다양한데, 내가 주로 사용하는 것은 "생일에 초대하고 싶은 친구는?", "생일에 초대하고 싶지 않은 친구는?"이란 질문이다. 아이들에게 각 질문에 두세 명의 친구 이름을 쓰게 하면 답변에 따라 관계를 측정해 볼 수 있다.

이 활동은 분기별로 한 번씩 하면 좋다. 특히 6학년은 수학여행과 체험 활동 등이 있을 때마다 방 배정, 버스 자리 등에 매우 민감하게 반응하기 때문에 미리 파악한 관계를 생각하며 운영하면 좋다.

아래의 양식을 만들어 배부한 뒤, 답변을 수합해 확인하자.

---

1. 내 생일날 꼭 초대하고 싶은 친구 세 명을 쓰시오.

(   ), (   ), (   )

2. 내 생일날 초대하고 싶지 않은 친구 두 명을 쓰시오.

(   ), (   )

이를 토대로 '타깃 그래프(Target Graph)'를 그려보자. 매우 오래된 방법이지만, 가장 많이 사용되는 방법이기도 하다.

어느 학생이 표를 많이 받았는지 확인한 뒤, 가장 많은 표 개수만큼 원을 그리자. 가장 표를 많이 받은 학생이 중심에, 표를 받지 못한 학생을 원 밖에 자리하도록 하자. 그리고 1순위 위주로 화살표를 그려보자. 나의 경우 반 전체 역동을 파악하고 싶어서 원 하나를 절반으로 나눈 뒤 한쪽에는 남학생, 다른 한쪽은 여학생으로 배치해 보았다. 그랬더니 가끔 1순위에 이성 관계가 나오기도 했다.

학생 이름을 배치하고, 화살표를 그리는 순간 정보가 한눈에 들어온다. 누구와 누가 '단짝'인지부터 어디에 '삼각관계'가 있는지, 또 반 아이들이 싫어하는 친구가 누구인지 파악할 수 있다. 특히 6학년은 여학생들 관계를 잘 파악해야 하는데, 관계에 예민하고, 작은 자극에도 메시지(카톡) 상에서 따돌림이 일어나거나 크고 작은 싸움으로 발전될 수 있기 때문이다. 무엇보다 삼각관계, 세 명이 친한 그룹 파악이 중요하다. 세 명이 어울려 다니는 여학생 그룹에서는 그 안에서 서운할 수밖에 없는 한 명이 자리하기 때문에 일기장, 선생님과 주고받는 메시지 등을 통해서 정보를 더 파악하는 것이 좋다.

옆의 사진은 반 아이들 학생 이름을 연예인 버전으로 바꾼 관계 측정 그림이다. +관계는 각자 생일에 초대하고 싶은 1순위의 아이들을 화살표로 표시한 것이고, 아래는 −관계, 즉 생일에 초대하고 싶지 않은 아이 1순위를 표시한 것이다. 다소 복잡해질 수 있지만 2순위를 다른 색 펜으로 표시해 보는 것도 좋다.

그림에서 보이는 것처럼 반 아이들이 싫어하는 학생이 있다. 하지만 기억하자. 이 학생도 처음부터 이렇게 되려고 계획하고 태어나지는 않았다. 어떤 학생이라도 교실에서는 존중받고 이해받을 수 있도록 학급을 운영하자.

교사가 감정 조절을 하지 못해 강압적인 분위기로 학급을 운영하고, 학생들이 교사의 눈치를 보는 경우가 있다. 이런 교실에서는 교사가 미워하는 학생을 반

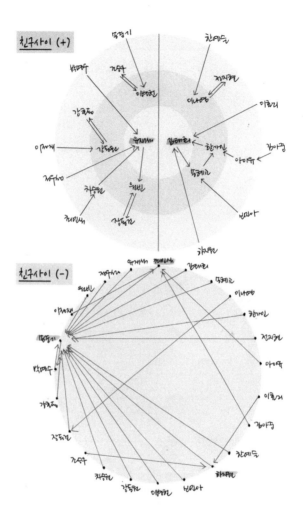

아이들이 함께 미워하게 되고, 교사에게 받은 불편한 감정을 다른 누군가에게 보내는 역동이 만들어진다. 그로 인해 교실 내 따돌림이 발생한 상담 사례도 있었다.

위의 결과물은 반 아이들이 절대 볼 수 없는 곳에 보관해야 한다. 특히 여학생들은 매우 민감해서 이를 친구들에게 알리고, 화살표 방향 때문에 다툼이 생길 수도 있다. 학부모에게도 공개하지 않길 바란다. 학생 이름을 A, B, C…로 바꿔놓거나 연예인 이름으로 바꾼 뒤 신중하게 상담을 하자. 수학여행 등을 다녀오고 나면 관계는 또 변화된다. 한 번 측정한 결과로 반 아이들을 단정 짓지 말고, 분기에 한 번씩 진행하면 좋다.

관계를 조금 더 깊이 있게 파악하고 싶다면, 위의 질문에 '이유'를 쓰는 방법도 있다.

내 생일날 꼭 초대하고 싶은 친구 세 명의 이름과 그 이유를 쓰시오.

이름	좋아하는 이유

내 생일날 초대하고 싶지 않은 친구 두 명의 이름과 그 이유를 쓰시오.

이름	싫어하는 이유

반 아이들 명렬표 옆에 좋아하는 이유와 싫어하는 이유를 모아보면 더 구체적인 자료를 모을 수 있다. 이 정보는 학부모 면담 때 매우 유용하다. 미리 보고

면담을 준비하는 것도 좋고, 이 표를 토대로 상담과 조언을 주고, 생활지도를 하면 도움이 된다.

친구 사이 파악하기

이름	좋아하는 이유	싫어하는 이유
유재석	따뜻하다. 말을 잘한다. 친구들을 재미있게 해준다. 마음이 잘 맞는다.	
김태희	말동무가 되어준다. 친절하다.	
최민식		시끄럽고 매너가 없다. 남에게 피해를 준다. 비웃는다.
송중기		나쁜 말을 사용한다. 화를 잘 낸다. 잘난 척을 한다. 친구들을 비난한다. 약을 올린다. 소음 피해를 준다.

- 관계 분석 결과를 보여주는 프로그램은 많이 있다. 하지만 아이들을 떠올리며 직접 손으로 그리고 고민해 보는 것을 권한다. 그러는 사이 아이들을 생각하는 마음은 더 깊고 커진다.

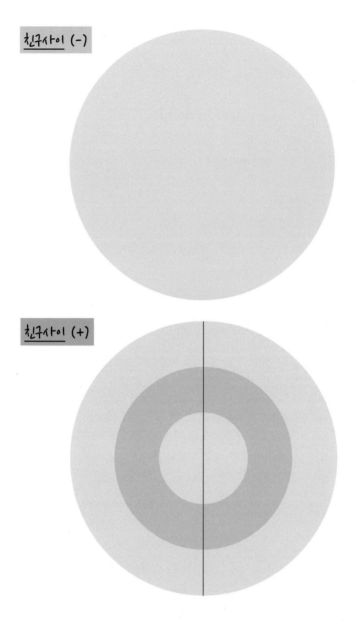

친구사이 (-)

친구사이 (+)

• 양식은 서준호 선생님의 마음 흔들기 블로그(http://blog.daum.net/teacher-junho) '6학년 담임 해도 괜찮아!' 게시판에서 다운로드 받을 수 있습니다.

07

지금 내 기분은? – 감정 보드판 활용하기

● 누군가에게 "화났어요!"라는 말을 들었을 때 우리는 그 사람이 정말 헐크처럼 폭발할 정도로 화가 났는지, 아니면 열이 올라오고 속상한 것인지, 혹은 슬픔이 따라오는 화인지 알 수가 없다. 상대방이 어느 정도 정보를 줘야 마음을 파악하고, 그에 맞춰 대화를 할 수 있다. 하지만 대부분의 사람들은 상대방이 내 기분을 알아서 파악해 주길 바란다.

특히 6학년 학생들은 자신의 감정 상태를 좀처럼 말로 표현하지 않는다. 학생들 서로가 각자 주관적으로 상대의 감정을 해석하고 표현하다 보니 오해가 생기는 경우도 많다. 각자의 노력과 달리 관계가 불편하게 흐르기도 한다. 교사와 학생 사이도 마찬가지다. 예를 들어 가정에서 부모에게 꾸중을 듣고 학교에 온 학생이 불편한 마음에 멍해 있는데 선생님은 마음도 몰라주고 딴생각을 한다며 꾸중했다면 학생 입장에서는 억울할 수도 있다.

6학년 학생을 담임하다 보면, 가끔 학생들이 화를 버럭 내는 경우를 보게 된다. 때론 교실 내 여러 사건을 해결하다 담임인 내가 버럭 화를 낼 때도 있었다. 화는 조금씩 쌓이다가 일정 정도가 넘으면 터지듯 나온다. 따라서 교실 속 '화 나는 상황'을 어떻게 조절하고 다듬어가는지가 중요하다. 이를 위해 각자의 마음 정도를 표현하고 감정과 기분을 상대방에게 알려주는 다양한 시스템을 교실에 만들어놓는 것도 하나의 방법이다.

화를 다스리고 화에 대해 이해할 수 있는 다양한 장치, 크고 작은 프로그램을 운영하는 것은 6학년 교실에서 매우 중요하다. 다른 곳에서 쌓인 화가 교실 안에서 크게 터지지 않도록 조율해야 한다. 실제로 이러한 프로그램을 운영하면서 학생들의 기분을 파악하는 데 많은 도움을 받았다. 덕분에 내 실수를 줄일 수 있었고, 위로가 필요한 아이들을 다독일 수도 있었다. 무엇보다 학생에게 의미 있는 교사로 남을 수 있어서 좋았다.

먼저 교사가 화를 잘 조절하고 처리하는 모습을 보여주는 것이 중요하다. 교사의 모습은 반 아이들에게 '모델링'이 된다. 따라서 교사가 먼저 스스로의 화를 알아차리고 조절하는 능력, 이성적인 대화로 감정을 이해시키고 풀어가는 요령이 필요하다. 6학년 학생들을 지도하다가 가끔 화가 나는 경우가 있을 때 보통 "선생님은 정말 화가 났어!"라고 말한다. 하지만 학생들의 입장에선 그 화가 어느 정도인지 알아차리기 힘들 수도 있다. 이럴 경우 감정의 크기를 숫자로 알려주는 것도 괜찮다. 내 경우엔 교실 칠판 구석에 1~9까지 숫자 자석 자리를 만들어 그 숫자를 이용해 다양한 감정의 크기를 전달하기도 했다.

나는 교실이 정말 소란스럽고 통제가 되지 않았을 때 종(에너지 차임)을 한 번 울린 뒤, 칠판 구석으로 걸어가 내 마음 속 답답한 정도의 숫자에 자석을 붙인다(1은 아주 평온한 상태이고, 9는 소리를 지르며 교실을 뛰쳐나가고 싶은 정도이다). 그리고 나서 이야기를 시작한다. 아이들이 집중해서 노력하고, 선생님의 마음을 알아차려주고 행동이 교정되면 6~7 정도에 붙여 있던 자석을 떼어 3~4 정도로 옮겨 붙인다. 덕분에 '화'가 줄어들었다는 것을 보여주는 것이다. 때로 정말 화가 났을 때는 앞에서 화를 바로 내기보다는 잠깐 교실 밖으로 나가서 감정을 가다듬고 화장실을 다녀오기도 하면서 감정의 수위를 조절하고 들어오기도 한다.

마찬가지로 아이들도 1~10까지의 숫자를 이용해 마음을 표현하도록 할 수 있다. 책상 한쪽에 '1점(마음이 안 좋다)부터 10점(마음이 좋다)' 또는 '불행~행복', '나쁘다~좋다' 등 10점 척도를 만들어놓고 자신의 마음 정도에 숫자 카드 하나를 올려놓도록 하자. 숫자를 통해 학생들의 마음을 알아보고 숫자가 낮은 학생에게 다가가 대화를 나눠보자.

간단하게 하고 싶다면 '신호등'을 만들자. 마음이 안 좋으면 '빨간색' 찍찍이를, 보통이면 '노란색'을, 마음이 좋으면 '녹색' 찍찍이를 책상 한쪽에 붙이도록 하

자. 아침 독서 시간에 '빨간색' 불이 켜져 있는 학생이 있다면 살짝 다가가 무슨 일이 있는지 물어볼 수도 있다.

x축과 y축을 이용한 2차원적인 표현으로 마음의 정도를 조금 더 섬세하게 알 수도 있다. 학생 책상이 아닌 교실 게시판을 이용해 마음의 정도를 표현하는 것이다. 나의 경우 최근엔 2차원으로 마음을 표현하도록 하는 이 '감정 보드판' 을 주로 활용하고 있다.

x축은 기분이 '나쁘다~좋다', Y축은 '기운이 없다~많다'로 정하고 내 몸 (!)과 마음(!)의 정도를 표현하게 하자. 문구점에서 찍찍이 스티커와 벨 크로판(A4 또는 B4 사이즈)을 구매한 뒤, 반 아이들 이름을 손가락 한 마 디 크기 정도로 출력해서 잘라 코팅 을 하고, 뒤에 찍찍이 스티커를 붙이 자. x축과 y축에 해당되는 기분, 기 운 등의 단어들도 코팅하자. 그리고 교실 게시판의 잘 보이는 쪽에 감정 보드판을 만들어놓자.

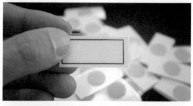

등교하면 바로 감정 보드판으로 가서 자신의 마음 정도를 파악해 붙이도록 하자. 아침 활동(독서 시간 등)을 할 때 이 판을 통해 교사는 살짝 아이들의 기분

을 파악해 보자. 기분은 좋은데 기운이 없는 학생이 있기도 하고, 기운도 없고 기분도 좋지 않은 학생이 있을 수 있다. 기분이 좋지 않은 학생이 있다면 다가 가서 무슨 일이 있는지 물어보고, 힘내라고 다독여 줄 수 있다. 학생이 실수를 하더라도 이해해 줄 수 있고, 특별한 일이 있다면 잠깐 밖으로 나가거나 상담 장소에서 깊은 대화를 나눌 수도 있다. 이것만으로도 교사와 학생 사이의 관계 가 가까워지고 오해가 줄어든다.

'감정 보드판 담당'을 만들어놓고 수시로 확인해서 이상하다 싶을 때는 교사 인 나에게 와서 알려주도록 하는 것도 좋다. 때로는 교사가 놓친 것을 학생이 알려주기도 한다. 뒤에 소개할 '또래 상담자'들이 이곳을 확인하고 파악해서 또 래 상담을 진행할 수도 있다. 집에 갈 땐 이름을 모두 떼어놓도록 하자.

PART 3
학급운영 프로그램

학급운영의 틀을 짜는 것은 예방 차원의 일이다.
학생들 간의 다툼 요소를 사전에 제거하고
문제가 될 수 있는 여러 요소들을 미리 이해시키는 것이다.
반 아이들과 함께하는 일 년 동안 꾸준히 다양한 활동을 해보기를 권한다.
어떤 활동들은 서로 조합해서 사용했을 때 더 큰 힘이 생기기도 한다.
여러 방법들을 더해 보고, 응용해 보며 자신만의 시스템을 교실에 구축하자.
다양한 활동을 통해 교실 내 즐거움이 자리하게 하자.

편견을 내려놓고, 믿어주고, 많이 들어주세요.
아이들이 최고로 기억해 주는 선생님은 6학년 담임,
바로 선생님입니다.

01
불만을 잠재우는 자리 바꾸기

● 6학년 학생들은 자리 배치에 민감하다. 동성끼리, 또는 친한 친구끼리 앉고 싶어 하는 등 '내 마음이 편한 자리'를 원한다. 하지만 모두의 욕구는 각자 다르고, 또 학생들이 원하는 자리 배치는 놀기 위한 자리라는 의미가 더 크다. 게다가 아이들이 원하는 대로 자리를 배치할 경우 소외되는 학생도 있고, 서운한 일이 생기기도 한다.

자리 배치는 선생님이 일방적으로 정하는 것보다 학생들과 의논해 보는 것이 더 민주적이고 좋은 방향이다. 하지만 막상 토의를 해보면 학생들도 경험이 없어서인지 마땅히 좋은 방법을 생각해 내지 못하는 경우가 많다. 회의를 하면 아이들은 대부분 "뽑기 해요!"라는 말로 토의를 마무리 지을 때가 많았다. 따라서 몇 가지 뽑기 방식을 제안하고, 학생들이 고르도록 하는 것도 하나의 방법이다.

학년 초라면 학생들의 마음을 알아보기 위해 한 번쯤은 자유롭게 앉는 방식을 시도해 보는 것도 좋다. 물론 우르르 몰려가서 아무 자리나 차지하도록 하는 방식은 당연히 아니다. 남학생을 복도로 내보낸 뒤 여학생들에게 책상 왼쪽에 자유롭게 앉도록 한다. 그런 뒤, 여학생을 모두 복도로 보내고 남학생에게 원하는 자리의 책상 오른쪽에 앉도록 한다. 남학생이 모두 다 앉으면 복도에 있던 여학생이 처음 골랐던 자리에 가서 앉도록 한다. 누가 내 짝인지 확인하는 순간 여러 역동이 생겨난다.

이런 방법으로 자리 배치를 하면 아이들과 선생님 사이의 마음의 거리를 파악할 수 있다. 아이들이 고른 자리에는 각자의 이유가 있다. 재빨리 밖에 나가 놀고 싶어서, 선생님 가까이에 있으면 쑥스러워서, 창밖 풍경이 좋아서 등 아이들이 가진 여러 마음을 확인해 볼 수 있다. 선생님들이 연수 받으러 갔을 때를 떠올려보자. 내가 고른 자리는 어떤 마음에서 기인했는지를 생각해 보면 아이들의 마음도 이해할 수 있을 것이다.

뽑기를 통한 자리 배치에도 여러 가지 방법이 있다. 종이 쪽지를 이용해 자리를 뽑는 것은 가장 고전적이며 깔끔한 방법이다. 1부터 반 학생 수만큼 숫자가 쓰여 있는 쪽지를 준비해서 각자가 뽑은 자리에 앉게 하면 된다. 이 방법은 학생들의 불만도 적고 남녀 짝이라는 개념에서 벗어나 동성끼리 또는 이성끼리 앉게 되는 다양한 조합이 만들어

지기도 한다. 평소에 가깝거나 먼 다양한 관계의 아이들이 서로 만나 짝이 될 수 있다는 장점도 있다.

쪽지를 이용한 자리 뽑기는 다양한 형태의 응용이 가능하다. 가령 4명이 한 모둠씩 모두 6개의 모둠으로 구성된 24명 반이라면, 1모둠 - 빨강, 2모둠 - 파랑, 3모둠 - 초록, 4모둠 - 검정, 5모둠 - 노랑, 6모둠 - 주황으로 색깔을 정한다. 6가지 색깔로 된 펜으로 각각 쪽지에 1, 2, 3, 4를 써놓고 고르도록 한다. 색을 확인하고 그 색에 해당된 모둠으로 가서 숫자에 따라 모둠 내의 정해진 자리에 앉도록 하면 된다.

또는 네 칸에 모두가 알 만한 노래나 속담을 넣어놓고 글자의 조합을 서로 찾아 그 순서에 맞는 자리에 앉는 방법도 재미있다.

인디스쿨에 들어가면 다양한 자리 배치 프로그램을 다운받을 수 있다. 프로그램을 활용할 경우 랜덤으로 앉게 되는 장점이 있고 배치표를 바로 저장하고 출력할 수 있어서 편하기도 하다. 출력물은 바로 교실 게시판에 부착하면 된다.

칠판					
소	잃고	윗물이	맑아야	고래	싸움에
외양간	고친다	아랫물도	맑다	새우등	터진다
까마귀	날자	구슬이	서말이라도	가는 말이	고와야
배	떨어진다	꿰어야	보배	오는 말이	곱다

여러 개의 자료 중 각자 마음에 드는 한 가지를 정해 놓고 일 년간 그 프로그램을 열심히 사용해 보자(〈인디스쿨〉에 들어가 '교육자료→교육일반→학급경영일반' 왼쪽 아래 검색창에 '자리 바꾸기'를 검색하면 쉽게 찾을 수 있다).

내가 주로 사용하는 프로그램은 〈김정식 허명성의 과학사랑〉 홈페이지에서 제공하는 프로그램이다 (http://sciencelove.com/1536).

이 프로그램은 오른쪽 아래 '출력 및 저장' 버튼을 눌러서 출력이 가능한데, 게시판용, 교탁용으로 출력

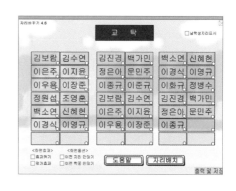

이 가능해 편하게 사용할 수 있다. '효과 켜기'를 이용해 랜덤으로 자리를 정하는 재미도 쏠쏠하다. 내가 원하는 대로 아이들을 배치할 수 있는 기능도 장점이다. 나는 가끔 의도적으로 이 기능을 사용하기도 했다. 자세한 활용 팁은 프로그램과 함께 첨부된 설명서에 친절하게 소개되어 있다.

- 자리를 바꾸는 시기는 선생님들마다 다르겠지만 경험상 2주 정도의 텀을 두고 자리를 바꾸는 것이 가장 좋았다. 수업 중 모둠 활동을 많이 해서인지 모둠 구성원에 따라 다양한 결과물이 나오는 모습을 봤다. 또 2주가 넘어가면 학생들이 자꾸 자리를 언제 바꾸냐는 질문을 하기도 한다.
  2주에 한 번씩 바꿔도 졸업할 때까지 단 한 번도 짝이 되지 못했던 친구도 있

었다. 따라서 다양한 친구들과 만날 수 있도록 적절한 시간을 두고 자리를 바꿔주자.

- 자리를 바꾸기 전, 내 짝에게 해주는 조언을 '성장일기'에 두 줄 정도 적도록 하자. 비난과 꾸중이 아니라 '네가 ~게 하면 더 멋진 짝이 될 거야'라는 의미를 담도록 하자.

- 자리를 바꾸는 순간 환호, 또는 탄식이 나오곤 한다. 내 기분을 표현하는 자연스러운 소리겠지만 때론 그 반응을 접한 이전의 짝은 기분이 상할 수도 있다. 이런 소리는 친구를 차별하는 행위라는 것을 미리 알려주자.

- 자리뿐 아니라 청소 담당 역시 청소 바꾸기 프로그램을 사용해 바꿔주면 좋다 (http://sciencelove.com/218).

O2
사진으로 추억 담아두기

● 학급운영에 사진을 활용하면 꽤 많은 장점을 얻을 수 있다. 무엇보다 학교에서 생긴 일들이 예쁜 선물이 되어 가정으로 전달될 수 있다. 사진으로 전달되는 학급의 이야기는 학부모의 가슴에 좀 더 와 닿기 마련이다.

내 경우엔 학부모와 네이버 밴드(BAND)를 통해 소통한다. 매일 찍었던 사진

중 몇 장을 골라서 밴드에 올리며 학급과 가정을 연결한다. 사진 속에 보이는 자녀의 웃는 모습, 몰입하는 모습은 부모에게 뿌듯함으로 남는다. 자녀가 학교에서 어떻게 생활하고 있는지 늘 궁금한 학부모에게 밴드에 올라오는 아이들의 사진은 오아시스처럼 반갑다. 학부모 상담을 할 때 모아둔 아이들 사진을 보며 함께 이야기하는 것도 좋다.

내가 카메라를 들고 찍는 사진도 있지만, 작은 카메라 하나를 교실에 놓고 아이들끼리 쉬는 시간 등에 서로 찍어주도록 하기도 한다. 교사가 찍는 경우 활동 주제에 초점이 맞춰진 사진이 많은데, 아이들끼리 찍는 사진에는 여러 다른 이야기가 담겨 있다. 아이들이 찍은 사진을 통해 몰랐던 이야기를 파악하고, 학급을 운영하는 데 도움을 받았던 적도 있었다.

나는 1년 단위로 학급 홈페이지가 사라지는 것이 너무 아까워서 개인 홈페이지를 따로 운영했었다. 그러다가 개인 홈페이지는 서버 운영의 한계가 많아서 블로그에 기록을 올리게 됐다. 약 10년 전 제자들이 추억을 돌아보기 위해 블로그를 방문하고, 함께했던 활동 기록을 보고 내게 연락을 해오는 것을 보면 추억을 보관하는 장소가 필요하다는 생각이 든다. 아이들의 소중한 추억이 될 활동들을 사진과 함께 남기기 위해서 꾸준히 사진을 찍고 편집을 하게 된다.

내 초등학교 시절의 사진이 별로 없는 게 아쉬워서 그런지 반 아이들의 사진을 자주 찍어주는 편이다. 사진을 자주 찍으니 여러 장점이 있었다. 6학년은 졸업을 하게 되는 학년이다. 그래서 초등학교 때의 추억을 돌아보면 6학년 때를 떠올릴 때가 많다. 그리고 그 추억을 더 선명하게 만들어주는 것은 '사진'이다.

초임 때는 사진 파일을 CD에 담아 졸업할 때 나눠주곤 했는데, 시간이 지나 어른이 된 제자들을 만나보니 파일로 저장된 사진보다 현상된 사진이 보관하기에 더 좋았다고 한다. 컴퓨터를 통해 다시 봐야 하는 CD는 분실이 많아 나중에 CD를 다시 제작해 줄 수 있느냐는 부탁이 들어온 적도 있었다. 사진을 현상해서 줬을 땐 앨범을 만들어 잘 보관하고 있었고,

손으로 넘기며 추억을 떠올리고 이야기를 나누는 경우가 많았다. 그래서 최근엔 한 달에 한 번씩 사진을 현상해서 나눠주고 있다.

현상된 사진을 집으로 보내면서 '사진 사용 동의서'도 함께 받았다. 사진을 인

6학년 ○반 학부모님께

오늘, 현상된 사진을 몇 장 아이들에게 나누어 주었습니다. ^^ 오랫동안 사진을 찍어온 저는 반 아이들에게 줄 수 있는 최고의 선물은 이렇게 현상된 사진이라 생각합니다. 사진이 추억이 되고, 가정에서 학교에 관한 이야기를 나누는 매개체가 되길 희망하는 마음으로 보내드립니다. 사진 값은 받지 않습니다. 앨범에 초등학교 시절 사진이 없는 담임선생님이, 반 아이에게 주는 마음의 선물이라 생각해 주세요. 아이가 학교에서 어떻게 생활하는지 파악하는 데 조금이라도 도움이 되면 좋겠습니다.

앞으로도 한두 달에 한 번씩 찍은 사진을 이렇게 보내드릴 예정입니다. 가능하다면 앨범 한 권씩 가정에서 준비해 주시고, 보낸 사진을 잘 정리해 주시기 바랍니다. ^^ 사진은 시간이 지나면 발효가 되어 의미가 더해집니다. 세월이 지나 아이들이 대학생이 되고, 사회인이 됐을 때 올해 가정으로 보내드린 사진이 또 다른 즐거움으로 연결될 거라 생각합니다. 자주 촬영하고, 사진을 현상해 보겠습니다.

찍은 사진 중 일부는 블로그(http://blog.daum.net/teacher-junho), 학부모/학생 밴드, 집필할 책, 선생님을 위한 원격 연수 제작에 사용하려 합니다. 허락해 주시면 감사하겠습니다. ^^

서준호 드림

------------------------------ 절 취 선 ------------------------------

학급 홈페이지	선생님 블로그	밴드	책 집필	연수 제작
(O, X)	(O, X)	(O, X)	(O, X)	(O, X)

사진의 사용을 허락하는 곳에는 O, 허락하지 않는 곳은 X에 체크해서 보내주세요.

6학년 3반 학생 : (　　　) 서명

학부모 : (　　　) 서명

터넷 상에 올리기 위해서는 학생과 학부모의 동의를 받아야 한다. 특히 블로그나 홈페이지를 통해 많은 교사들이 글을 쓰고, 자료를 만들며 사진을 활용하는데, 이때 아이들 사진을 함부로 사용해서는 안 된다. 내 경우엔 블로그와 책 속에 사진이 사용되는 경우가 있어서 '사진 사용 동의서'를 배부한 뒤 허락을 맡아 보관한다.

사진을 현상해서 보내는 일은 학생들의 초상권 사용에 대한 대가라는 의미도 있다. 나는 블로그에 다양한 활동 기록을 올리는데, 그 기록 중 일부는 다른 선생님들에게 어떤 활동을 해보라고 권하는 목표의 글도 있다. 이때 글로만 전달하는 것보다 학생들과 함께했던 사진을 보여주는 것이 훨씬 효과적이다. 이런 이유로 책과 연수 제작에 몇 장의 사진이 들어가게 되는데, 앞으로 사용할 수도 있을 사진에 대한 감사의 마음을 현상이라는 행위에 담는 것이다.

교실에서 사진으로 할 수 있는 것도 많다. 학생들의 프로필 사진을 찍어 게시판에 붙이고, 사진 소식을 붙이고, 단체 사진을 찍어 큰 사진으로 현상해 붙일 수도 있다. 나누어주고 남은 사진은 작은 상자를 만들어 학생들의 프로필 사진과 함께 보관한다. 사진 현상비는 보통 학급운영비로 지출하는데, 정해진 비용이 넘어가는 경우에는 사비로 충당했다. 평소 아이스크림이나 과자 등을 학생

들에게 사주는 것보다 사진 현상이 훨씬 실속 있다고 생각한다.

사진 현상은 인터넷으로 저렴하게 주문할 수 있다. 사진 속에 들어 있는 학생 수만큼 사진 장수를 주문하는데 1~2만원이면 꽤 많은 양이 현상되어 온다.

03
학부모와 소통하기

●·○●·○●● ●·●·○●●·●·●○

　　● 학부모와 지속적인 대화를 나누는 것은 정말 힘든 일이다. 6학년 학생들을 감당하는 것만으로도 충분히 벅찬데, 학부모까지 신경 써야 한다면 더 힘들게 느껴질 것이다.

　　좋은 학부모를 만난 경험이 많은 교사는 학부모와 대화를 나누는 일에 어려움을 느끼지 않는다. 하지만 한두 명의 학부모로부터 감정을 상했던 경험이 있

는 교사라면 학부모만 생각해도 움츠러드는 것이 당연하다. 이런 경험을 가진 교사들의 경우 학부모와의 불편한 일을 미리 걱정하면서 관계 맺기를 꺼려할 수도 있다. 하지만 학부모와 관계를 만드는 것이 학급을 운영하는 데 도움이 되고, 특히 사건이 생겼을 때 교사에게 힘이 되어주는 것은 분명한 사실이다.

　무엇보다 학부모가 교사를 믿고, 교사의 교육관과 학급운영을 지지한다면 학부모는 힘든 대상이 아니라 감사의 대상이 된다. 하지만 안타깝게도 학부모와 대화를 나눌 수 있는 시간은 제한적이고 기회도 많지 않다. 일 년에 한두 번 있는 상담 기간에 잠깐 만나는 게 고작이다. 어쩌다가 학부모에게 전화를 걸거나 면담을 요청하는 경우를 돌아보면 좋은 일보다 사건사고로 인해 연락하는 경우가 많다. 평소 학부모와 좋은 관계를 유지했다면 학급 내에 사건이 일어나더라도 학부모와 협력해 대화로 풀어낼 수 있다. 하지만 교사와 학부모 사이에 대화도 없었고 그저 사무적인 관계에 그쳤다면, 사건은 교사에게도 학부모에게도 난처함으로 다가올 수밖에 없다.

　나는 학부모와 협력적인 관계를 유지하기 위해 다양한 시도를 했었다. 학급 홈페이지에 학부모와의 대화 공간을 만들고, 그곳에 학급 일기도 올려봤다. 인터넷 카페를 개설해 글을 올리기도 했고, 학부모들과 정기적인 만남을 갖고, 단체 문자를 보내기도 했었다. 하지만 모두 마음에 들지 않았다. 학부모들의 참여는 저조했고, 신문 발행하듯 교사의 이야기와 사진 소식만 전달되는 일방적인 소통이 대부분이었다. 부모들끼리도 서로 조심스럽기에 굉장히 소극적으로 활동하는 모습이었다.

　최근에서야 학부모와 쌍방향 소통이 늘어나게 됐는데, 네이버 밴드(BAND) 덕

분이다. 평소에 학부모들도 밴드를 많
이 사용해서인지 대부분 자연스럽게
가입을 해주셨다. 밴드의 경우 기본적
으로는 스마트폰 앱으로 소통을 하지
만, 컴퓨터를 이용한 웹상에서의 소통
도 가능해 조금 더 정교한 대화를 할
수 있다는 장점이 있다. 밴드에 한두
장의 사진과 소식을 올리면, 댓글과
표정으로 소식에 대한 학부모의 피드

백이 바로 알림으로 전달된다. 이처럼 소통이 빠르다는 장점과 더불어, 파일을
올리거나 비공개 투표 등 다양한 활동을 할 수 있다. 학급 홈페이지에선 항상
용량 문제로 좌절했던 '동영상'을 올릴 수 있다는 것도 큰 장점이었다. 또한 1:1
로 채팅을 할 수 있어서 전체와의 소통뿐 아니라 학부모와의 개별 소통도 가능

하다. 1~2학년 학부모들은 내 아이 사진을 더 올려달
라는 등의 이야기를 많이 했는데, 6학년 학부모들은
필요한 이야기 위주로 소통이 진행됐다.

　소통을 어려워하는 학부모들을 위해, 어떻게 반응
해야 하는지 안내하는 글을 따로 올리기도 했다. 그
이후로는 조금 더 편안한 소통이 이뤄졌다.

　늦은 시간에 밴드 알림이 울리는 것은 교사에게 피로감을 줄 수 있고, 다른
학부모에게도 피해를 줄 수 있다. 그래서 나는 사전에 알림 설정을 조정했다. 그

리고 될 수 있으면 글은 오후 5시 전에 올렸고, 오전 8시 이전엔 밴드 알림이 울리지 않도록 댓글 사용은 멈추고 '표정'으로 공감하도록 했다. 늦은 시간에 담임선생님과 꼭 나누고 싶은 이야기가 있다면 문자나 1:1 채팅창을 이용하도록 안내했다.

앞서 첫날 학부모에게 보낸 편지에서 이 부분에 대해 안내했고, 이 원칙을 될 수 있으면 지키려 했다. 전화를 바로 받기보다 문자로 대화를 주고받는 것을 선호하고 이용했으며, 채팅창을 이용해 대화를 나누고 꼭 필요한 경우에만 전화를 했다. 이렇게 밴드는 전화로 가기 전 단계의 소통 방식이라 할 수 있다.

학생 때문에 고민이 되거나 학부모에게 자료를 보내야 하는 경우에는 컴퓨터 앞에 앉아 재빨리 타이핑해서 1:1 대화로 학부모에게 소식을 보내주었고, 또 학생의 자료와 모습 기록 등을 사진과 영상으로 보내고 이야기를 나눴다. 이렇게 밴드를 이용하면 1년간의 대화 기록이 그대로 남아 있어서 학생 성장을 비교해 볼 수 있다는 장점이 있다.

상담 일지를 대신해 이 기록을 보관한 적도 있었다. 밴드의 대화 내용 보관은

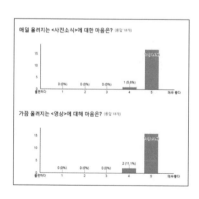

1년까지 가능하다. 더 오래 보관하고 싶을 경우, 스마트폰에서 〈대화 내용 내보내기〉로 텍스트만 저장해 따로 보관할 수도 있다.

밴드는 여러모로 장점이 많다. 수학여행, 수련회 등의 모습을 스마트폰으로 찍어 현장에서 바로 올릴 수 있고, 학급 내

행사를 스마트폰으로 찍어 올려 소식을 전할 수도 있다. 내 경우도 딸이 초등학생이다 보니 학부모 입장에서 담임선생님이 밴드에 올려주시는 사진과 알림장 소식 등이 얼마나 감사한지 알게 됐다. 담임교사의 입장도 있지만 학부모의 관점에서 무엇이 필요할지 생각해 보면, 밴드 등의 커뮤니티 운영은 그리 불편한 일이 아닐 것이다. 교사를 힘들게 하는 학부모가 한두 명 있기도 하겠지만 그보다는 교사를 지지해 주는 학부모가 더 많이 생기는 일이라고 생각한다.

밴드 덕분인지 학부모 상담도 굉장히 편해졌다. 서로를 잘 모른 상태로 학교에서 정해진 날짜에 잠깐 하는 상담보다, 학급과 학생에 대한 다양하고 깊은 대화를 나눌 수 있었다.

팁
Tip

- 어떤 선생님들은 두 손가락으로 번개와 같은 타이핑 솜씨를 보여주지만, 나는 스마트폰 타이핑이 느려 어려움이 있었다. 간혹 스마트폰 자판을 누르다 오타가 생기면 답답할 때가 많았다. 그래서 휴대가 간편한 블루투스 키보드를 활용했다. 가방에 넣고 다니다가 잠깐 꺼내 재빨리 채팅을 하거나 소식을 올릴 때 사용했다.

- 네이버 밴드 외에 클래스팅, Class 123 등을 운영하는 선생님들도 있다. 저마다 장점이 있으니 자신에게 맞는 것을 찾아보자. 내가 네이버 밴드를 사용하게 된 이유는 이 어플이 대중적이어서 학부모에게 친숙하기 때문이었다.

04
도전 과제로 보내는 쉬는 시간

● · ● · ● · ● · ● · ● · ● · ● · ● · ●

    ● 학교가 증축 공사를 하게 되어 아이들이 일 년간 운동장을 사용할 수 없었던 적이 있다. 당시 6학년 담임을 하면서 아이들이 교실에서 쉬는 시간에 흥미를 가질 만한 일이 필요해 보였다. 그래서 '쉬는 시간 도전 과제'라는 것

을 운영했다.

교실 속에 여러 도전 과제를 부여하는 것은 큰 의미가 있다. 아이들에게 성취감과 가슴 두근거리는 뿌듯함을 경험하게 한다면 얼마나 좋을까? 경험은 아이들을 성장시킨다. 작은 성장은 더 큰 성장으로 이어진다는 것을 기억하자. 수업 중에 부여하는 도전 과제도 있지만, 쉬는 시간 놀이 활동을 통해 자연스럽게 접근하는 방법도 좋다. 이런 식의 접근은 아이들이 과격하게 몸으로 노는 것을 방지하고, 교실 속에서 자연스럽게 시간을 보내도록 한다는 장점이 있다.

교실 이곳저곳에 앉거나 모여서 뭔가에 도전해 보는 시간을 만들자. 아래에 소개할 활동은 내가 교실에서 진행한 몇 가지 도전 과제다. 도전 과제의 성공은 자연스럽게 작은 파티와 연결됐다.

6학년 학생들에게 크고 작은 파티는 정말 중요하다. 아이들은 기본 욕구에 충실하다. 크고 작은 이벤트가 크고 작은 행복과 관계를 만든다. 그래서 도전 과제에 성공하면 학급운영비의 일부를 사용해 간식 파티를 열었다. 그렇게 성공을 축하하며 또 다른 과제를 부여했고, 아이들은 자연스럽게 그다음 단계의 과제에 도전하는 모습을 보여주었다.

━━ 교과서 쌓기

교과서 쌓기는 모둠이 함께 도전하는 과제다. 교과서를 쌓는 방식, 구조 등을 모둠끼리 고민하고 실험해 본 뒤 무너지지 않게 높이 쌓으면 된다. 모둠원이 서로 교과서를 꺼내고 책상부터 쌓아서 천장 아래 손가락 한 마디 정도 공간까지 쌓아 올리면 성공하는 걸로 규칙을 정했다. 교과서를 다 쌓으면 미리 허락

받고 스마트폰을 지니고 있던 학생이 사진을 찍어 밴드에 올리거나 선생님에게 문자(카톡)를 보내도록 했다. 몇 분 만에 성공한 모둠도 있지만 며칠 동안 실패하는 모둠도 있다.

성공한 모둠에게는 다음과 같은 말로 칭찬과 격려를 보냈다.

"친구들과 교과서로 높은 탑을 만드는 것은 쉽지 않은 일이란다. 그리고 친구와 함께하다 보니 생각이 맞을 때도 있지만 때론 작은 다툼도 있었을 거야. 정말 높게 쌓았는데 무너지는 순간 마음이 좋지 않았을 수도 있지. 하지만 포기하지 않고 다시 도전하고, 도전해서 결국에는 성공한 모습이 참 멋지구나. 그 순간을 기억하길 바라는 의미에서 사진을 찍도록 했단다. 이 경험이 너희에게 도움이 되면 좋겠구나."

성공한 모둠원들은 사탕 하나씩을 받게 됐다. 사탕은 작을 선물일 수도 있다. 하지만 첫 도전부터 큰 상을 주기보다는 이어지는 도전에 따라 상도 조금씩 커지도록 하는 것이 아이들의 기대감을 높인다.

나무 블록 쌓기

3월 중순, 6학년 수학 교과에 사용한 나무 블록이 자료함 구석에 박혀 있는 것이 안타까워 사물함 위에 올려놓고, 쉬는 시간에 블록을 쌓아 천장에 닿도록 만들면 탕수육과 짜장면을 상으로 주겠다며 쉬는 시간 도전 과제를 부여했다. 그러자 수많은 아이들이 며칠 동안 도전했다. 교과서와 달리 작은 조각인 나무 블록은 균형에 예민해서 자꾸 쓰러졌다. 점차 도전하는 학생들이 뜸해졌다. 몇몇 아이들은 가끔 생각날 때만 나무 블록으로 탑 쌓기에 도전하는 모습을 보여 주었다.

주로 세 명이 이 과제에 끈질기게 매달렸는데, 몇 달이 지난 어느 날 드디어 성공했다. 탑이 천장에 가까워지는 순간 우리 반 모두가 그 탑에 집중했고, 성공하는 마음을 담아 응원했다. 나무 블록 탑이 천장에 닿도록 쌓인 순간 반 친구들 모두가 박수를 치고 축하해 줬다. 성공한 아이들이 나에게 달려왔으며, 기념사진을 찍었다. 그리고 그 앞에서 바로 중국집에 전화를 걸어 약속했던 탕수육과 짜장면을 시켰다. 아이들 모두를 자리에 앉게 한 뒤 이야기를 시작했다.

"선생님이 내준 과제에 열광했던 여러분의 모습이 기억납니다. 3월에 시작된 과제가 4월이 되고, 5월이 되면서 포기한 사람이 늘었습니다. 때론 과제를 하면서 화를 내기도 했고, 이건 성공할 수 없는 과제라 생각한 학생도 있었습니

다. 하지만 오늘 작은 조각을 쌓아 천장에 닿을 정도의 탑을 만든 친구들이 생겼습니다. 포기하지 않으면 언젠가 성공합니다. 이 세 명의 친구들은 오늘 증명해 보였습니다. 선생님은 이 세 명이 자랑스럽습니다.

(세 명의 아이들을 바라보며) 오늘의 이 기쁨과 희열감을 기억하렴. 다른 친구들이 느껴보지 못했던 그 멋진 기분을 기억하렴. 이걸 기억하면 앞으로 어떤 어려운 일이든 언젠가는 해낼 수 있다는 믿음과 끈기가 생긴단다. 그리고 너희는 탕수육과 짜장면을 먹을 자격이 있어. 너희가 해낸 거야. 조금 뒤 배달될 탕수육과 짜장면을 마음 편히 즐기렴.”

━━ 직소 퍼즐

더운 여름날 아이스크림을 간절히 바라는 반 아이들에게 직소 퍼즐을 도전 과제로 줬다.

“선생님에게 500피스 퍼즐이 있으니 이걸 맞춰보렴. 이 퍼즐이 완성되는 날 선생님과 함께 시원한 아이스크림을 먹으며 더운 여름을 즐겨보자. 단 우리 반 모두가 이 퍼즐 맞추기에 참여해야 해. 한 조각이라도 좋으니 퍼즐을 완성하는 데 기여하렴.”

아이들은 쉬는 시간마다 퍼즐에 달라붙었다. 너무 모여 있다 보니 복잡해지자 차례를 정해 함께 참여하는 모습도 보여주었다. 모두가 퍼즐 맞추기에 기여해야 한다는 말에 친구들 손을 끌고 가서 퍼즐을 맞추도록 하기도 하고, 퍼즐 맞추는 데 참여하지 않은 친구가 있는지 돌아다니며 확인하기도 했다. 퍼즐이 완성되어 가는 동안 많은 아이들이 달라붙어 구경했다. 500피스 퍼즐은 얼마 걸리지 않아 완성되었다. 아이들은 3일 만에 퍼즐을 완성했다. 그리고 완성되는 순간 “만세!” 하며 아이스크림을 노래했다.

“모두가 퍼즐을 맞추는 데 하나 되는 모습이 참 보기 좋았단다. 규칙을 만들고, 참여하는 순서도 정하고, 하시 않은 친구를 설득해 조각 몇 개라도 참여하도록 하는 모습이 참 좋았단다. 참여하지 않은 것에 대해 누군가 비난하는 친구도 없었고, 시간이 좀 걸려도 조금씩 해결해 내는 모습이 정말 좋았단다. 그래, 약속대로 시원한 아이스크림을 함께 먹어보자.”

그리고 난 서랍 구석에 감춰둔 1000피스 직소 퍼즐을 꺼냈다.

“작은 성공은 큰 성공으로 이어진단다. 500피스를 성공했으니 1000피스 또한 성공할 수 있을 거야. 이번엔 과자와 음료수와 함께

해 보자."

아이들은 500피스 때와 같이 퍼즐 맞추기에 도전했다. 하지만 속도가 꽤 느려졌고, 며칠 동안 퍼즐 맞추기가 멈춰진 적도 있었다. 이리저리 놀다가 "야, 우리 과자랑 음료수 먹을까?" 하곤 퍼즐 앞에 앉아 맞추기에 도전하는 학생도 있었다. 그러다 퍼즐의 절반이 완성되는 순간 탄력이 생겨 지속적으로 퍼즐 맞추는 풍경이 만들어졌다. 그리고 조금씩 속도가 붙고 참여하는 학생, 구경하는 학생들이 늘어났다. 드디어 1000조각이 모두 맞춰지는 순간 교실에 더 큰 환호가 자리했다.

"잘했구나. 중간에 포기하는 모습도 있었지만 언젠가 너희들이 해낼 거라 선생님은 믿었단다. 결국 이렇게 해냈구나. 멋지고 자랑스럽다. 처음부터 선생님이 1000피스를 줬다면 너희는 이렇게 해내지 못했을 거야. 500피스를 성공한 경험이 있었기 때문에 이번 1000피스도 성공할 수 있었을 거라 생각해. 우리 삶도 마찬가지야. 처음부터 너무 큰 목표를 잡거나 너무 긴 시간에 매달리면 힘이 빠지기도 한단다. 작은 성공을 여러 번 경험하거나 작은 성공을 조금씩 키워보렴. 그리고 혼자 맞춰야 한다면 정말 어렵고 힘들고 긴 시간이 걸렸을 거야. 이 또한 너희가 함께라 가능했단다. 기억하렴."

─── 스도쿠

교실 한쪽에 스도쿠를 복사해 말아서 넣어놓고 모둠이 함께 스도쿠를 해결해 가지고 오면 쉬는 시간에 과자 한 봉지를 함께 나눠 먹을 수 있도록 했다.

스도쿠는 가로 9칸 세로 9칸으로 이루어진 숫자 퍼즐이다. 1~9까지의 숫자가

각각의 행과 열 안에 한 번씩 들어가야 하며, 9×9칸 안의 3×3칸 9개에도 각각 1~9의 숫자가 들어가야 하는 퍼즐이다. 6학년 수학 2학기 뒤쪽에 등장하기도 하는데, 교과서 뒤쪽에 나오는 스도쿠를 미리 알려주고 함께 해결한 뒤, 몇 개는 모둠끼리 해결해 보는 시간을 보냈다.

그런 뒤, 스도쿠 책을 한 권 사놓고, 난이도가 쉽거나 어려운 다양한 스도쿠를 복사해 넣어두어 모둠별로 해결하도록 했다. 한번 문제를 가지고 가면, 해결할 때까지 다른 스도쿠 문제를 가져갈 수 없도록 규칙을 정했다. 쉬는 시간에 모둠끼리 달라붙어서 스도쿠를 해결하는 모습은 참 보기 좋았다. 처음에는 기초 책으로 시작해 모둠원들이 몽땅 달라붙어 금방 풀어냈다. 모든 모둠이 한 번 정도 성공하면 그 뒤에는 조금 난이도가 높은 것들을 섞어서 넣어두었다. 그러자 해결에 꽤 오랜 시간이 걸리기도 했다. 2주에 한 번 자리를 바꿀 때 스도쿠를 잘 해결하는 친구와 같은 모둠이 되자 환호하는 장면도 볼 수 있었다.

- 위의 방식은 내 사정에 맞춰 진행했던 도전 과제다. 운동장 사정으로 밖에 나가지 못하고 교실에서만 있어야 하는 상황에서 만들어진 학급운영이기도 했다. 위에서 소개한 도전 과제 중 각자의 교실에 맞는 것을 골라 학급운영비에 맞게 운영해 보자.

- 학습 준비물 등으로 직소 퍼즐을 한두 개 정도 준비해 놓자. 사용했던 퍼즐은 잘 보관해서 그다음 해 아이들과도 함께하자.

- 기분에 따라 학급운영비로 학생들에게 간식을 제공하지 말고, 성취하고, 해결해 내는 과정을 부여하며, 간식 먹는 것도 교육적으로 바꿔보자.

- 때로는 먹는 선물이 가장 큰 효과가 있다. 어떤 곳에 탕수육과 짜장면을 시켜야 할지, 피자를 시켜야 할지는 이미 아이들이 잘 알고 있다.

05
교실에 즐거움을 더하는 보드게임

● 6학년 학생들은 교실보다 밖을 좋아한다. 하지만 아이들이 교실 밖에서 보내는 시간이 때로는 문제가 되기도 했다. 운동장에서 축구를 하다가 싸우기도 하고, 학교가 크다 보니 점심시간이 서로 달라 6학년들이 3~4학년 운동장 수업을 침범한 적도 있었다. 통로에서 술래잡기를 하는 아이들, 한쪽에 모여 춤을 추고 낄낄대는 아이들, 때로는 몰래 교문 밖에 나가 군것질거리를 사 들고

오는 아이들도 있었다.

　활력이 넘치는 6학년들에게 운동장 놀이를 알려주어도, 날이 더우면 교실과 복도를 와자지껄 차지하고는 한다. 이처럼 뭔가 하고 싶은데 무엇을 해야 할지 모르는 아이들에게 보드게임을 투입해 봤다.

　처음에는 내가 어린 시절 재미있게 했던 부루마블, 인생게임 등을 권유해 봤는데 준비하는 데도 시간이 걸리고, 게임을 하는 데도 시간이 걸려서 애물단지가 됐다. 아이들은 6학년 수업에 필요해 사두었던 나무 블록을 더 좋아했다. 블록으로 탑을 쌓고 도미노를 만들었다가, 책상 위에서 알까기도 하는 등 짧은 시간에 하는 '반짝 놀이'를 더 선호했다.

　몇 년간 교실 학급운영비 등 예산이 생기는 대로 보드게임을 구매해 반 아이들에게 제공해 봤다. 어떤 보드게임은 애물단지가 됐고, 어떤 보드게임은 너덜너덜할 때까지 사랑받았다가 졸업식 후 쓰레기통으로 들어간 적도 있었다. 보드게임은 종류가 다양하고, 비용 문제도 있어서 모든 게임을 실험해 보진 못했다. 그래도 6학년 학생들이 사랑했던 몇 가지 보드게임을 소개해 본다.

다빈치 코드

　남학생들이 좋아하는 게임이다. 숫자가 적혀 있는 흰색과 검은색 타일을 나눠 가진 뒤, 상대방의 타일 중 하나를 선택해 그 숫자가 무엇인지 맞추는 놀이다. 쉬는 시간 10분에 한 판을 할 수 있는데, 승부욕을 크게 자극한다.

　반 아이들은 매우 흥미진진하고 지면 분해서 다시 대결하고 싶은 마음이 가장 큰 놀이라고 평했다. 증축 공사를 하면서 운동장 사용을 하지 못했던 6학년 교실에서 가장 사랑받았던 놀이였다. 타일이 플라스틱으로 되어 있어 몇 년간 계속 활용할 정도로 내구성이 좋고, 다른 보드게임에 비해 크게 비싸지 않아 만족도도 높았다. 놀이의 난이도도 쉬운 편이다.

━━━ 할리갈리

쉬는 시간에 짧게 즐기기엔 '할리갈리'가 가장 인기가 좋았다. 아이들이 졸업한 뒤에 봤더니 카드에 까맣게 손때가 묻어 있을 정도로 사랑받았던 놀이다. 과일 5개가 모이면 종을 치는 단순한 진행 방식이라 반 아이들이 모여 쉽게 할 수 있다. 아이들은 지루하다 싶으면 할리갈리를 꺼내서 즐겨 놀았다.

반 아이들은 순발력이 생기고, 짧은 시간에 여러 번 할 수 있고, 여러 친구와 함께할 수 있다고 평가하며 이 게임에 높은 점수를 줬다. 하지만 때론 종을 치면서 서로 다툼이 생기기도 했고, 누구는 끼워주고 누구는 끼워주지 않는 경우가 생기기도 한다.

19장의 카드가 더 들어 있는 '할리갈리 디럭스'를 구매하는 것도 좋다. 게임이 단순하다 보니 아이들은 시간이 지날수록 조금 더 복잡하고 새로운 놀이를 원했다. 나중엔 카드의 모양대로 컵을 빨리 배열하고 종을 치는 형식의 '할리갈리 컵스'를 즐겨했다. 할리갈리는 이제 학급에 기본 놀이로 자리하고 있다. 학급운영비로 꼭 구입해야 할 게임이다.

━━━ 원카드 클래식

이 놀이도 쉬는 시간 동안 짧게 두세 판을 할 수 있어 학년 초반에 특히 인기가 좋다. 한 세트가 100장의 카드로 구성되어 있다. 한 사람당 7장의 카드를 가지고 간 뒤, 나머지 카드를 더미로 만들어놓은 다음 한 장을 펼쳐놓는다. 펼쳐진 카드와 색깔, 숫자, 능력이 같은 카드를 한 장씩 순서대로 내려놓는다. 마지막 카드 한 장이 남았을 때 '원카드'하고 외친다.

카드는 다른 보드게임과 달리 저렴한 편이다. 그래서 두 세트 정도를 한 번에 구매했었다. 하지만 너무 많이는 사지 말자. 아이들이 초반에만 즐긴다.

반 아이들은 순발력이 좋아지고, 사람이 많아도 함께할 수 있는 게임이라고 평했다. 또 머리가 잘 굴러가고, 빠르고 쉽게 진행할 수 있어서 좋았다고 말했다. 비슷한 놀이로 '우노 카드', '붐폭탄게임'이 있다. 원카드 클래식, 우노, 붐폭탄 게임은 매우 유사하기 때문에 이 중 한 가지만 교실에 두자!

라비린스 카드 게임

쉬는 시간에 한 판 정도 할 수 있는 '라비린스 카드 게임'은 아이들을 집중시킨다. 이 게임은 바닥에 있는 카드 미로에 내 카드를 내려놓고, 보물과 보물 사이의 길을 이어 카드를 획득하

는 단순한 방식의 진행이다. 모두 50장의 카드로 되어 있고, 2~6명이 놀이를 할 수 있다. 쉬는 시간 10분 동안 한 판을 할 수 있다는 점이 큰 장점이다. 카드의 길을 생각하며 놓아야 하기 때문에 공간지각 능력이 생기는 보드게임이기도 하다.

반 아이들은 두뇌가 좋아지는 놀이이며, 흥미롭고 은근 중독성 있어서 자꾸 하게 된다고 평했다.

블로커스

10~20분 정도 시간이 걸리며, 쉬워 보이지만 어려운 놀이다. 크고 작은 4가지 색깔 블록으로 구성되어 있다. 게임 판에 자신의 블록을 모서리가 서로 닿도록 연결해 나가는 방식인데, 게임이 뒤로 갈수록 머리를 잘 써야 한다.

반 아이들은 공간을 잘 이용할 수 있고, 재미있고, 두뇌가 발전되고, 여러 친구들과 할 수 있으며, 다른 놀이에 비해 덜 싸워서 좋다고 했다. 블록을 잘 놓아야 하기 때문에 뒤로 갈수록 생각을 많이 해야 해서 머리가 아프다며 좋아하지 않

는 학생들도 있었지만, 은근히 오랫동안 교실 뒤에서 사랑받은 게임이다. 빨강, 파랑, 노랑, 녹색이 알록달록해 게임판이 멋지게 보여 주변 친구를 끌어 모으는 장점도 있다.

루미 큐브

14개의 숫자 타일을 가져온 뒤, 타일을 잘 조합해 자신의 타일을 내려놓는 놀이다.

반 아이들은 머리를 많이 쓸 수 있고, 여러 친구들과 함께할 수 있는 놀이라 평했다. 하지만 규칙이 좀 어렵고 다른 게임들에 비해 손이 쉽게 가지 않는다고 했다.

도블

프랑스에서 제작된 보드게임이다. 두 장의 카드에는 같은 그림이 하나만 있는데 이를 이용해 여러 사람이 함께 게임할 수 있는 다양한 방법이 자리한다. 유치원 아이부터 성인까지 함께할 수 있으며 무엇

보다 짧은 시간에 즐길 수 있다.

반 아이들은 집중력과 순발력이 생기고, 판단력을 키울 수 있고, 흥미진진하며, 여러 친구와 함께할 수 있어서 좋다고 평했다.

젠가

나무 탑을 만든 뒤, 자기 차례가 되면 꺼내고자 하는 나무 블록을 선택해 한 손으로 꺼낸 뒤 다시 위로 쌓아 올린다. 나무 탑을 쓰러뜨리는 사람이 지게 되는 놀이다.

반 아이들은 아슬아슬하고 심장이 쫄깃쫄깃하다고 평했다. 아이스크림몰에서 판매하는 한글 젠가는 글자 조합을 만들어가면서 하기 때문에 더 재미있다고 했다.

06

학생들이 직접 정하는 학급 약속

● 보통 선생님들은 6학년을 시작하면서 학급 약속(또는 규칙)을 세운다. 앞으로 생길 여러 일에 대한 불안감에 학생들을 통제하려는 마음이 작동하는 것이다. 하지만 한번 생각해 보자. 담임선생님이 생각해낸 학급 규칙은 선생님 자신이 경험한 과거의 교실과 학생들의 특성에 기인하고 있다. 새로 만난 학생들이 어떤 특성을 갖고 있는지, 학생들이 어떤 쪽에 역동을 보이는지 전혀 파악하지 않은 상태에서 학급 규칙을 정하는 것이다. 그러다 보니 실제 반 아이들의 현실과 규칙 사이에 약간의 거리감이 생기게 된다.

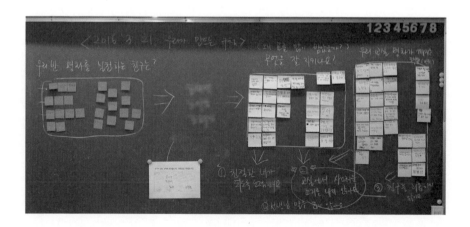

학급 규칙은 선생님이 일방적으로 규칙을 세우기보다는 임시 규칙으로 2~3주를 살아본 뒤에 정하는 것이 좋다. 교실 속에 자리한 문제점을 바탕으로 약속을 정하는 것이 더 실질적인 방법이기 때문이다.

나는 학생들에게 학급 안에는 평화, 질서, 배려 등이 있어야 하는데 우리 교실에 가장 필요한 것이 무엇인지 골라보게 한다. 예를 들어 아이들이 평화를 골랐다면 2~3주 동안 지켜본 결과 교실 평화를 위해 가장 노력한 사람이 누구인지 작은 포스트잇에 이름을 써 한쪽에 붙이도록 한다. 그러면 자연스럽게 평화를 실천한 사람 순위가 나오는데 2~3명 정도를 칠판에 쓴 뒤, 조금 더 큰 포스트잇을 나눠주고 그 친구들의 공통점을 찾아 한 문장으로 써서 칠판에 붙이도록 한다.

그다음 다른 색 포스트잇을 한 장씩 더 나눠준 뒤 이번에는 우리 반 평화를 가장 깨는 학생이 누구인지 떠올려보도록 한다. 하지만 그 친구도 반 친구들을 힘들게 하려고 계획하고 태어난 것은 아니니, 조금 더 이해를 하자고 말하며 이름을 쓰지 않은 상태에서 어떤 행동이 우리 교실의 평화를 깨는지 한 문장으로 써보도록 한다.

칠판에 붙어 있는 포스트잇을 읽으면서 자연스럽게 내용별로 분류해 본다. 그러면 포스트잇들이 모여 몇 개의 커다란 덩어리를 이루게 된다. 각각의 덩어리별로 하나의 규칙을 뽑아낸다. 붙인 포스트잇 중 가장 적절하게 느껴지는 문장 하나를 고른다. 내 교실에서는 위와 같은 작업을 통해 다음의 네 가지 규칙이 만들어졌다.

- 교실에서 시끄러운 소리를 내지 않아요

- 친절한 내가 되도록 노력해요

- 친구를 괴롭히지 않아요

- 수업 시간에 선생님 말씀을 끊지 않아요

이 약속은 교실에서 내가 하는 행동은 나도 좋고, 친구도 좋고, 선생님도 좋아야 하는 합리적인 결정을 하고 선택하도록 기준을 만들어낸다. 그렇게 우리 반의 메인 타이틀 '나, 너 그리고 우리'가 만들어진다. 이 문장은 교실 운영 속에서 정말 중요한 원칙이 된다. 나만 좋으면 이기적이다. 너만 좋으면 내가 희생한 것이고 속상한 것이다. 우리가 모두 좋아야 진정한 '행복'이다. '나, 너 그리고 우리'라는 문장을 메인 테마로 6학년 생활을 보내기로 하자. 생활지도를 할 때도 학급 규칙으로 정한 네 가지 약속에 대해서 이야기하지만, '나, 너 그리고 우리'를 스스로 생각할 수 있도록 하자. "이 사건은 누구에게 좋은 것이었을까?"로 시작해서 "우리 모두에게 좋은 방법이었을까?" 등으로 자연스럽게 사회와 관계에 대해 이야기하면 좋다.

위의 약속은 아이들이 만들어낸 약속이기 때문에 더 큰 효과를 발휘한다. 하지만 나는 아이들에게 약속을 지키라고 대놓고 말하진 않는다. 그보다는 아이들이 스스로 생각하고 약속을 만들어내는 과정이 중요하다고 생각한다. 규칙으로 통제하고 행동을 제약하기보다 매 순간 아이들 내면의 양심이 작동되도록 하는 것, 약속이 없어도 교실에서 서로를 배려하도록 만드는 것이 더 중요하다. 그래서 약속을 만들긴 하지만 삶을 살아가는 데 있어서 더 중요하게 생각하는 가치에 무게를 둔다. 기본적인 관계와 사회 속에서 '나도 좋고 너도 좋고 우리 모두가 좋아야 한다'는 합리적이고 이성적인 판단이 지속적으로 아이들의 삶에 자리할 수 있도록 매 순간 '우리 모두가 좋은지'를 파악하도록 한다.

- 포스트잇은 각 주제별로 다른 색을 사용하자. 또는 분량에 따라 크기가 다른 포스트잇을 사용하자.

- 활동 시작 전 2~3주 동안 함께 지내며 학급 내에 있었던 힘들었던 점을 들어보거나, 포스트잇에 하나씩 적도록 해 분류 작업을 할 수도 있다. 이를 토대로 자연스럽게 학급 약속이 필요한 이유에 대해 이야기하자.

- 좋은 일에 대해서는 이름을 쓰지만, 좋지 않은 일에는 이름을 쓰지 않도록 하자. 나는 좋은 일에 이름이 나온 학생들에게는 바로 작은 간식을 나눠줬다. 그리고 가장 많은 표를 받은 학생이 자연스럽게 그 달의 선행 어린이로 추천을 받도록 했다.

- 가장 필요한 규칙은 그만큼 교실에서 잘 지켜지지 않았던 규칙이기도 하다. 규칙을 정했다고 해서 갑자기 다른 모습으로 살 수는 없는 것이다. 아이들이 바로 잡아야 할 부분을 조금씩 알려주고 제안하면서 시간을 보내자. 그렇게 하다 보면 아이들의 패턴이 변하게 되는 멋진 순간을 만나게 된다.

- 이 활동은 학기 초에 한 번으로 끝나는 것이 아니라 한두 달에 한 번씩 주기적으로 해도 좋다. 한 달을 돌아보고 다음 달을 계획하는 것도 요령이다.

07

교사를 계획적으로 만드는 주간학습안내

● 최소 일주일 단위로 학급에 무슨 일이 있을지, 그리고 어떤 공부를 할지 파악하는 것은 학급을 운영하는 데 큰 도움이 된다. 매일 알림장 또는 밴드를 통해 학부모에게 여러 소식을 알리는 것도 중요하지만 일주일 단위의 주간학습안내를 운영하는 것도 필요하다. 주간학습안내를 작성하는 것은 무엇보

다 교사에게 큰 도움이 된다.

6학년을 담임하면, 학교에서 교재 연구를 할 시간적 여유가 턱없이 부족하다. 깊게 생각하며 꼼꼼하게 수업을 설계하고 자료를 준비하는 것은 현실적으로 불가능하다. 그러다 보니 늦은 저녁, 컴퓨터 앞에 앉아 자료를 뒤적이면서 다음 날 수업을 준비하기도 했다. 때론 그날 아침, 어떤 수업을 해야 하며, 어떤 행사가 있다는 것을 깜빡했다는 사실을 깨닫고 목 뒤가 뭉칠 정도로 낭패감이 올라온 날도 있었다.

6학년 학생들은 교사가 수업을 어느 정도 깊이 있게, 또는 재미있게 진행하는지 평가하기도 한다. 따라서 제대로 준비하지 않고 수업을 진행하는 것은 교사에게도 힘든 일이고, 수업을 받는 학생들의 입장에서도 좋지 않다. 성의 없는 수업을 진행해 본 교사는 알 것이다. 학생들의 집중력은 낮아지고 생활지도 상황이 자꾸 발생하기 마련이다.

주간학습안내를 작성하면 마음의 여유를 갖고, 학급을 운영하는 데 있어서 조금 더 넓게 볼 수 있다. 학교 행사에 따라 시간표를 이리저리 움직이면서 교과를 통합으로 만들기도 하고, 내가 하고 싶은 활동을 어떤 시간에 할 것인지 계획을 세울 수 있다. 수업 진도와 수업 목표를 확인하면서 준비해야 하는 것은 무엇인지 학생들에게 무엇을 중점적으로 가르칠 것인지 살펴볼 수도 있다. 교과서 중심으로 수업을 운영한다면 교육과정상 시수가 항상 부족하기 때문에 적절히 여러 차시를 통합하고 빼거나 더해서 수업을 재구성해야 한다. 주간학습안내를 짤 때 이 작업을 해놓으면 굉장히 수월하게 할 수 있다. 미리 한 주를 준비하고 흐름을 파악한 교사는 조금 더 편안한 눈으로 교실을 바라볼 수 있다. 반대로 준비 없이 순발력을 이용한 수업과 학급운영은 언제나 한계가 생길 수

밖에 없다.

주간학습안내를 작성하는 것이 귀찮은 일이라 생각하는 교사도 있을 것이다. 그렇지 않아도 바쁜 6학년 담임 생활을 하면서 주간학습안내까지 만들어야 한다니 부담이 될 만도 하다. 하지만 주간학습안내는 무엇보다 교사에게 큰 도움이 된다.

현재 나는 밴드 등 학부모와 소통하는 공간이 있어서 주간학습안내는 시간표 위주의 안내를 중심으로 하고 있다. 하지만 주간학습안내 아래 공간에 학생들과 학부모에게 짤막하게나마 편지를 쓰고, 교사의 생각을 이야기하는 것은 또 다른 소통을 만든다. 주간학습안내는 일주일에 한 번 가정으로 가기 때문에 중요한 내용을 우선순위로 잘 요약해 적게 된다. 이곳에 '가정에서 보내는 글'을 운영한 적도 있었고, 뒷면에 사진과 교사의 생각이 담긴 긴 편지를 담아 보낸 적도 있었다. 매년 학급 분위기와 학부모의 참여에 따라 주간학습안내 스타일도 달라졌다.

최근 6학년 담임을 하면서 운영했던 샘플을 소개한다. 샘플일 뿐이니 형식만 참고하고, 각자가 원하는 방식으로 만들어 운영해 보자. 인디스쿨에서도 여러 선생님이 운영했던 다양한 형태의 주간학습안내를 참고해 볼 수 있다. 나와 내반 아이들에게 맞는 형태를 만들어보자. 내 경우엔 수업 시간 전에는 교과서를 펴지 않도록 한다. 예습하는 학생도 그리 많지 않았다. 따라서 주간학습안내에서 교과서 페이지는 빼고, 과목보다 주제를 강조하기 위해 과목을 아래에 놓고 주제를 위로 보내는 형식을 취했다.

6학년 학생들에게는 주간학습안내를 전부 한 장씩 나눠주기보다는, 교사용한 부와 게시판용 한 부만 출력하자. 솔직히 말하자면, 주간학습안내를 가지고 다니면서 꼼꼼하게 챙기고 살펴보는 6학년 학생들은 많지 않다. 필요할 때 학급 홈페이지 등에서 바로 파일을 열어보거나 앞 게시판에 나와서 확인하고 들어가는 식의 모습이 많았다.

열심히 만든 주간학습안내가 바닥에 굴러다닐 수도 있다. 상처 받지 말고 교사인 나를 위해 만들었다고 생각하자. 학생들에겐 간단한 안내일 수도 있지만 교사에겐 일주일 단위의 교실 운영을 위해 필요한 눈과 집중력이 생기기 때문이다.

★★ 주 간 학 습 안 내 ★★

	월요일 (6일)	화요일 (7일)	수요일 (8일)	목요일 (9일)	금요일 (10일)
	8시 40분까지 등교한 뒤, 조용히 독서. 1인 1역을 해주세요.				
1교시 09:00 ~ 09:40	여러 가지 기체	직육면체의 겉넓이 수학	배드민턴 준 : 운동화 체육(운동장)	1학기말 학업 성취도 평가	TV 뉴스의 특성 국어
2교시 09:50 ~ 10:30	과학	6th grade English 영어	문장의 앞뒤가 어울리게 고쳐쓰기 (국활/228~) 국어	국어 처음~ 10단 원까지 271쪽 까지(국어 가, 국활 가 포함)	직육면체의 부피 수학
중간놀이	남에게 피해 주지 않는 범위 내에서 교실 또는 운동장에서 친구들과 즐거운 시간 보내세요!!				
3교시 10:50 ~ 11:30	보건교육 8 체육(보건)	글 고쳐 쓰기	6th grade English 영어	수학 처음~ 5.원의 넓이 169쪽 까지 사회 처음~ 4단원 (1) 165쪽 까지	분단으로 겪고 있는 문제점 사회
4교시 11:40 ~ 12:20	단원 평가 II 수학	국어	전개도를 이용해 직육면체 겉넓이 구하기 수학	영어 처음~ 103쪽 과학 8~105쪽, 147~157. (수업보 완자료 거울 포함)	6th grade English 영어
점심시간	복도에서 어슬렁거리기 보다는 교실에서 보드게임 또는 독서 등 차분한 휴식을 취해 보세요!!				
5교시 13:10 ~ 13:50	글을 고쳐 쓰는 방법 국어	생활 속 공동체 문제 참여 및 민주적 해결	로봇 이해하기 실과	1학기말 학업 성취도 평가	핸드벨 외 음악
6교시 14:00 ~ 14:40	경제 성장 과정에서 나타난 문제가 해결된 미래 사회	참여의 중요성 사회		단축시정	농구 기초 (그리고 배구 시합 조금) 체육(강당)
1인 1역	가장 무서운 건 친구들 눈입니다. 친구들이 자신을 평가하고 있음을 기억하면서 1인 1역을 열심히 해주세요!				

3반 학생들에게

　　○○가 병원에 입원했지요. 단순 골절이 아닌 조금 더 복잡한 수술을 하게 됐습니다. ○○병원 553호입니다. 가끔 문자도 보내주고, 교통안전 생각하며 문병도 가보세요.
　　우리 반 행복이 깨지는 일이 생기면 우리 모두의 책임입니다. 비난을 하지 않는 범위 내에서 반 모두가 노력하고, 도와주고, 끊임없이 알려주세요. 우리 모두가 함께라면 더 행복한 교실을 만들 수 있습니다.

3반 학부모님께

　　밴드를 개설했습니다. 이번 주 까지 받고, 본격적으로 운영해 보겠습니다. 교실에서 생기는 여러 일들에 대한 제 생각, 기록, 안내 등 소통의 공간으로 사용하겠습니다. 밴드 가입 희망하시면 저에게 문자나 카톡 보내주세요.

08
감동을 만드는 칠판 편지

●●●•●•●•●•●•●•●•●•●

● 학생들이 학교에 막 도착했을 때 교사가 반갑게 맞이해 주는 것은 교사와 학생의 관계를 더 따뜻하게 만들어준다. 하지만 6학년 담임은 언제나 아침이 바쁘다. 미리 도착해 있는 업무 메시지를 확인하는 것만으로도 꽤 많은 시간이 걸린다. 그러다 보니 아이들 눈을 보지 못한 채 하루를 시작하기도 하고, 아침 내내 컴퓨터 앞에 앉아 있을 때도 있다. 또 관리자 분들과 대화를 나누다가 학생들보다 늦게 교실에 들어선 적도 있었다.

6학년 학생들은 아무래도 교사의 눈치를 보고 교사가 있을 때와 없을 때의 행동이 달라지곤 한다. 시스템이 잘 잡혀 있는 교실을 꿈꾸지만 실제로는 잘됐다가 풀어졌다를 반복한다. 이런 6학년 학생들에게 교사의 따뜻함을 전하고 또 담임선생님의 감시 없이도 학생들이 아침 활동에 조금 더 집중하는 모습을 보이도록 하는 데 칠판 편지가 큰 몫을 했다.

퇴근 전, 칠판에 짧은 글을 쓴다. 하루를 보내면서 들었던 생각을 몇 개의 문장에 담고, 반 아이들에게 애정이 가득한 마음을 표현한다. 다음 날 아침 상황을 살짝 예상해 보고 부탁하고 싶은 말을 담기도 한다. 아침에 반 아이들이 문을 열고 들어서는 순간 가장 먼저 보게 되는 것은 교실 칠판에 적혀 있는 '여러분 사랑합니다!'라는 말이다. 선생님의 애정 어린 글과 하트는 (닭살은 좀 돋겠지만) 정신없이 등교한 학생들의 마음을 다독이는 효과가 있다.

"여러분 사랑합니다.
학교 오느라 정신없었죠? 다독다독!
아침에 반짝이는 눈으로 선생님을 봐줄 여러분을 생각하니 기쁩니다.
언제나 선생님이 이야기했던 것처럼 아침 독서는 여러분의 삶을 바꾼다는 것을 기억하면서 마음에 드는 책을 꺼내 읽고 있길 바라요.
곧 선생님 도착합니다. 보고 싶어도 조금만 참아요~ ^^"
때론 학생들이 오전에 쓰는 성장일기에 선생님과 주고받을 말을 적어놓도록 이야기하기도 한다. 한 방향이 아니라 쌍방향 소통으로 운영됐을 때 편지 속에 담긴 교사의 마음이 아이들의 가슴속 깊이 울림을 줄 수 있기 때문이다.

"수학여행 다녀온 뒤 조금 피곤하죠?
오늘 학교에 온 내 몸과 마음은 어떠한지 성장일기에 짧게 적어주세요. 힘!"

때론 편지뿐만 아니라 그림을 그려놓고 가기도 했다. 그림과 함께 아이들에게 마음을 전하기도 하고, 알리고 싶은 이야기도 적어놓는다. 편하게 여러 이야기를 적기도 하지만 '세상을 어떻게 살아야 할지'에 대한 이야기를 꾸준히 적어놓는다.

매일 꾸준하게 칠판을 통해 전달되는 글은 매우 큰 힘을 가진다. 생각해 보자. 선생님이 세상의 좋은 이야기들을 매일 아침마다 적어놓으면, 아이들은 고개를 들기만 해도 자연스레 교사의 글을 읽게 된다. 이렇게 알게 모르게 글을 읽으면서 가랑비에 옷 젖는 것처럼 아이들을 향한 교사의 메시지가 전달된다. 짧은 한두 문장은 그 순간이겠지만 꾸준히 전달되는 교사의 편지와 마음은 아이들의 가슴 깊숙한 곳에 쌓이고 쌓여서 힘을 발휘한다. 매일 글 한 페이지를 쓰고 출력해서 쌓으면 처음엔 모르지만 몇 달 뒤 출력된 종이 뭉치를 들었을 때 무게감이 상당해지는 것과 같은 이치다.

좋은 글, 학생들의 좋았던 행동, 세상 돌아가는 일, 성장과 관련된 좋은 것들을 칠판 편지로 전달해 보자. 5분이면 충분하다.

팁
Tip

- 처음부터 장문의 글을 쓰진 말자. 복잡한 글보다 단순한 글이 더 큰 효과를 준다. 한두 문장으로 시작해도 충분하다.

- 명언이나 좋은 글 등이 담긴 책 한 권을 사서 꾸준히 칠판에 적어주는 것도 좋다 (하지만 교사의 마음이 담긴 글이 더 큰 효과가 있다는 것을 기억하자).

- 정보가 담긴 그림을 잘 활용하는 것도 좋다. 단순하면서도 효과 있는 그림은 글에 담긴 마음을 더 생생하게 살린다.

09

점심시간이 행복해지는 다큐와 영화

● 6학년 담임을 하다 보면, 영상을 재생해야 하는 다양한 상황이 생긴
다. 수업 중 잠깐 보여줄 때는 컴퓨터에서 바로 플레이어를 이용해 재생하기 때
문에 크게 문제가 없다. 그런데 교사가 일처리를 하면서 학생들에게 영상을 보
여주어야 하는 난감한 상황이 생기곤 한다.

학년 부장일 땐 쉬는 시간에도 일을 해야 할 때가 많았다. 하지만 6학년 아이들은 쉬는 시간에 굉장히 역동적이며 다양하고 창조적인 놀이를 한다. 자연스레 소란스러워지는 상황 속에서 업무를 처리하기가 난감한 적이 많았다.

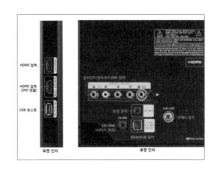

나에게도 반 아이들에게도 도움 되는 환경을 고민하다가 영화와 다큐멘터리를 다운받아 쉬는 시간에 반 아이들에게 보여주었다. 주간학습안내 등을 짜면서 필요한 영상을 미리 확인한 뒤 다운받아서 가지고 있다가 쉬는 시간에 보여주고 수업 때는 대화를 나누고, 몸으로 표현하거나 글을 쓰는 등 교과 활동으로 진행하기도 했다. 이처럼 쉬는 시간에 아이들에게 영상을 보여주는 활동을 통해 다양한 도움을 받았다. 때론 "쉬는 시간에 영화 틀어주세요"라는 아이들의 요청에 과학 교과와 관련된 다양한 SF영화와 다큐멘터리를 보여주기도 했다.

전에는 교사가 일을 해야 하는데 아이들에게 보여줄 영상도 틀어야 하는 경우 모니터 2개를 운영해 교사의 컴퓨터는 작업을 하고, TV에는 영상이 재생되도록 컴퓨터를 세팅했었다. 그러다 최근엔 TV 뒤 또는 옆에 있는 USB단자에 다운받은 영상을 담은 USB를 꽂은 뒤 리모컨으로 따로 재생했다. 나중엔 이 작업이 귀찮아 몇 년간 6학년 담임을 하면서 수업에 활용한 영상을 모두 모아서

외장하드에 담아 연결해 TV 뒤에 붙여놓기도 했다. USB 재생 기능이 없는 TV는 디빅플레이어를 구매해 TV와 연결해 놓고, 이 안에 영상을 넣어

운영했다. 이처럼 교사 컴퓨터와 TV를 분리시켜 놓으면 도움이 많이 된다.

:: 아이들에게 보여주면 좋은 영상들을 몇 가지 추천한다.

내가 아이들에게 우선적으로 보여줬던 것은 안전과 관련된 KBS〈위기탈출넘버원〉영상이었다. 영상 콘셉트 자체가 재미있게 편집되어 있으면서 생활 속 안전에 관한 내용도 잘 담겨 있다는 것이 장점이다. 교사가 따로 안전 교육을 자세히 하지 않아도 학생들이 영상에 재미있게 집중하며 자연스레 교육을 받는 일석이조의 효과가 있었다.

KBS〈스펀지〉영상도 반 아이들과 굉장히 재미있게 봤다. 다양한 과학 실험이 담겨 있기도 하고, 10여 분이면 한 챕터를 볼 수 있어서 쉬는 시간을 운영하는 데 큰 효과가 있었다. 이 두 프로그램은 반응이 좋아서 방송부를 운영할 땐 CD 세트를 구매해 월요일은〈위기탈출넘버원〉, 화요일은〈스펀지〉등으로 정규 편성을 해서 방송한 적도 있었다. 이 밖에 다양한 유튜브 영상을 활용해 영상을 재생하거나, 스트리밍 기반으로 EBS〈생방송 톡! 톡! 보니 하니〉의 '발명이 팡팡' 등 과학 영상을 보여주었는데 아이들의 반응이 좋았다.

그다음으로는 EBS〈다큐프라임〉을 자주 활용했다. 다큐프라임 시리즈 중 '인간의 두 얼굴' 편을 많이 보여주었다. 영상에서 소개되는 사람과 사람 사이의 관계와 행복에 대한 여러 심리실험을 보면서 교실 속 상황과 연결하는 등 다양한 활동을 진행했다. 구체적인 심리실험들이 잘 나와 있어서 6학년 생활지도에 연결했다.

대구 지하철, 세월호 사건과 연결해 학생들을 지도할 수도 있었다. 이외에 공부, 역사, 과학 실험 등 다양한 다큐를 학생들과 집중해서 봤다.

영화는 주로 판타지와 SF 위주로 보여주었다. 진로지도와 과학을 연결해 조금 더 넓은 꿈을 가졌으면 하는 마음에서였다. 꿈의 스케일을 가정과 학교, 사회 주변이 아닌 우주와 미래로 넓혀 나갈 수 있기를 바랐다. 몇 가지 추천할 만한 영화를 꼽자면, 나의 경우 항상 〈스카이 하이(Sky High)〉(2005)라는 영화를 가장 먼저 보여준다. 따돌림을 받던 한 아이가 영웅으로 변해 가는 과정과 친구들의 우정에 대한 이야기로 아이들이 상당히 집중해서 본다.

〈자투라(Zathura : A Space Adventure)〉(2005)라는 판타지 영화도 괜찮다. 〈쥬만지(Jumanji)〉(1995)의 속편으로 우주에서 진행되는 보드게임의 스펙터클함에 아이들은 입을 벌리며 초집중한다.

판타지 소설을 좋아하는 6학년 학생들을 위해 〈퍼시 잭슨과 번개도둑(Percy Jackson and the Lightning Thief)〉(2010)도 상영했는데 반응이 상당히 좋았다. 이 영화 덕분에 반 아이들이 한참 그리스 로마 신화 관련 책에 빠지기도 했다.

10
서로를 이해하는 성격유형 워크숍

●●●●●●●●●●●●●●●●

● 교사가 학생의 성격을 파악하는 것도 중요하지만 학생들이 서로의
성격을 파악해 보고 이해하는 특별한 시간을 가지면 조금 더 편안한 학급운영
을 할 수 있다.

성격유형은 선천적으로 만들어진 생물학적 성격을 뜻하는 '캐릭터'와 후천
적으로 만들어진 사회적인 성격에 해당하는 '페르소나'로 나눌 수 있다. 그리고
현재의 성격은 캐릭터와 페르소나의 조합으로 구성된다. 학생들에게 자신의 캐

릭터를 파악하게 하고 같은 캐릭터끼리 모여 성격유형을 분석해 보는 시간을 갖자. 각 성격에 대해 이해하고, 또 자신의 성격에 대해서도 이해할 수 있어서 관계를 맺는 데 큰 도움을 줄 수 있다. 내 경우, 앞서 소개했던 LCSI 성격검사지 속에 자리한 주도형, 표출형, 우호형, 분석형의 네 개 유형에 맞춰 워크숍 형태의 수업을 진행했을 때 교실 속 관계에 대한 깊은 이해가 자리했다.

검사지에 나온 각자의 캐릭터에 맞게 반 아이들이 네 개의 유형별로 앉도록 한다. 그런 뒤 유형별 공통의 주제(우리 유형의 특징, 장단점, 신체 특징 등)로 이야기를 나누고 기록하게 한다. 나는 '이런 친구가 좋아요', '이런 친구가 싫어요' 등의 주제를 주고 관계에 대한 이야기를 더 나누도록 했다.

성격유형 워크숍 활동을 통해서 우리 모두는 최선을 다하고 있고, 내가 최선을 다하고 있는 것처럼 친구도 최선을 다하고 있다는 것을 학생들이 알게 할 수 있다. 혼자 책을 읽고 있어도 그게 편한 친구가 있고, 교실 속에서 자꾸 시끄럽게 떠들고 몸을 움직여도 그게 잘못된 것이 아니라 그렇게 태어났다는 것을 알도록 이해시킬 수 있다. 서로 다르다고 공격하고 미워하는 것이 아니라 각자 다른 부분을 인정하도록 하자. 내가 잘하는 것은 도와주고, 또 잘하지 못하는 부분

은 서로에게 도움을 받을 수 있도록 하자. 각자의 장점이 모이면 더 큰 힘이 된다는 것을 워크숍을 통해 알려줄 수 있다.

반에 몸 움직임이 거의 없고, 조용히 구석에서 책만 보는 학생이 있었는데 성격유형 워크숍을 통해 서로 간의 이해가 자리하자 이 학생이 조금 더 편안하게 교실에서 책을 읽을 수 있게 됐다. 친구의 카톡 메시지에 민감하게 반응하고 혼자 있는 것을 불안해 하던 여학생도 조금 더 편안하게 친구들과 관계를 맺게 되는 등 워크숍을 통해 얻을 수 있는 장점이 많았다.

교사인 나도 성격유형 워크숍을 통해 도움을 받았다. 아이들의 동기를 유발하며 분위기를 살리고 싶을 때는 '표출형' 학생들을 앞으로 내세워 몸을 움직이는 다양한 활동을 하도록 했다. 슬퍼하고 힘들어 하는 학생들에겐 '우호형'에 해당하는 또래 상담자를 보내 눈을 바라보면서 이야기를 들어주고, 손을 잡아주도록 했다. 머리로 계산하기 복잡하고 오랫동안 꼼꼼하게 해야 하는 일은 교실 속 '분석형' 학생의 도움을 받았다. 그리고 모둠 활동을 하거나 분단 활동을 할 땐 '주

주도형

1. 우리들의 특징(5)
   - 말이 많다. 성격이 급함. 운동을 좋아함. 포기X. 승부욕이 강함

2. 다른 사람들이 지적하는 성격/태도(2)
   - 말좀 그만해라. 만족하지 마라!

3. 자주 경험하는 문제중 쉽게 고쳐지지 않는 성격/태도(3)
   - 말 많이하는것. 까분다. 말이 다른곳으로 샌다!!

4. 우리가 상대하기 힘든 친구(어른) 특징(3)
   - 말이 적은 사람. 행동이 적극적이지 않은 사람. 자신의 의견에 반대하는 사람

5. 우리들이 좋아하는 (놀이.공부방법. 선생님성격.가족성격)
   - 놀이-몸을 많이 움직이는 것   가족성격-화를 내지 않는 가족
   - 공부방법-모둠수업   선생님 성격-재밌는 선생님

6. 하루종일 우리반을 마음대로 운영한다면?
   1~6
   자유시간 / 체육

표출형

1. 우리들의 성격.행동.특징 (5가지)
   · 말이 많다.
   · 가만히 있지 못한다.
   · 매운것을 좋아한다.
   · 잘 웃는다.
   · 활발하다.

2. 다른 사람들이 지적하는 성격/태도
   · 조금만 조용히 해라
   · 싸우지 마라

3. 자주 경험하는 문제중 쉽게 고쳐지지 않는 성격/태도
   · 포기 많이한다.
   · 이목 모두 피곤
   · 돈 많이 쓴다.

4. 우리가 상대하기 힘든 친구
   · 조용한 친구
   · 잘난척하는 친구
   · 놀지 않는 친구

5. 우리가 좋아하는
   놀이-피구
   공부별-계획세움이 바기
   선생님 성격-괄괄한 선생님
   부모님 성격-활발한 부모님

6. 우리교실을 마음대로 운영한다면
   1. 창제
   2. 체육
   3. 체육
   4. 체육
   5. 미술
   6. 미술/자유시간

분석형

1. 우리들의 특징
   1. 말이 많지 않다. 2. 크게 웃지 않는다. 3. 반듯하다 4. 남들을 배려한다.
   5. 잘 삐지지 않는다.

2. 다른 사람들이 지적하는 성격/태도
   1. 게으르다   2. 행동이 느리다

3. 자주 경험하는 문제 중 쉽게 고쳐지지 않는 성격/태도
   1. 말이 느리다. 2. 적극적이지 않다. 3. 행동이 느리다.

4. 우리가 상대하기 힘든 친구의 특징
   1. 좀 버릇이 없다 2. 적극적이다 3. 물어뜯는 친구

5. 우리들이 좋아하는 놀이/공부방법/선생님 성격/엄마.아빠 성격
   보드게임/발표하는거/자상한 선생님/우리 마음을 알아주는 부모님

6. 하루 동안 우리반을 마음대로 운영한다면?
   1교시 자유시간 3교시 체육 5교시 음악
   2교시 보드게임 4교시 미술 6교시 체험학교

우호형 ♥

1. 우리들의 성격이나 특징
   · 불안해한다. · 다른 사람의 말을 존중한다. · 다른사람의 마음을 잘 이해한다.
   · 다른사람 이야기를 거절을 못한다. · 소심하다.

2. 다른 사람들이 지적하는 성격/태도
   · 다리를 많이 떤다. · 자신감 있게 행동하려는 것

3. 자주 경험하는 문제중 쉽게 고쳐지지 않는 성격/태도
   · 입을 손으로 가리고 웃는것. · 다리를 많이 떠는것 · 손톱 뜯는것

4. 우리가 상대하기 힘든 친구의 특징
   · 나를 이해해주지 않는 사람 · 자기자랑이 강한 사람 · 나를 계속 지적하는 사람

5. 우리들이 좋아하는 놀이, 공부방법, 선생님의 성격, 아빠.엄마 성격
   · 놀이:조별단계 머리쓰는 놀이 · 공부 방법:문제 풀기 · 선생님의 성격: 내말 이해주는 선생님 · 부모님성격: 매를 드셨으면

6. 하루종일 우리 교실을 마음대로 운영한다면?
   1교시: 독서하기 4교시: 음악
   2교시: 미술   5교시: 고무줄놀이
   3교시: 미술   6교시: 자유시간

도형' 학생들이 주제에 맞게 그룹을 끌어가도록 했다. 모둠을 만들 때도 이 네 가지 유형이 고루 한 명씩 들어 있도록 구성해서 프로젝트 학습과 협동 학습을 진행했다. 한 명은 이끌고, 한 명은 꼼꼼하게 챙겨주고, 한 명은 분위기를 살리고, 한 명은 잘 따라주고 동의해 주면서 따뜻한 결과물을 만들도록 했다.

- 학년 부장이라면 동학년 선생님들과 이 작업을 함께해도 좋다. 비슷한 유형끼리 모여 앉아 서로를 바라보는 것만으로도 6학년 생활의 많은 것을 준비할 수 있었다. 표출형에 해당하는 나는 분석형에 해당하는 동학년 선생님의 도움을 받아서 부족함 없이 일을 처리할 수 있었다. 동학년에는 대부분 우호형 선생님이 많아서 따뜻한 대화 시간을 많이 만들기도 했고, 작은 사건에도 민감해 하는 특성을 알기 때문에 자주 다독이며 크고 작은 이벤트로 위로하기도 했다.

- 관리자 분들의 특성을 아는 것도 도움이 됐다. 학교가 커서 두 분의 교감선생님이 계시는데 한 분은 미소와 따뜻한 관계로 소통했고, 다른 한 분과는 이성적이고 논리적인 대화로 소통했다. 이처럼 학생, 동학년, 관리자의 유형을 파악하면 조금 더 행복한 관계를 만들 수 있다.

- LCSI 검사를 받았다면 림스연구소에 연락해서 이런 성격유형 워크숍을 의뢰할 수도 있다. 학교에 책정된 예산을 잘 확인해서 신청해 보자. 각 지역별 전문가들이 교실로 찾아와 약 2~3시간 동안 워크숍을 진행해 준다.

11

운동장(강당) 놀이를 허하라

● 에너지가 넘치는 6학년 학생들에게는 교실 놀이보다 운동장(강당) 놀이가 필요하다. 학교 증축 공사로 인해 학생들이 교실 밖으로 나가지 못했을 때 6학년 담임을 하며 지켜본 아이들의 모습은 평소와 달랐다. 끓어오르는 에너지를 제대로 분출하지 못한 학생들은 친구들과의 관계 속으로 에너지를 보냈고 그 에너지는 자꾸만 충돌되어 불편함을 만들기도 했다. 그만큼 아이들에게 있

어서 에너지를 분출하는 것은 매우 중요하다.

그런데 운동장에서 노는 학생들을 보면 축구 외엔 제대로 된 놀이를 하지 못하는 경우가 대부분이다. 학생들은 어떻게 놀아야 할지 방법을 잘 모르고 있다. 노는 방법을 모르는 아이들을 위해 여러 교실 놀이를 안내했는데 대부분 교사 주도로 진행해야 했고, 놀이를 배웠던 때만 반짝 즐기는 경향이 있었다. 아이들은 조금 더 스케일이 큰 놀이를 원했고, 그래서 다양한 운동장 놀이를 진행하게 됐다.

교실 속 여러 프로그램과 비교해 운동장 놀이는 협력과 의견 조율 등 더 다양한 관계를 만들어나갈 수 있다는 장점이 있다. 그래서 체육 시간은 꼭 지켜주고, 운동장이 비어 있을 땐 조금 더 활동할 수 있도록 운영했다.

반 아이들이 좋아했던 몇 개의 놀이를 소개한다. 반 아이들과 틈나는 대로 해보자. 어떤 놀이는 열 번 넘게 한 것도 있다.

▬▬▬ 천하무적 피구

흔히 하는 피구 규칙에 살짝 변형만 주어도 훨씬 재미있게 즐길 수 있다. 가장 손쉽게 변형할 수 있는 방식은 '천하무적 피구'다. 먼저 반을 두 팀으로 나눈다. 각 팀원 중 한 명을 '천하무적'으로 선정한다. 천하무적이 된 친구는 공을 아무리 맞아도 아웃되지 않는다. 그래서 피구가 더욱 역동적으로 변하게 된다. 다만 팀원 모두가 공에 맞아 경기장 밖으로 나간 상태에서는 천하무적도 공을 맞으면 아웃된다. 천하무적까지 공에 맞아 한 팀 모두가 경기장 밖으로 나가면 경기가 끝난다.

모든 피구 기본 규칙과 마찬 가지로 공격자는 상대방 얼 굴로 공을 던지지 않도록 경 기 전에 미리 안내하자. 경기 장이 정해지면 승부욕이 있 는 몇 명의 학생은 상대팀 진

영까지 몸을 뻗어 구르는 공을 가지고 오기도 하는데 이런 경우엔 다툼이 일어 난다. 상대팀으로 넘어갈 수 없다고 꼭 안내하자. 공을 받았을 때는 경기장 밖 에 있는 친구 한 명을 불러들일 수 있게 하거나 두 명의 천하무적을 정하는 등 으로 변형해서 진행할 수도 있다.

활동 방법

1 반을 두 팀으로 나눈다.

2 팀원 중 한 명을 '천하무적'으로 선정한다.

3 천하무적이 된 친구는 공을 아무리 맞아도 아웃되지 않는다.

4 팀원 모두 공에 맞아 경기장 밖으로 나간 상태에서는 천하무적도 공에 맞으면 아웃된다.

5 한 팀이 모두 공에 맞아 경기장 밖으로 나가면 경기가 끝난다.

- 공격자는 상대방 얼굴로 공을 던지지 않도록 주의한다.

- 공을 받았을 때는 경기장 밖에 있는 친구 한 명을 불러들이는 등의 변형도 가능하다.

- 상대팀 진영의 구르는 공을 가져오면 안 된다(상대팀으로 넘어갈 수 없음).

어드밴티지 피구

때론 남녀 대결로 피구를 할 수 있는데, 조금 불리한 여학생들을 위해 '어드밴티지 피구'를 운영할 수 있다.

반을 남학생과 여학생 두 팀으로 나눈다. 평소 진행하던 피구 경기장과 달리 여학생 경기장을 남학생 경기장에 비해 더 넓게 지정해 준다. 한 팀에서 공을 던질 공격자 두 명씩 선발해 상대방 경기장 밖에 위치시킨다. 일반적인 피구 경기 규칙에 맞게 진행한다. 팀원 모두 공에 맞아 경기장 밖으로 나가면 경기가 끝난다. 한 번 경기를 진행해 보고 그래도 남학생이 이기면 여학생에게 천하무적 한 명을 지정하거나, 남학생들은 두 명씩 짝이 되어 손을 잡고 피구하기 등으로 발전시킬 수 있다. 하지만 너무 과한 어드밴티지를 주면 선생님을 미워(?)하니 조심하자.

1   남학생과 여학생 두 팀으로 나눈다.

2   여학생 경기장을 남학생 경기장에 비해 더 넓게 지정해 준다.

3   한 팀에서 공격자 두 명을 선발해 상대방 경기장 밖에 위치시킨다(공 던질 사람).

4   일반적인 피구 경기 규칙에 맞게 진행한다.

5   팀원 모두 공에 맞아 경기장 밖으로 나가면 경기가 끝난다.

남/여 피구

어드밴티지 방식으로 남녀 대결을 하면, 교실에 서로 다툼이 일어날 수도 있다. 그래서 혼성팀을 주로 운영했는데 가장 효과가 좋았던 것은 '남/여 피구'였다. 반을 혼성으로 두 팀으로 나눈 뒤 피구를 하는데 '남학생은 남학생만, 여학생은 여학생만 공격'할 수 있

도록 규칙을 더한다. 그러면
남학생이 여학생을, 여학생이
남학생을 지켜주는 아주 멋진
모습을 볼 수 있다. 서로 자연
스럽게 섞이고 서로 구해주고

비명을 지르는 시간이 만들어진다. 반 아이들은 이 변형 피구 앵콜 요청을 가장 많이 했다.

활동
방법

1 남학생 두 줄, 여학생 두 줄로 각각 세운 뒤, 동성끼리 서로 가위바위보를 하게 한다.

2 가위바위보에서 이긴 사람이 한쪽으로 모이는 방식으로 반을 두 팀으로 나눈다.

3 한 팀에서 공격자 두 명을 선발해 상대방 경기장 밖에 위치시킨다(공 던질 사람).

4 일반적인 피구 규칙에 '남학생은 남학생만, 여학생은 여학생만 공격'할 수 있도록 규칙을 더한다.

5 팀원 모두 공에 맞아 경기장 밖으로 나가면 경기가 끝난다.

━━ 장애물 피구

기본 피구 규칙과 같지만 경기장 가운데 장애물을 놓고 피하거나 숨을 수 있도록 만든 '장애물 피구'를 해보자. 강당에서 진행할 땐 각 팀 영역 중간에 뜀틀을 놓고 경기를 진행했었다. 줄지어 뜀틀 뒤

에 숨어 있기도 하고, 상대팀을 자극했다가 공을 맞는 등 다양한 장면이 만들어진다. 앞서 소개한 '남/여 피구'로 응용해서 진행할 수도 있다. 여학생은 장애물을 주고, 남학생은 장애물 없이 하는 등 여러 방법으로 응용할 수 있다.

활동 방법

1 남학생 두 줄, 여학생 두 줄로 각각 세운 뒤, 동성끼리 서로 가위바위보를 하게 한다.

2 가위바위보에서 이긴 사람이 한쪽으로 모이는 방식으로 반을 두 팀으로 나눈다.

3 한 팀에서 공격자 두 명을 선발해 상대방 경기장 밖에 위치시킨다(공 던질 사람).

4 일반적인 피구 경기장 안에 '장애물'을 만든다.

5 팀원 모두 공에 맞아 경기장 밖으로 나가면 경기가 끝난다.

━━━ 짐볼 피구

체육 용품 보관실에 짐볼이 있다면 '짐볼 피구'는 꼭 하자! 역동 자체가 다르다. 두 팀으로 나누어 경기를 진행하는 방식이 아닌 서바이벌 형태로 진행하자. 운동장 또는 강당에 반 아이들 모두가 넉넉하게 들어갈 수 있을 정도로 접시콘을 이용해 커다란 원을 만들고 공을 던질 2~4명을 빼고 모두 그 원 안으로 들어가도록 하자. 밖에 있는 공격자는 원 안의 학생들에게 짐볼을 던진다. 너무 과격하게 던져 다치지 않도록 꼭 안내를 해야 한다. 처음엔 짐볼에 스치기만

해도 아웃, 다음 판부터는 한 번 튕겨 맞추기, 바로 맞추기, 받으면 한 명 살려주기 등으로 응용해 진행한다. 경기장 안에 2~4명이 남으면 그 두 사람이 밖으로 나가 공격자가 되고, 다른 사람은 모두 안으로 들어온 뒤 경기를 계속한다.

활동 방법

1 접시콘으로 반 아이들 모두가 들어갈 수 있을 정도의 큰 원을 만든다.

2 평소 피구장보다는 좁게 경기장을 만든다.

3 공격자 두 명은 밖으로 나가서 짐볼을 던진다.

4 처음엔 짐볼에 스치기만 해도 아웃, 다음 판부터는 바닥에 한 번 튕겨 맞추기, 바로 맞추기, 받으면 한 명 살려주기 등으로 응용해 진행한다.

5 경기장 안에 두 명이 남으면 그 두 사람이 밖으로 나가 공격자가 되고, 다른 사람은 모두 안으로 들어온 뒤 경기를 계속한다.

신족구

위의 여러 피구 놀이와 함께 가장 사랑받았던 놀이는 '신족구'다. 짬시간이 있을 때마다 반 아이들과 함께했는데 40분이 후딱 지나간다. 반 학생들을 두 팀으로 나누자. 한 팀은 공격, 다른 한 팀은 수비를 한다. 공격팀 한 명은 홈베이스 쪽에 서고, 다른 사람들은 1루 쪽(홈베이스에서 선생님 걸음으로 15걸음 정도 거리)에 한 줄로 서거나 앉는다. 수비는 공이 올 만한 곳 아무데나 자유롭게 선다. 홈베이스 쪽 근처에 있는 공을 공격팀 한 명이 찬다.

바로 받으면 아웃, 바로 받지 못하면 공을 잡은 곳으로 수비 모두 뛰어가 한 줄로 앉는다. 앞사람은 뒷사람에게 공을 패스해 주고, 가장 뒷사람은 홈베이스로 뛰어온다. 공격은 공을 찬 뒤 1루 쪽에 한 줄로 있는 같은 팀을 2바퀴 돈 뒤, 홈베이스로 뛰어온다. 공격이 수비보다 더 빨리 홈베이스로 들어오면 1점을 획득한다. 수비가 먼저 홈베이스를 밟으면 원아웃이 된다. 쓰리아웃이 되면 공수 교대한다.

활동 방법

1 반 학생들을 두 팀으로 나눈다.

2 한 팀은 공격, 다른 한 팀은 수비를 한다.

3 공격팀 한 명은 홈베이스 쪽에 서고, 다른 사람들은 1루 쪽에 한 줄로 서거나 앉는다.

4 수비는 공이 올 만한 곳 아무 데나 자유롭게 선다.

5 홈베이스 쪽 근처에 있는 공을 공격팀 한 명이 찬다.

6 바로 받으면 아웃, 바로 받지 못하면 공을 잡은 곳으로 수비 모두 뛰어가 한 줄로 앉는다. 앞사람은 뒷사람에게 공을 패스해 주고, 가장 뒷사람은 홈베이스로 뛰어온다.

7 공격은 공을 찬 뒤 1루 쪽에 한 줄로 있는 같은 팀을 2바퀴 돈 뒤, 홈베이스로 뛰어온다.

8 공격이 수비보다 더 빨리 홈베이스로 들어오면 1점을 획득한다. 수비가 먼저 홈베이스를 밟으면 원아웃이 된다. 쓰리아웃이 되면 공수 교대한다.

줄줄이 발야구

아이들이 엄지를 치켜올린 놀이는 '줄줄이 발야구'였다. 반 학생들을 2개 팀으로 나눈다. 각 팀은 남-여-남-여 순서로 서야 할 차례를 정한다. 경기장을 만

들고(홈베이스 1개, 밟고 돌 베이
스 2개 정도), 공격팀에서 공을
찬 뒤엔 팀 모두가 앞서 정해
진 순서대로 한 줄로 달려 베
이스를 돌아 홈을 밟는다. 공

이 들어오기 전까지 홈을 밟은 인원수가 점수가 된다. 홈을 밟아 1점이라도 득
점이 되면 뒷사람이 태그 되더라도 아웃이 아니고, 공을 찬 사람이 홈을 밟기
전에 공이 돌아와 홈에서 태그가 되면 아웃이다.

이 놀이 또한 변형할 수 있다. 처음엔 팀 전부가 홈을 밟고 들어오면 사람 수만
큼 점수를 받는데 공이 홈으로 들어올 때까지 무제한 돌 수 있게 한다. 그러면
더 많은 점수를 획득할 수 있고, 홈에서부터 다른 베이스까지의 거리를 길게
또는 짧게 조절하면 경기 느낌도 달라진다.

**활동
방법**

1   반 학생들을 두 팀으로 나눈다.

2   각 팀은 남-여-남-여 순서로 선다.

3   경기장을 만든다. (홈베이스 1개, 밟고 돌 베이스 2개 정도)

4   공격팀에서 공을 찬 뒤, 팀 모두가 베이스를 돌아 홈을 밟는다.

5   공이 들어오기 전까지 홈을 밟은 횟수가 점수가 된다.

6 홈을 밟아 1점이라도 득점이 되면 뒷사람이 태그 되더라도 아웃이 아니다.

7 공을 찬 사람이 홈을 밟기 전에 공이 돌아와 홈에서 태그가 되면 아웃이다.

8 파울이 두 번이면 아웃된다.

9 공중에 뜬 공을 수비가 바로 잡으면 아웃된다.

팁
Tip

- 처음엔 팀 전부가 홈을 밟고 들어오면 사람 수만큼 점수를 받는데 공이 홈으로 들어올 때까지 무제한 돌 수 있게 한다.

- 베이스의 거리를 길게 또는 짧게 조절해서 진행할 수도 있다.

- 더 많은 놀이는 서준호 선생님의 블로그(http://blog.daum.net/teacher-junho) '강당/운동장놀이' 게시판에서 찾아볼 수 있다. 《놀이터 학교 만들기》(지식프레임)와 《두근두근 운동장놀이》(즐거운학교) 등의 책을 통해서도 도움을 받아보자.

12

칭찬과 격려가 가득한 교실

● 6학년 아이들은 또래와의 관계에 굉장히 민감하다. 뒷말이나 험담을 듣거나, 누군가가 자신을 싫어하거나 무시한다는 것을 알게 되면, 공격적으로 변하게 된다. 또 그 학생보다 더 큰 힘을 갖기 위해 그룹을 만들고, 편을 가르기도 한다. 하지만 누군가 자신을 의미 있게 생각하고 칭찬하고 있으며, 믿고 있다는 것을 알게 되면 마음을 연다. 상대방의 말에 귀를 기울이고, 작은 오해에도

예민하게 반응하지 않는다. 6학년 아이들은 실수를 할까봐 또래 친구들을 의식하기도 하지만 선생님과 친구들의 격려가 있다면 실수 한 번에 무너지지 않고, 교실이 보다 안전한 공간이라 생각하게 된다.

칭찬은 결과와 성공에 대해 피드백을 하는 것이지만, 격려는 아주 작은 것이라도 노력의 과정에 대해 피드백 하는 것이다. 칭찬은 잘했을 때만 주어지지만, 격려는 잘했을 때와 실패했을 때 모두 주어지기 때문에 학생을 긍정적으로 만든다. 칭찬과 격려를 받으며 자란 아이들은 다른 사람을 칭찬하고 격려하는 일을 어려워하지 않는다. 다른 친구의 훌륭한 모습을 관찰하고 칭찬과 격려를 보낼 줄 아는 사람이 된다.

하지만 아이들 대부분은 친구들을 격려하고 칭찬하는 것에 서툴다. 자신이 약하게 보일까 두렵기 때문에 친구가 실수하면 크게 웃어버리거나 쪽팔린다며 무안을 준다. 이런 식의 또래 문화가 형성되면 대부분의 아이들이 그런 분위기를 따라갈 수밖에 없다.

어떤 아이들은 격려와 칭찬보다는 비난과 놀림을 먼저 사용하는 것에 익숙해져 있다는 사실을 기억하자. 이 아이들은 격려와 칭찬을 어떻게 해야 하는지 모른다. 경험이 없기 때문에 무엇이 더 나은 방법이고, 힘을 나게 하는 방법인지 알지 못한다. 이런 경우엔 칭찬과 격려의 방법을 꼼꼼하게 알려주고, 교실 속에서 다양하게 연습해 보도록 해야 한다.

칭찬과 격려가 자리한 교실을 만들기 위한 다양한 활동을 소개해 본다. 이벤트처럼 진행하는 단기 프로그램도 있지만, 일 년 내내 함께해야 하는 것들도 있다.

교사가 사용하는 언어

먼저 교사 자신이 사용하는 언어가 어떤지를 살펴봐야 한다. 내 경우엔 수업과 생활에 있어서 모두 부드러운 언어와 미소를 유지하려고 노력한다. 한두 번 욱하고 화를 내면 아이들은 선생님이 평소에 짓고 다니는 미소도 가면이라고 생각한다. 그래서 화가 났을 때도 "선생님은 ~일 때문에 화가 나는데, 더 이상 화가 나지 않도록 도와주세요!" 등의 부드럽지만 단호한 어조로 이야기를 한다.

학급 전체에게 말할 때는 "여러분은 이 활동 속에서 무엇을 알게 됐나요?", "친구들과 생활 속에서 가끔 속상했던 일이 있었나요?" 등의 존댓말을 사용한다. 학생과의 개인적인 대화나 상담 속에서는 "그 일로 네가 알게 된 것은 뭐니?", "속상했을 텐데 잘했구나" 등 조금 더 부드럽게 말을 낮춰서 사용하고 있다.

Part2에서 이야기했던 '감정 보드판'을 보고 학생들에게 다가가서 "오늘 무슨 일 있었니?", "선생님이 도와줄 만한 일은 없니?" 등의 말로 조용히 격려해 주는 편이다. 때론 "아침에 무척 힘들어 보이던데 잘 이겨내고 하루를 보내는 모습을 보니 정말 대견하구나. 내일 더 힘내렴." 등 학생들의 모습을 관찰하며 크고 작은 피드백을 해주기도 한다.

교사 스스로가 학생들이 보여준 결과에 대해서만 칭찬하는지, 노력에 대해서도 격려하는지 등을 돌아볼 필요가 있다. 또한 교사 자신의 감정을 잘 살펴보자. 교사의 감정이 어떤지에 따라 입에서 나오는 말 또한 다르다.

비난과 격려 실험

6학년 학생들은 사건이 생기고 감정이 올라오면 깊게 생각하지 못하고 말을 툭 내뱉는 경우가 많다. 특히 다른 반 학생들과 축구나 피구 시합을 하는 등 '경쟁'을 해야 하고 그에 따른 '보상'이 있는 활동에서는 누군가의 실수에 대해 에누리 없이 비난한다. 비난의 말은 이내 다툼과 싸움으로 발전되기도 한다. 사실, 뭔가가 잘 안됐을 때 아이들이 막말을 하고 짜증을 내며 친구를 비난하는 것은 잘하고 싶은 마음이 크기 때문이다. 그러니 잘못한 학생을 그 자리에서 바로 꾸중하기보다는 더 나은 방법이 무엇인지 모르기 때문에 그런 것이라고 이해하자. 그리고 경기가 끝난 뒤, 교실에 돌아와 간단한 실험을 해보자.

나는 이런 상황이 생기면 언제나 '미스코리아처럼(《서준호선생님의 교실놀이백과239》, 278페이지 참조)'이란 놀이 활동을 해본다. 교과서를 머리에 올린 뒤, 두 손을 사용하지 않고 조심스럽게 의자로 만든 반환점을 돌아와야 하는 놀이다. 반환점을 빠르게 돌아오기 위해 걸음의 속도를 높이면 자꾸만 머리 위에 올려둔 책이 떨어지기 때문에 집중력이 필요하다.

앞서 관찰한 상황에서 자꾸 친구를 비난하고 소리친 학생 중 한 명을 자연스럽게 불러낸다.

"아까 시합에 열중하는 널 바라보니 정말 이기고 싶어하는 마음이 보였어. 친구들에게 잘하라고 크게 외치는 것은 그만큼 잘하고 싶은 마음이 크기 때문이라 생각해. 어때?"

꾸중이 아니라 부드럽게 미소를 지으며 이야기를 하면 대부분의 아이는 멋쩍은 듯 웃으며 "네"라고 답을 한다. 대답을 안 해도 6학년 아이들답게 자존심상 대답만 안 하고 있다고 생각하자. 그리고 이렇게 물어보자.

"네가 그렇게 했던 것들이 더 좋은 결과를 만든다고 생각하니?" 고개를 저으며 아니라고 답을 할 것이다. 그러면, "시합이나 경쟁에서 어떤 말을 사용했을 때 더 좋은 결과가 있는지 실험해 보자"하고 말하며 그 학생에게 머리 위에 책을 올리고 의자가 있는 곳을 돌아오도록 하자. 그러는 동안 다른 아이들은 뒤에서 "똑바로 해!" "그것밖에 안 되냐?" "빨리 하라고!" 등 비난하는 말을 하도록 하자. 머리 위에 책을 이고 가는 학생을 멈춰 세워놓고 이 말을 들으니 집중이 더 되는지, 아니면 비난하는 아이들이 신경 쓰여 집중이 깨지는지 물어보자. 한 번 더 하도록 하고 이번엔 보고 있는 아이들에게 "괜찮아!" "할 수 있어!" "실수해도 돼" 등의 격려하는 말을 하도록 하자. 그 말을 들으며 반환점을 도는 학생에게 이번엔 느낌이 어떠한지 물어보자. 그리고 두 말 중 어떤 말이 더 힘이 되고, 경기에 집중하는 데 도움이 되는지 물어보자.

이렇게 평소 경기와 경쟁, 시합에서 동료를 비난하고 상대방을 비하하는 학생들이 돌아가면서 상황을 경험하도록 해보자. 그리고 어떤 말이 정말 우리 반의 승리, 우리 팀과 모둠에 좋은 결과를 가져다주는지 상황 속에서 느끼게 해주자. 실제로 이 한 번의 활동이 일 년 동안 반 아이들이 운동장과 강당에서 하는 모든 활동 속에서 '비난하는 말'을 사라지게 만들었다. 이 활동은 교실 속에 '격려하는 말'이 자리하도록 만들었다.

—— 칭찬과 격려의 다양한 활동

1~2주에 한 번씩 원형으로 앉아 회의를 하는데, 회의는 언제나 '칭찬과 격려'의 시간으로 시작한다. 그날 임원이 오른쪽에 앉아 있는 친구를 칭찬하고 격려하며 마이크를 건네준다. 마이크를 받은 학생은 자신의 오른쪽 친구를 칭찬하고 격려하면서 마이크를 넘긴다. 이렇게 한 바퀴를 돈다. 칭찬과 격려를 받는

아이들은 쑥스러워 하면서도 은근히 기분 좋아한다. 평소 친하지 않았던 친구가 옆에 앉게 될 경우에는 그 친구에 대해 깊이 생각해 볼 수 있는 기회가 되기도 했다.

한 바퀴가 돌면, 자유롭게 더 칭찬하고 싶고 격려하고 싶은 친구에 대해 이야기한다. (예 : 'ㅇㅇ가 우유 당번이 박스를 반납하러 가는 길에 흘린 우유를 발견하곤 티슈를 가지고 와서 닦는 모습을 보고 본받고 싶다는 마음이 들었습니다.', 'ㅇㅇ이 며칠 전 스마트폰을 바닥에 떨어뜨려 굉장히 속상했겠다는 생각이 들었습니다. 힘내라고 이번 기회에 말하고 싶었습니다.' 등)

짝끼리 협력해야 하는 수업을 진행할 때면, 끝날 때 한 명은 A, 다른 한 명은 B라고 지정을 한 뒤, 이렇게 안내한다.

"서로 활동 속에서 짝이 잘했거나 힘들어 한 것 등을 떠올려봅니다. 그리고 칭찬 또는 격려를 해줍니다. 절대로 '왜?'라는 말은 사용하지 않습니다. 먼저 A가

B를 바라보고 활동 속에서 느꼈던 것을 떠올리면서 칭찬과 격려를 합니다. B
는 '그렇게 이야기해 줘서 고마워'라고 답을 합니다. 그런 뒤 반대로 칭찬과 격
려를 합니다."

모둠이 함께 활동했을 경우에는 모둠원이 4명이라면 1~4번의 번호를 지정한
뒤, 이렇게 안내한다.

"조금 전 했던 활동을 떠올려보고 2, 3, 4번은 1번에게 칭찬과 격려를 합니다.
끝나면 1, 3, 4번이 2번에게, 1, 2, 4번이 3번에게, 1, 2, 3번이 4번에게 칭찬과
격려를 하도록 합니다."

남자 혹은 여자가 모두 모여 하는 활동이 있다면 이렇게 안내한다.

"활동을 하면서 누군가 속상한 사람이 있었는지 돌아봅니다. 우리 반의 행복을
위해 기여한 친구가 있었는지 돌아봅니다. 그 친구를 격려하고, 칭찬하도록 합
니다."

이런 식으로 다양한 활동을 칭찬과 격려로 마무리할 수 있다.

자리를 바꿀 때

2주에 한 번 자리를 바꾸는데 자리 뽑기 프로그램을 돌리기 전에 위의 방식처럼 짝끼리 마주 보고 함께 앉았던 동안 좋았던 것을 이야기하고, 서로를 격려하도록 한다. 또는 성장일기에 함께해서 좋았던 것, 격려하고 싶은 말을 남기도록 한다.

마니또 칭찬, 격려하기

마니또에게 선물을 주는 것이 아니라, 칭찬과 격려를 보내도록 하는 식으로 마니또게임을 운영할 수 있다. 칭찬과 격려 글을 포스트잇을 이용해 사물함에 붙이거나 지정된 장소에 붙이도록 할 수 있다. 누가 나에게 칭찬과 격려를 하는지 모르기 때문에 또 다른 매력이 있다.

칭찬과 격려 모으기

종이 한 장과 펜을 들고 모두 의자에서 일어나 옆에 선다. 선생님이 "시작!" 하고 신호를 주면 아무나 만나서 가위바위보를 한다. 이긴 학생은 상대방의 종이에 그 친구에 대한 칭찬이나 격려를 한 문장 써준다. 일정 시간(음악 1~2곡 정도의 시간)이 지난 뒤 자리에 앉아 친구들이 쓴 칭찬과 격려 글을 읽어본다. 글을

읽은 소감을 종이 아래에 써본다.

칭찬과 격려 주인공 찾기

위에서 만들어진 칭찬과 격려가 쓰인 종이를 모두 수합한다. 잘 섞은 뒤 선생님이 한 장을 골라 그곳에 자리한 칭찬과 격려 글을 하나씩 살을 붙여가며 읽어준다. 반 아이들은 선생님이 들려주는 이야기를 듣고 주인공이 누구인지 손을 들고 맞춰본다. 찾아내면 칭찬과 격려의 주인공이 다른 종이를 한 장 뽑아주고, 선생님은 그 종이 안의 칭찬과 격려의 문장을 읽어주면서 활동을 계속한다.

내 장점, 칭찬거리 찾기, 격려하기

때로는 남이 나를 칭찬하고 격려하는 것보다 내가 나를 칭찬해 주고 격려하는 것이 더 큰 힘을 지닌다. 남에게 의존하기보다는 스스로 자존감을 만들고, 내면의 힘을 키우기 때문이다. 나를 칭찬하고 다독이는 시간을 만들어보자. 앞에서 소개한 '칭찬과 격려 주인공 찾기' 활동이 끝나면 아이들에게 종이를 한 장씩 나누어주고, 한가운데 '칭찬과 격려'란 제목과 이름을 쓰게 하자. 친구들이 나에게 해준 칭찬과 격려의 말을 오려 자신의 마음에 들게 붙여보도록 하자. 그리고 내가 나에게 주는 '칭찬과 격려'를 적어보자. 힘들고 마음이 답답할 때 꺼내 보면 기분이 좋아질 것이다.

13

꿈을 키우는 진로 활동

● 6학년은 '진로'에 대해 깊이 생각하는 시기다. 특히 중학교 진학과 연결된 고민이 늘어간다. 학생들의 일기장 속에서도 꿈에 대한 여러 고민을 엿볼 수 있다. 가끔 "저는 꿈이 없어요"라고 이야기하는 학생들도 있고, 자신이 생각하는 진로와 부모가 생각하는 진로 속에서 조금씩 갈등을 겪는 학생들도 있다.

6학년 학생들에게는 꾸준한 진로지도가 필요한데, 보통 진로 적성검사 한 번

으로 진로지도를 끝내버리곤 한다. 창의적 체험 활동과 교과 속에서 다양한 주제로 진로지도를 통합적으로 운영하면 학생들의 심장을 두근거리게 만들고, 미래에 대한 불안감을 낮추어줄 수도 있다. 6학년 학생들과 할 수 있는 다양한 진로지도 활동을 소개한다.

꿈보드판

지식프레임에서 진행한 '선생님을 위한 여름방학 특강'에서 김성현 선생님의 연수를 들으며 '꿈보드판'에 대해 알게 됐다. 자신의 진로와 관련된 대학교 사진과 닮고 싶은 사람 사진을 보드판에 붙여 꿈보드판을 제작해 보는 것이다.

꿈보드판을 코팅해서 집과 학교에 붙여두고 꿈에 대해 현실적으로 생각하도록 했다는 부분이 굉장히 인상적이었다. 김성현 선생님에게 배운 버전을 따라 아이들과 함께 꿈보드판 활동을 진행해 보았다. 실제 가고 싶은 대학과 멘토의 사진을 프린트 하고 게시판에 붙여놓으니, 학생들이 꿈을 자꾸 확인하고 관심을 더 갖게 되는 장점이 있었다. 반 아이들도 꿈을 구체적으로 생각해 볼 수 있는 기회여서 좋았다는 반응을 보였다.

활동을 진행하며 대학 대신에 '미래에 내가 근무하고 싶은 곳'을 출력해 붙이도록 응용해 보았다. 대학은 진로의 과정에 있는 것이기에, 어디에서 어떻게 일을 하면서 세상을 살 것인지에 대한 부분이 더 중요하겠다는 생각이 들었다.

그래서 위와 같은 버전으로 변형해 진행해 봤다.

반 아이들은 자신이 닮고 싶은 사람을 찾고, 이유를 생각해 보고, 사진을 준비하면서 조금 더 꿈을 선명하게 그려나갔다. "오랫동안 꿈을 그리는 사람은 마침내 그 꿈을 닮아간다"는 앙드레 말로의 말처럼 학생들이 자꾸 꿈에 대해 보고, 생각할 수 있도록 교실 환경을 구성하는 것이 효과가 있다고 생각한다. 여기에 내가 일하고 싶은 곳을 찾아가서 관찰하고 놀며 인증샷을 찍도록 방학 과제를 부여하기도 했다.

미래의 내 손

손은 많은 의미를 담고 있다. 손으로 누군가를 어루만지고, 안아줄 수도 있다.

또는 누군가의 뺨을 때리거나 꼬집을 수도 있다. 20~30년 뒤 내 손은 무엇을 하고 있을지 떠올려보게 한 뒤, 그 마음을 담아 '미래의 내 손'을 만드는 활동을 해보았다.

약국이나 인터넷 쇼핑몰에서 '석고붕대'를 구매한 뒤, 가위로 붕대를 여러 조각으로 자르게 한다. 미래의 내 손을 떠올리고 왼손을 이용해 손 모양을 만들게 하자. 종이컵에 물을 받아온 뒤, 석고붕대를 살짝 적셔 왼쪽 손등에 붙인다. 손가락으로 살살 문질러가며 2~3겹 붙인 뒤, 말린 후 떼어내면 근사한 손이 만들어진다. 교실 한쪽에 두고 잘 말린 뒤, 미술 시간에 '미래의 내 손'을 꾸며보는 시간을 갖는다.

그런 뒤, 자신의 손에 대해 설명하고, 글을 쓰는 등 다양한 이야기를 들어보자.

사진으로 찍어 학급 홈페이지에 올리거나 현상을 해서 나눠줘도 좋다. 손은 집으로 가지고 가서 책상 위에 예쁘게 전시하도록 하자. 인증샷을 찍어 밴드 또는 홈페이지에 올리는 것을 과제로 내도 좋다.

내 꿈과 내 이름

페이스북으로 전국의 여러 선생님들이 자료를 공유하고, 함께 성장하는 경험에 동참하는 것은 멋진 일이라 생각한다. 이영근 선생님의 공유로 김정순 선생님의 활동을 감사한 마음으로 볼 수 있었다. 내 꿈을 생각해 보고, 내 이름을 꿈과 관련된 그림으로 꾸며보는 작품이었는데 창의적인 아이디어가 넘쳤다. 선생님을 따라 나도 반 아이들과 함께 진행해 보았다.

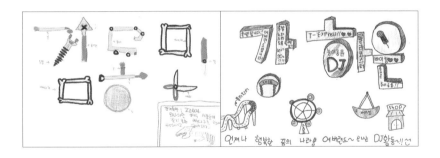

이름 말고 자신의 꿈, 진로로 꾸며도 좋다(예 : 흉부외과 의사 등).

스펙터클 미래 인생 그래프

앞서 과거 그래프를 통해 학생들의 과거를 엿보고, 마음의 상태를 알아 봤다면, 미래 그래프 그리기는 학생의 진로지도와 연결시킬 수 있다. 내가 가고 싶은 학교와 직장을 떠올려보고, 어떤 좌절과 극복, 실패와 성공이 내 삶에 있을지 상상해 보게 하자. 더 크고 스펙터클한 꿈을 꾸도록 독려하자. 어떻게 결혼하고 자녀를 몇 명 낳을 것인지, 어떻게 죽을 것인지도 그려보도록 하자. 각자의 인생 그래프를 칠판에 붙이거나 스캔해 PPT로 만들어 발표해 보자. 내 경우엔 아이들이 발표하는 모습을 영상으로 촬영해 학부모 밴드에 올렸는데 학부모 반응이 굉장히 좋았다. 완성된 미래 그래프는 교실 한쪽에 전시하고, 앞서 했던 다양한 작품을 한데 모아 '꿈꾸는 교실'로 꾸며보는 것도 좋다. 진로 활동 주간을 운영하는 것도 하나의 방법이다.

진로와 관련된 만화책 구비

진로지도가 어느 정도 끝나면, 교실 한쪽엔 '만화책'을 구비해 놓는다. 만화책에 대해 부정적인 생각을 가지신 분들도 있다. 하지만 내 경험상 만화책에 푹 빠져 있었던 어린 시절의 추억과 여전히 기억나는 명장면들을 떠올려보면, 만화책을 잘 선정한다면 충분히 도움을 받을 수 있을 거라 생각한다. 그래서 나는 학생들의 진로와 관련된 주제의 만화책을 구매해 학급문고 옆에 둔 뒤, 쉬는 시간에만

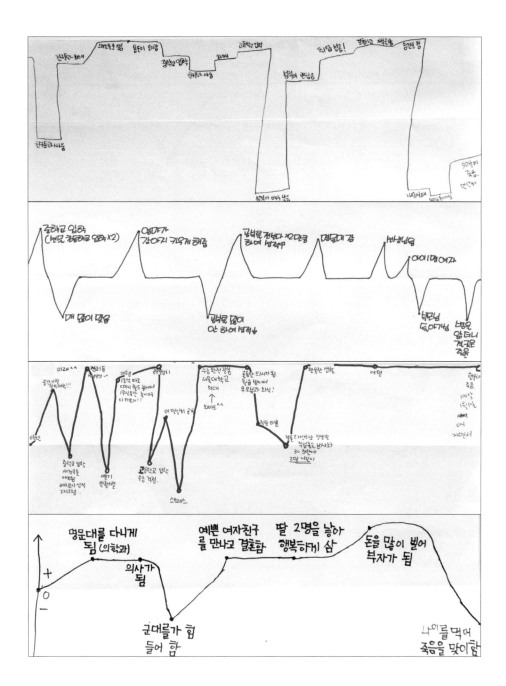

볼 수 있도록 했다.

《Dr. 코토 진료소》,《헬로우 블랙잭》시리즈와《피아노의 숲》,《노다메 칸타빌레》 시리즈 등을 교실에 비치했는데, 비용 문제상 중고 서적 사이트를 주로 이용해 구매했었다. 이 만화 덕분에 음악 수업에서 나눌 이야기가 많아지기도 했다.

다중지능 검사 활용하기

6학년 학생들은 학업 성적에 민감하다. 사실, 학생들보다 부모들이 성적에 대해 민감하다고 말하는 게 더 정확하겠다. 부모가 자녀들에게 어떤 피드백을 했느냐에 따라 아이들이 '학업 성적'을 대하는 태도도 달라진다. 부모 세대는 반에서의 석차가 공개적으로 드러나는 등의 경험으로 인해 시험과 성적에 대해 감정적인 기억을 갖고 있다. 그리고 어떤 길이 좋은 길인지, 어디로 자녀를 이끌어야 할지 정확하게 알지 못해 불안한 마음을 가질 수밖에 없다. 또 어떤 부모들은 자녀가 학교에서 뭔가 잘하는 것을 부모 자신들의 자존감과 연결시키는 모습을 보이기도 한다. 이런 여러 이유 등으로 인해 부모들은 학업 성적에 관심을 갖게 된다.

또 학교를 중심으로 같은 아파트, 같은 동, 같은 라인 등에서 서로 여러 정보를 알게 되는 경우가 많아서 자연스럽게 학교 성적을 기준으로 서로를 '비교'하게 된다. 이 또한 부모의 감정을 자극하는 경우가 많다. 이런 환경에서는 자녀의 진로를 생각할 때 주변 부모들이 중요하게 생각하는 것, 유행되는 배움, 다른 학생들이 몰리는 곳에 내 자녀가 들어가지 못하고 제대로 해내지 못하면 뒤처지는 것이 아닐까 하는 생각을 갖게 된다.

이런 부모들의 분위기에 영향을 받은 아이들도 성적에 대해 굉장히 민감하게 생각한다. 6학년 교실에서는 성적으로 누군가를 업신여기는 일까지도 벌어진다. 그리고 학교에서 시험을 보는 국어, 수학, 사회, 과학, 영어를 못하면 모든 것을 못한다고 생각하는, 무력한 모습을 보이기도 한다. 모든 일엔 정도의 차이가 있는데 잘하는 것보다 못하는 것에 초점을 두고 가해진 피드백이 이런 무력감을 만들어내곤 한다.

진로와 성적을 '다중지능이론'으로 접근하게 되면, 우선 반 아이들의 '자존감'을 높일 수 있게 되고, 자신들의 진로에 대해 조금 더 편한 마음으로 접근하도록 도울 수 있다. 다중지능이론은 미국의 심리학자 하워드 가드너(Howard Gardner)가 제시한 이론으로, 인간의 지능은 서로 독립적이고 다른 '언어 지능, 논리-수학적 지능, 공간 지능, 신체-운동적 지능, 음악 지능, 개인 간 지능, 개인 내 지능, 자연주의적 지능, 실존 지능' 등 9가지 유형의 능력으로 구성된다고 한다.

이와 관련해서 EBS 〈다큐프라임〉 '아이의 사생활 4부, 다중지능 편'을 반 아이들과 함께 시청해 보자(영상 링크 : https://youtu.be/Mr0lnKyGu-s). 그런 뒤, '다중지능검사'를 이용해 자신들을 돌아볼 수 있게 하자. 검사는 인터넷 사이트 (http://www.multiiqtest.com/)

를 통해 쉽게 할 수 있다. 총 56 문항으로 검사 시간은 10~15분 정도가 소요되며 결과는 바로 확인할 수 있다. 컴퓨터실에 가서 진행해도 좋고 또는 스마

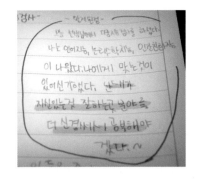

트폰으로 검사하고, 바로 학급 밴드나 홈페이지에 결과를 복사해서 올린 뒤 교사와 추후 활동을 할 수도 있다.

가정에서 부모와 함께 검사를 해보고, 결과를 학교에 가져올 수도 있다. 학생의 생각과 부모의 생각을 더해 보면 학교에서 생활하는 여러 모습에 대한 이해가 생기고 자존감이 올라간다. 또 '내가 잘하는 것'에 초점을 맞추게 된다.

생각해 보자. 박지성 선수, 김연아 선수가 모든 것을 다 잘했을까? 자신들이 잘하는 것을 더 잘하도록 노력했다. 부모들은 자녀들이 모든 것을 잘하길 바라고, 그 기대에 맞춰 아이들도 자신이 못하는 부분에 많은 에너지를 사용해서 모든 것을 잘하려 한다. 하지만 할 수 있는 것과 잘 되지 않는 부분을 이해하고 인정하는 것이 필요하다. 잘하는 부분을 어떻게 잘할 수 있을지 돌아보게 만들고, 잘 되지 않는 부분은 누구와 손을 잡고 협력할 것인지에 대해 이해를 만드는 것이 교사와 부모의 몫이라 생각한다.

반 아이들이 검사하는 시간은 10~15분 정도 소요됐고, 중간에 모르는 단어가 몇 개 있어서 미리 설명을 해줬다. 결과는 복사를 해서 학급 홈페이지에 올리도록 했고, '성장일기'에도 적도록 했다. 나는 개별적으로 결과를 모아서 LCSI 검사 결과와 함께 학급운영 자료로 활용했다.

이 검사에서 소개한 다중지능의 분류는 다음과 같다(http://www.multiiqtest.com).

1. 공간지능

특징

1. 그림 그리기를 잘한다.
2. 시각적인 세부 묘사에 뛰어나다.
3. 사물을 분해하기를 좋아한다.
4. 무엇인가 세우기를 좋아한다.
5. 퍼즐 놀이를 즐긴다.
6. 기계적으로 숙달되어 있다.
7. 이미지로 장소를 기억한다.
8. 지도 해석에 뛰어나다.
9. 낙서를 좋아한다.

잘하는 일

그림, 줄긋기, 조각, 지도, 도형, 만화, 계획, 콜라주, 모형, 건물, 미로, 엔진, 벽화, 영화, 비디오, 사진 등

직업군

조각가, 항해사, 디자이너(인테리어, 게임, 헤어, 웹, 무대, 컴퓨터 그래픽 등의 분야), 엔지니어, 화가, 건축가, 설계사, 사진사, 파일럿, 코디네이터, 애니메이터, 공예사, 미술 교사, 탐험가, 택시 운전사, 화장품 관련 직업, 동화 작가, 요리사, 외과 의사, 치과 의사, 큐레이터, 서예가, 일러스트레이터 등

2. 신체운동지능

특징

1. 신체의 좋은 균형 감각을 갖고 있다.
2. 손과 눈의 협동 관계가 좋다.
3. 리듬 감각이 있다.
4. 어떤 문제를 직접 몸으로 접해 보고 해결하려는 경향이 있다.
5. 유연한 움직임을 연출할 줄 안다.
6. 제스처를 통해 전달하는 데 능숙하다.
7. 상대방의 신체 언어를 잘 읽어낸다.
8. 공, 바늘 따위의 도구와 물체를 다루고 조절하는 데 빨리, 쉽게 적응한다.

잘하는 일

운동, 게임, 춤, 연극, 몸짓, 표현, 신체 훈련, 연기, 조각, 조상, 재주 부리기, 보석 세공, 목재 가공 등

직업군

안무가, 무용가, 엔지니어, 운동선수, 스포츠 해설가, 체육학자, 외과 의사, 공학자, 물리 치료사, 레크레이션 지도자, 배우, 무용 교사, 체육 교사, 보석 세공인, 군인, 스포츠 에이전트, 경락 마사지사, 발레리나, 산악인, 치어리더, 경찰, 체육관 관장, 경호원, 뮤지컬 배우, 조각가, 도예가, 사회체육 지도자, 건축가, 정비 기술자, 카레이서, 파일럿 등

3. 자기성찰지능

특징

1. 특정한 활동에 대한 좋고, 싫음이 분명하며 그것을 잘 표현한다.
2. 감정 전달에 뛰어나다.
3. 스스로의 강점과 약점을 명확히 인식한다.
4. 자신의 능력을 확신한다.
5. 적절한 목표를 설정한다.
6. 야심을 가지고 일한다.

잘하는 일

시, 일기, 예술 작업, 자기반성, 목표, 자서전, 가족사, 종교 활동 등

직업군

신학자, 심리학자, 작가, 발명가, 정신분석학자, 성직자, 작곡가, 기업가, 예술인, 심리 치료사, 심령술사, 역술인, 자기 인식 훈련 프로그램 지도자 등

4. 인간친화지능

특징

1. 다른 사람에 대한 감정 이입이 뛰어나다.
2. 또래들 사이에서 인기가 높다.
3. 또래나 나이가 더 많은 사람이나 똑같이 잘 사귄다.
4. 리더십을 보여준다.
5. 다른 사람과 협동하여 일하는 데 능숙하다.
6. 다른 사람의 느낌에 민감하다.
7. 중개인이나 카운슬러 역할을 자주 한다.

잘하는 일

집단 작업, 연극, 대화, 운동, 클럽, 단체 행동, 단체 지도, 합의 결정 등

직업군

사회학자, 학교 교장, 정치가, 종교 지도자, 사회 운동가, 웨딩 플래너, 사회단체 위원, 기업 경영자, 호텔 경영자, 정신과 의사, 카운슬러, 법조인, 배우, 이벤트 사업가, 외교관 정치가, 호텔리어, 방송 프로듀서, 간호사, 사회복지사, 교사, 개인 사업가(상업, 중소기업), 회사원(인사 관련), 영업사원, 개그맨, 유치원이나 어린이집 교사, 경찰관, 비서, 가정 방문 학습지 교사, 승무원, 판매원, 선교사, 상담원, 마케팅 조사원, 컨설턴트, 펀드 매니저, 교육 사업가, 관광 가이드 등

5. 논리수학지능

특징

1. 다양한 퍼즐 게임을 즐긴다.
2. 수를 가지고 논다.
3. 사물의 작용과 운동 원리에 관심이 많다.
4. 규칙에 바탕을 둔 활동 성향을 가진다.
5. "만일 ~ 라면"이라는 식의 논리에 관심이 있다.
6. 사물을 모으고 분류하는 것을 좋아한다.
7. 분석적으로 문제에 접근한다.

잘하는 일

컴퓨터 프로그램, 수학적 증거, 흐름도, 대차대조표, 퍼즐 풀이, 의학 진단, 발명, 스케줄, 논리적 명제 등

직업군

엔지니어, 수학자, 물리학자, 과학자, 은행원, 컴퓨터 프로그래머, 구매 대리인, 생활설계사, 공인회계사, 회계 감시원, 회사원(경리, 회계업무), 탐정, 의사, 수학 교사, 과학교사, 법조인, 정보기관원 등

6. 자연친화지능

특징

1. 새, 꽃, 나무 등 동식물에 관심이 많다.
2. 동식물의 습성과 생리에 깊은 관심을 보인다.
3. 인공적인 환경보다 자연적인 환경을 선호하는 편이다.
4. 자연물의 관찰에 상당한 시간을 할애한다.
5. 곤충, 파충류 등에 대한 혐오감이 상대적으로 덜하다.
6. 화분 등의 관리에 남다른 열정이 있다.

잘하는 일

조개껍질이나 꽃잎 등의 두드러진 개인적 컬렉션, 자연 사진, 곤충이나 애완견, 가축에 대한 관찰 메모, 동식물 스케치 등

직업군

유전 공학자, 식물학자, 생물학자, 수의사, 농화학자, 조류학자, 천문학자, 고고학자, 한의사, 의사, 약사, 환경운동가, 농장 운영자, 조리사, 동물 조련사, 요리 평론가, 식물도감 제작자, 원예가, 약초 연구가, 화원 경영자, 생명공학자, 생물 교사, 지구과학 교사, 동물원 관련 직종 등

7. 언어지능

특징

1. 질문, 특히 "왜?"라고 묻는 유형의 질문을 자주한다.
2. 말하기를 즐긴다.
3. 좋은 어휘력을 가지고 있다.
4. 두 가지 이상의 외국어를 구사하기도 한다.
5. 새로운 언어를 쉽게 배운다.
6. 단어 게임, 말장난, 시 낭송, 말로 다른 사람 웃기는 일 등을 즐긴다.
7. 책 등을 읽는 것을 즐긴다.
8. 다양한 종류의 글쓰기를 즐긴다.
9. 언어의 기능을 잘 이해한다.

잘하는 일

소설, 연설, 신화(전설), 시, 안내서, 잡지, 주장, 농담, 글자 맞추기, 각본, 계약서, 논픽션, 이야기, 신문, 연극, 논쟁, 재담 등

직업군

작가, 사서, 방송인, 기자, 언어학자, 연설가, 변호사, 영업사원, 정치가, 설교자, 학원 강사, 외교관, 성우, 번역가, 통역사, 문학 평론가, 방송 프로듀서, 판매원, 개그맨, 경영자, 아나운서, 시인, 리포터 등

8. 음악지능

특징

1. 소리 패턴에 민감하다.
2. 자주 노래를 흥얼거린다.
3. 리듬에 따라 박자를 맞추거나 몸을 흔든다.
4. 소리들을 쉽게 구별한다.
5. 음에 대한 감각이 좋다.
6. 리듬에 맞추어 움직이는 데 능하다.
7. 박자 변화에 따라 운동 패턴을 조절한다.
8. 음조와 소리 패턴을 기억한다.
9. 음악적 경험을 추구하고 즐긴다.

잘하는 일

노래, 오페라, 교향곡, 연주, 작곡, 사운드 트랙 등

직업군

음악가(성악가, 연주가, 작곡가, 지휘자 등), 음악치료사, 음향 기술자, 음악평론가, 피아노 조율사, DJ, 가수, 댄서, 음악 교사, 음반 제작자, 영화 음악 작곡가, 반주자, 음악 공연 연출가 등

14

학부모 상담, 어렵지 않아요!

●・◦・●・◦・●・◦・●・◦・●・◦・●・◦・●

● 학부모 상담을 어렵게 생각하는 교사가 많다. 저학년 땐 학부모들이 학교에 자주 찾아오고 다양한 주제로 상담을 진행하지만, 6학년이 되면 꼭 필요한 경우가 아니면 상담을 하지 않는다.

6학년 학부모 상담은 주로 학교에서 정한 '학부모 상담 주간'에 진행된다. 그 시기에 진행되는 상담 외에는 대부분 학생에 관한 문제로 인한 상담이다. 학생

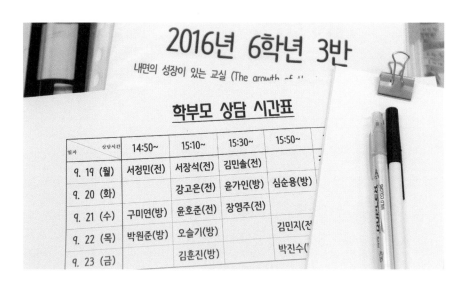

들 사이에 일이 있어서 학부모가 도움을 요청하기도 하고, 힘든 학생으로 인해 교사가 학부모에게 상담을 요청해 진행하기도 한다. 내 경우엔 '밴드'에서 채팅창을 이용해 학부모와 평소에 많은 대화를 나누고 있다. 하지만 '사건'과 관련된 상담이 필요하거나, 학부모가 화가 난 상태인 경우 등에는 꼭 얼굴을 맞대고 대화 시간을 가진다.

저경력 교사였을 때 내가 만난 어떤 학부모는 나에게 반말 투로 이야기하기도 했고, 아직 자녀를 낳아보지 못해서 이해하지 못한다는 식으로 말하기도 했다. 교사인 나 또한 어떻게 상담을 해야 할지 모르는 상태에서 교사의 말에 귀를 열지 않는 학부모의 태도에 당황하며 어색했던 경험이 쌓이기도 했다. 내게도 저경력 시절의 학부모 상담은 쉽지 않은 일이었다.

—— 학부모 상담 주간이라면

상담과 심리치료를 공부하면서 알게 된 사실인데, 교사 자신이 권위적인 부모 아래서 성장했거나, 꾸중과 비난을 많이 들으며 성장했거나, 관계 속에서 공허함이 생겨 사랑받고 싶고 인정받고 싶은 욕구가 많은 경우 학부모 상담에 대해 부담을 느끼고 긴장하는 경우가 많았다.

'학부모 상담을 잘해야 한다, 학부모에게 잘 보여야 한다, 내가 뭔가를 알려줘야 한다.' 등의 긴장을 내려놓자. 그보다는 학부모에게 학생의 정보를 얻고 도움을 받는다는 생각으로 접근하는 것이 좋다.

Part2에서 소개한 학생에 관한 다양한 진단과 결과물을 주제로 학부모와 함께 대화를 나누면 든든하다. 교사가 학생의 과거, 감정, 교우 관계, 성격까지 이미 파악하고 있기 때문에 학부모와 깊은 대화가 가능하다. 단, 마인드맵, 과거 그래프 등의 결과물은 노출하지 말자. 2학기 면담이라면 진로지도 활동, 칭찬과 격려 활동 등을 통해 학생의 다양한 정보를 취했을 테니 걱정하지 말자.

학부모가 오시면 바쁜 와중에도 시간을 내어 찾아주셔서 감사하다고 반갑게 인사로 맞이하자. 정면으로 마주 보기보다는 4개의 책상으로 모둠을 만들고, 90도 위치나 사선으로 앉아 이야기하는 게 조금 더 편하다. 교사는 시계가 보이는 곳에 앉고 학부모는 시계를 등지게 하자. 친교의 대화를 나누다 보면 면담이 굉장히 길어져 곤란할 수 있다. 시작할 때 미리 "주어진 시간이 20분인데요." 또는 "20분간 어머님과 대화하게 되어 정말 기쁩니다."등의 말로 운을 떼자.

그리고 "이 시간 동안 제가 어떤 이야기를 들려드리면 될까요?" 또는 "이 시간 동안 자녀의 어떤 점을 알려드리면 될까요?" 하고 먼저 물어보자. 학부모가 무엇을 원하는지도 모르는 상황에서 학생에 대한 이야기를 시작하는 것은 어려울 수밖에 없다. 이렇게 질문하면 학부모가 원하는 주제를 알 수 있기 때문에 대화를 좀 더 쉽게 풀어갈 수 있다. 내 경험상 학부모들은 주로 아이의 교우 관계, 학교생활, 수업 태도에 대해 궁금해 했다. 될 수 있으면 객관적인 정보들, 봤던 것, 있었던 사건 등을 위주로 이야기하고, 끝에 "제 관점에서는…", "담임의 눈에는 ~게 보입니다." 등으로 의견을 덧붙이자. 장점이 많은 학생은 기록과 생각을 토대로 잘 이야기하자. 좀 힘든 학생이라면 학생이 가진 좋은 점들을 먼저 이야기한 뒤, 뒷부분에 "~ 일이 있었는데 그땐 힘들었어요.", "이럴 땐 담임인 제가 어떻게 해야 할지 모르겠어요. 저에게 조언을 주실 수 있나요." 등의 말을 꺼내는 식으로 진행하자. 면담을 진행하면서 학부모의 말을 계속 적기보다는 필요한 것만 간단하게 적자.

교사도 학생에 대해 궁금한 것이 있다면 미리 질문을 준비해 물어보자. 어느 정도 이야기하면 정해진 시간이 후딱 지나갈 것이다. "면담 시간이 거의 끝나 가는데요. 부족한 대화는 밴드 채팅창이나 전화로 나누기로 해요. 마지막으로 궁금한 것이 있으세요?" 등의 말로 자연스럽게 면담을 마무리하자. 천천히 일어나서 교실 문 쪽으로 다가가 문을 열어드리고 와주셔서 감사했다는 인사를 하자. 그날 면담이 마무리 되면 문자로 '오늘 와주셔서 감사했습니다. 들려주신 이야기 덕분에 학생에 대해 더 깊게 이해할 수 있었습니다.' 등 간단한 인사를 남기자.

학부모를 불러 면담을 진행한다면

먼저 왜 학부모를 불러 면담을 하고 싶은지 스스로의 마음을 돌아보자. 학생의 반복적인 문제행동 때문에 화가 나서 학부모에게 따지려는 것일까? 아니면 학생에게 '그래, 네가 하도 말을 안 들으니 네 부모님을 만나서 이야기하고 네가 했던 여러 일들을 알려주겠다'는 경고 차원일까? 이런 생각으로 학부모 면담을 요청한다면 크게 도움 되지 않을 것이란 이야기를 먼저 들려주고 싶다.

첫 번째 경우 부모를 향해 '당신이 잘못 키워서 당신의 자녀가 그런 것이 아닌 가요?'라는 마음이 감춰져 있다고 할 수 있다. 이 경우 상담을 하는 교사의 얼굴과 몸, 목소리와 어투에 비언어적인 정보가 담겨 학부모 상담에 한계를 만들곤 한다.

두 번째 경우는 학생을 협박하는 것이다. 학부모를 교사 편으로 만들어 앞으로의 싸움에서 유리한 고지를 취하겠다는 의도라 할 수 있다. 그러나 학부모는 그 학생의 부모라는 것을 기억하자. 그리고 이 경우 학생의 입장에서는 교사가 굉장히 비겁하다고 생각할 수 있다. 적절한 생활지도 요령과 학급 내 시스템이 있었다면 이런 취지의 학부모 상담까지 생각하지 않았으리라 본다. 학생을 구석에 몰아놓고 소리를 지르거나 체벌을 가하고, 학부모에게 학생의 안 좋은 모습을 일일이 말로 전하는 행위 뒤엔 '난 너를 어떻게 해야 할지 모르겠어. 빨리 바뀌지 않으니 화가 나!'라는 생각이 감춰져 있다.

학생 지도가 힘들어서 면담을 해야 한다면, 학부모에게 있는 그대로 이야기하면 된다. 감정적이지 않게 '도움을 요청'하는 방식이 좋다. "어머님, 학급에서 ~일이 있었는데 ○○에게도 도움을 주고 싶고, 학생에 대해 이해를 하고 싶어요. 저는 아이를 만난 지 몇 달 되지 않았지만 평생 아이를 봐오셨으니 저에게 도움과 조언을 주실 수 있을 거라 생각해요. 전화로 이야기하다 보면 항상 오해가 만들어지기도 하니, 괜찮으시면 잠깐 시간을 내주세요. 어머님, 도와주세요." 등의 말로 도움을 요청하고, 아이를 이해하고 싶다는 욕구를 보여주자. 그리고 아이가 힘든 행동을 보이긴 하지만 소중한 제자이고 감싸고 싶다는 마음을 담아 초대를 하자.

학부모가 학교로 오시면 최대한 반갑고 감사한 마음으로 인사드리자. 좋지 않은 일로 오셨으니 학부모 또한 마음이 불편하다는 것을 기억하자. 자리에 앉으면 차분하게 학생에 대해 좋은 것들부터 이야기하자. 그리고 나서 힘들었던 일들에 대해 이야기하자. 최대한 객관적인 입장에서 이야기하고, 나중에 담임의 입장과 관점에서 어떤 노력을 했는데 잘 되지 않아 마음이 어떠했는지 등의 이야기를 나누자. 비슷한 일이 가정에서 있지는 않았는지, 그럴 때면 엄마는 어떻게 처리를 하는지 물어가면서 조언을 듣자.

때론 문제 상황에 대해 부모도 어떻게 해야 할지 몰라 난감해 하는 경우도 있다. 모든 부모는 최선을 다하고 있는데 방법을 몰라서 힘들어 하는 경우가 있다는 것을 기억하자. 학부모를 비난하거나 당신 실수, 잘못이라는 느낌을 은연중에라도 만들지 말자. "저는 몇 달 동안 힘들었는데, 어머님은 더 오랜 시간 동안 고민하시고 힘드셨을 것 같아요. 우리 함께 힘내요." 등의 말로 마음을 담아 이야기하거나 손을 잡아보자. 뭔가 해답을 얻지 못하더라도 학급 내 상황을 가정에 알리고, 교사의 노력을 전달하는 것만으로도 충분하다. 부모님의 지지와 응원을 떠올리면서 어려운 상황을 현명하게 해결해 보겠다고 이야기하자.

가끔 교사가 학생의 모든 것을 바꿀 수 있을 것이라는 판타지를 가진 학부모가 있다. 하지만 부모가 오랜 세월 동안 영향을 준 자녀의 감정처리시스템과 관계 패턴이 한번에 바뀌는 것은 불가능하다. 그건 부모의 몫이며, 교사는 작은 변화를 기대하며 정해진 기간 동안 지지하고 격려하는 역할이 더 어울린다는 것을 기억하자.

⎯⎯ 감정에 휩싸여 학부모가 학교로 찾아왔다면

학생 일 때문에 감정에 휩싸인 경우 학부모가 상황을 객관적으로 바라보지 못하고, 전체를 바라보지 못하는 상황이라고 생각하자. 감정에 휩싸여 있으면 차분한 이야기를 나눌 수 없다. 그래서 가장 먼저 그 감정이 조금 줄어들도록 만드는 것이 우선이다. 바로 응대하기보다는 약간 시간을 두는 것이 좋다. 오늘 면담하러 학교에 오겠다고 하면 다음 날로 미루거나 시간을 미루는 것도 좋다.

시간이 지나면서 감정이 수그러들고 상황을 조금 더 넓게 보는 경우가 있다. 학교폭력 상황이고 보상 관련된 일 등이 관여하는 경우라면 브로커가 끼어들기도 하기 때문에 날짜를 미루기 어려울 수 있다. 이 경우 서로 숨을 고르며 상황을 돌아볼 수 있도록 시간 약속을 정하고 교감, 교장 선생님 등 관련 담당자에게 미리 연락을 취하자. 일대일로 만나면 교사 또한 감정에 휩싸일 수 있으니 교감 선생님 등 중재할 힘이 있는 분과 함께하는 것이 좋다.

학부모가 오면 시원한 물이나 음료수를 드리면서 "굉장히 속상하신 듯한데 무슨 일 때문에 그러시나요?" 하고 차분히 물어보자. 이야기를 들으면서 "그러셨군요", "속상하셨겠어요" 등의 말로 공감해 주자. 항상 우리 얼굴과 몸에선 비언어적인 감정이 상대방에게 전달되고 있음을 기억하자. 학부모가 감정적 에너지를 풀어낼 수 있도록 도와주자. 그런 뒤 '어떤 도움이 필요한지' '바라는 것이 무엇인지' '하고 싶은 이야기가 정확하게 무엇인지' 등으로 '중요한 욕구'를 말하도록 하자.

학부모의 이야기를 들으면 "우선 그렇게 이야기해 주셔서 감사합니다. 제 자리에서 할 수 있는 최선을 다하겠습니다. 그리고 언제까지 답변 또는 소식을 드리겠습니다."라고 이야기하자. 감정적인 사람들은 인내심이 그리 많지 않기 때문에 답이 늦어지면 그사이에 화가 더 올라와 교사에게 전화를 걸어 험한 말 등을 하기도 한다. 따라서 시간을 정해 놓는 것이 좋다. 그런 뒤 차분히 헤어지고 학부모가 감정적으로 변하게 된 상황을 파악하고, 그 상황 속의 '싸움의 법칙', '감정의 흐름' 등을 파악하자. 상담 용지를 이용해 학부모의 자녀, 사건과 관련된 학생들에게 다양한 이야기를 수합하자. 이 정도가 되면 그림이 그려지고 다음 상담 때, 훨씬 수월하게 이야기를 나눌 수 있을 것이다.

PART 4

문제해결 프로그램

학교는 여러 사람이 모이는 곳이다.
서로 다른 모습의 여러 학생들이 만나는 만큼 당연히 사건이 생길 수밖에 없다.
반 아이들은 다양한 사건과 관계 속에서 새로운 경험을 하고 여러 감정을 느끼며 성장해 나간다.
이렇게 문제의 해결을 성장으로 연결시키는 것이 매우 중요하다.
교실에 사건이 생기지 않으면 좋겠다는 생각은 내려놓자.
대신 그 안에서 어떤 배움과 성장을 만들어가야 할지 고민해 보자.
교실 내 평화와 이해, 용서와 화해를 만들어
학생들이 편안하게 자리할 수 있도록 하자.

내 탓이라고 생각하지 마세요.
선생님은 지금 잘하고 있어요!

O1
생활지도를 위한 기본 원칙

• • • • • • • • • • • • • • • •

● 저경력 교사 시절에는 이벤트성 프로그램인 '마음 흔들기'로 교실을 변화시키며 보람을 느꼈다. 하지만 시간이 지날수록 일회적인 이벤트보다는 꾸준하고 일관된 생활지도가 더 중요하다는 것을 깨닫게 됐다.

자신의 방식대로 익숙하게 살아온 학생이 한번에 변할 수는 없다. 또 부모가 오랫동안 조각해 온 아이들의 모습을 내가 함부로 평가하고 바꿀 수도 없다. 따

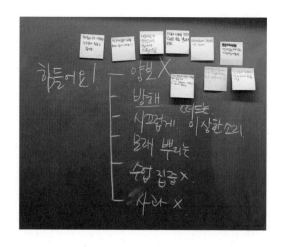

라서 아이들을 크게 변화시키기보다는 학교와 학급 내에서 더불어 살아가는 적절한 삶의 방식을 알려주기 위해 노력해야 한다. 나는 우리 반 규칙인 '너, 나 그리고 우리'에 맞춰 끊임없이 격려하고 지도하며 스스로가 깨닫게 하는 것이 효과적이라고 생각했다. 6학년 부장을 하면서 학년 전체의 여러 학생들을 만나게 될 때에도 일관된 방식으로 지도하고 대화하려고 노력했다. 그랬더니 실제로 학년 전체에 효과가 있었다.

교사는 어떤 기법을 사용하기 전에 먼저 자신의 감정을 확인해 볼 필요가 있다. 학급 내에서 사건을 만났을 때 자신의 내면에 주로 어떤 감정이 올라오는가. 같은 사건을 만나더라도 어떤 교사는 화를 먼저 내고, 어떤 교사는 일단 피하려고 하며, 어떤 교사는 우울해진다. 사건은 같은데 각기 다른 방식으로 처리하는 것은 교사의 '감정처리시스템' 때문이다. 학생의 사건을 해결하는 데 교사의 감정과 욕구가 더해져 때로는 사건이 커지기도 하고, 반대로 쉽게 처리되기도 한다.

'문제를 해결하는 힘'은 내 '감정을 어떻게 조절하느냐'에 달려 있다. 주변의 여러 선생님을 잘 관찰해 보자. 기법을 딱히 익히지 않았는데도 아이들에게 일어난 문제를 잘 해결해 내는 선생님이 있다. 문을 똑똑 두드리고 그분의 비법을 살짝 물어보는 것도 중요하지만, 먼저 평소에 그분이 감정을 어떻게 사용하는지 관찰해 보자. 상황 속에 들어가 감정에 압도당하지 않고 일관된 원칙으로 적당한 거리를 유지하면서 사건을 해결하는 모습을 보게 될 것이다.

마음속에 불편한 감정이 가득한 교사는 작은 사건에도 예민하게 반응하기 마련이다. 기법이 우리 반의 문제 상황을 모두 해결할 것이란 생각은 내려놓자. 그보다 먼저 내 마음의 안정을 찾고, 상황을 관찰할 수 있는 눈이 중요하다.

━━ 문제를 만났을 때 감정에 먼저 빠지지 말자

아직 어린아이인 '학생'이 만든 일에 함께 빠져들지 말고 자신의 감정을 추스르자. 감정이 올라온다면 즉시 문제를 해결하기보다는 학생에게 "○시에 선생님과 이야기하기로 하자!" 하고 말하며 해결을 잠시 늦춰보자. 이렇게 하면 교사도 사건에 대해 조금 더 생각할 여유를 가질 수 있고, 흥분된 감정도 조금은 차분해진다. 나는 이를 위해 뒤에 소개할 상담 용지를 먼저 아이에게 나눠주고 쓰도록 했다. 학생들을 위한 것도 있지만 내 감정을 조절하기 위한 것이기도 했다.

━━ 바로 꾸중하기보다 '마음'을 물어보자

버럭 화를 내기 전에 먼저 생각해 보자. 6학년 때 사건을 저지르겠다고 태어날 때부터 계획한 아이가 있을까? 교실에서 일어나는 사건은 각자 다른 성격을 지닌 아이들이 교실에서 다양한 조합으로 만나게 되면서 발생하는 것이다.

학생이 어긋난 행동을 했을 때 버럭 하고 화를 내거나, 바로 훈육과 교정을 하는 교사가 있다. 하지만 본인의 학창 시절을 돌아보자. 선생님의 꾸중이 스스로에게 어떤 기억으로 남아 있는가? 선생님에게 먼저 이해 받고 싶었던 적은 없었는가? 나는 아이가 어떤 사건을 저지르더라도 바로 꾸중하고 가르치려 하지 않는다. 이유 없는 사건은 없기 때문이다. 내가 가장 먼저 하는 일은 "지금 네 마음은 어때?" 하고 묻는 것이다. 이 질문은 아이의 마음을 다독이며 자연스럽게 대화를 시작하는 질문이기도 하다. 친구와 싸우고 온 학생에게는 "친구와 싸운 뒤, 네 마음은 어때?", 실수로 유리창을 깬 아이에게는 "지금 유리창을 깬 네 마음이 어때?"라는 질문을 하며 자연스럽게 대화를 이어간다. 아이가 실수를 했거나 위로가 필요한 상황이라면 아이의 감정에 공감하며 마음을 녹여준다.

━━ 질문법을 사용하자

때론 학생들이 자신의 감정, 욕구만 생각해서 남에게 피해를 주는 경우가 있다. 그럴 땐 우리 반 기본 규칙인 '나, 너 그리고 우리'에 맞춰 질문해 본다. "지금 네가 한 행동은 우리 모두에게 도움되는 것이었니? 그렇지 않으면 너만 좋은 행동이니?", 학생이 수업 중 이상한 소리를 내거나 뛰는 행동을 했을 때도 역시 "이 행동은 누구에게 좋은 거죠?"라는 질문으로 시작해서 "그러면 어떻게 해야 할까?", "이 일을 해결하기 위해 네가 할 수 있는 일이 뭘까?" 등의 질문을 계속

하며 아이 스스로가 자신의 '행동에 대한 약속'을 이야기하도록 유도한다. 교사가 일방적으로 '이렇게 해야 해!'라고 이야기하는 것이 아니라 학생 스스로가 문제를 인식하고 해결책까지 만들어내도록 하는 것이다. 이렇게 하면 교사에게 꾸중을 들었다는 느낌보다 대화하고 조언을 받았다고 여기게 되며 교사와 학생 사이에 믿음이 쌓인다.

생각해 보자. 감정적으로 누군가 나를 자극했을 때, 선뜻 잘못을 인정할 수 있는가? 어떻게든 날 힘들게 한 사람에게 돌려주고 싶은 마음이 올라온다. 미움으로 돌려주거나 일부러 상대방이 원치 않은 행동을 하기도 한다. 질문과 대화를 통해 학생이 해결책을 만들면 믿어주자. 그리고 옆에서 그 해결을 잘할 수 있도록 도와주면 함께 성장할 수 있다.

—— 알게 된 것을 물어보자

문제에 대한 이야기를 나누고, 해결책을 찾은 뒤 아이를 바로 돌려보내지 말고, 중요한 질문을 하자. "이 일로 무엇을 알게 됐니?" 이 질문은 교실 속에 일어난 여러 문제를 교육적인 상황으로 끌고가는 질문이다. 또 행동 교정뿐만 아니라 교사와의 대화와 해결에 대한 노력을 정리하고 명확하게 기억하도록 하는 질문이기도 하다. 이렇게 질문으로 시작해서 질문으로 끝내보자.

- 다른 학생들이 바라보는 공개적인 장소에서 학생을 꾸중하거나 훈육하는 상황은 피하자. 6학년은 친구들의 시선에 민감한 시기다. 자신이 실수를 인정하고 고쳐야 하는 것을 알지만, 약하게 보이거나 굴복당하는 모습을 보이는 것이 싫어 교사와 힘겨루기를 하는 경우가 있다. 따라서 일대일로 조용한 장소에서 따로 만나는 것이 좋다.

- 두 학생이 싸웠을 때는 둘을 함께 만나지 말자. 서로 '너 때문이야!' 하고 교사 앞에서 싸우는 모습이 생긴다. 따로따로 만나서 이야기를 들어보자. 둘의 이야기를 들어보면 어느 정도 상황이 이해된다. 이때 시간대별로 감정의 흐름을 잘 파악하자. 싸움 때문에 감정이 올라오긴 했지만 싸움이 진행되었던 최초의 '원인'이 있다는 것을 기억하자. 그 처음의 원인부터 차례대로 크고 작은 사과를 하도록 시키면 잘 해결되는 경우가 많다.

- 큰 목소리보다 낮고 작은 목소리로 진행하자. 큰 목소리를 내는 교사는 감정에 사로잡힌 교사로 보인다. 교사가 화내지 않으면서 논리적이고 이성적으로 말한다고 생각할 때 학생들은 귀를 기울인다.

O2
상담 용지 활용하기

●●●●●●●●●●●●●●

● 6학년 교실에서 생기는 여러 문제 상황은 교사의 마음을 자극한다. 하지만 6학년 담임 경험이 많지 않은 교사라면 문제를 수월하게 해결하는 것이 쉽지 않다. 교사가 감정을 담아 학생을 지도하는 실수를 하기도 하고, 잘 처리하고 싶은 노력과 달리 실패하는 경우도 많다.

교사를 도와주기 위해 학교에서는 상담 일지, 상담 용지 등을 제공하기도 한다. 장학사나 선배 교사들은 교실 속 사건이 생기면 모든 것을 기록해 놓으라고 조언한다. 상담 일지는 추후 사건이 더 큰 문제로 이어졌을 때, 교사의 책임을 줄이기 위해 생활지도 증거를 남겨두려는 목적이 있기도 하다. 학교에서 사건이 일어나면 무조건 담임교사에게 책임을 묻는 황당한 일이 많기 때문에 교사는 불안감을 갖고 상담 용지를 작성하기도 한다. 또는 상담 용지가 아닌, '조서'를 쓰도록 학생에게 강요하는 경우도 있다.

대부분의 상담 용지는 시간대별로 어떤 사건이 있었는지 간단히 기록하는 형식이다. 하지만 그보다 더 깊이 있는 방향으로 활용하는 방법도 있다. 학생에게 자신을 돌아볼 기회를 갖게 하고, 교사에게는 학생의 행동과 일에 대한 정보를 취할 수 있게 하고, 문제 상황에 대해 폭넓게 볼 수 있도록 도움을 주는 상담 용지를 소개한다.

6학년 학교 상담은 '예방과 위로'보다는 '해결과 중재' 상황이 대부분이었다. 그래서 사건에 대한 '정보 파악'과 함께 사건 순서에 맞춰 '마음의 정도'와 '알게 된 것'이 담기도록 적게 했다. 상담 용지를 이렇게 하니 장점이 많았다. 쓰는 동안 내 마음도 조금 더 안정됐고, 학생의 감정도 가라앉는 것을 봤다. 글로 쓰게 하니 말로 정보를 얻는 것과 비교해 조금 더 정제된 정보를 얻을 수도 있었다. 여러 학생들이 얽히고설킨 사건에서도 상담 용지에 담긴 글을 토대로 문제의 원인을 찾아 해결할 수 있었다.

최근 몇 년간 정유진 선생님과 교사힐링캠프, 교사연수과정을 운영하면서 '문제해결'에 대한 여러 이야기를 나눌 기회를 가졌다. 그 과정에서 정유진 선생님의 '학급운영 시스템' 속 문제해결 단계를 보게 됐다. 정유진 선생님이 사용하시는 프로그램에 내 방식을 더해 상담 용지를 만들어 운영했더니 효과가 좋았다. 학생들 간의 싸움, 따돌림, 도난사건, 교과전담 선생님에 대한 무례한 태도 등 다양한 사건사고에 이 상담 용지를 제공했다. 용지에 적힌 내용을 바탕으로 대화를 하고, 나아가 심리극, 역할극 등 심리치료 형태까지 진행할 수 있었다.

파일 하나를 따로 만들어 상담 용지를 시간대별로 모아 보니 우리 반의 생활지도 관련 자료가 하나로 모이는 장점도 있었다. 이 상담 용지는 매번 조금씩 수정이 되었는데, 초기 형태는 아래와 같다.

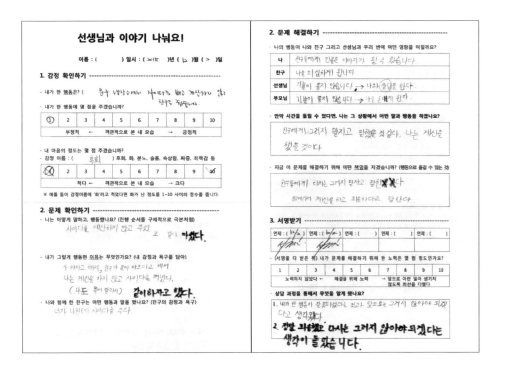

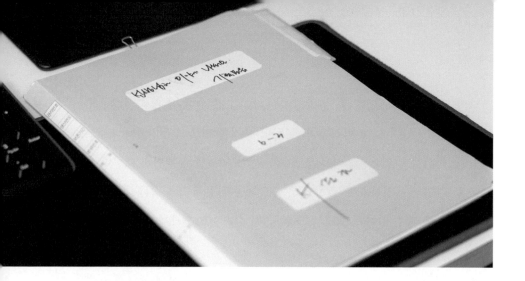

위의 내용은 학생 두 명이 문구점에서 계산을 하지 않고 냉장고에 있던 음료수를 들고 왔던 사건이다.

상담 용지의 첫 부분에서는 스스로를 평가하고, 주로 사용하는 감정을 확인하도록 유도했다. 이 과정을 통해 아이에게 반성의 기미가 올라오는 것을 볼 수 있었다. 학생이 기록한 감정인 '후회'를 가지고 이야기를 시작했다. 그리고 '문제 해결하기' 항목에 작성한 다른 사람의 마음에 대한 기록을 토대로 더 깊은 대화를 나눌 수 있었다. 함께 '사과하는 것'을 연습하며 행동을 교정했고, 실제로 문구점에 가서 사과를 하고 돌아왔다.

나는 상담 용지를 100장 정도 미리 인쇄해서 파일철 안에 담아 가지고 있다가 사건이 생기면 즉시 제공하고 이야기를 나눴다. 6학년 부장을 할 땐, 동학년 선생님들께 제공해서 여러 반이 얽혀 있는 사건도 함께 상담하고 해결했다. 상담 용지의 유용함을 느낀 동학년 선생님들도 나처럼 파일철로 모으고, 여러 해결과 중재를 만들어냈다. 위의 파일 형태로 몇 달간 다양한 실험을 거친 뒤, 조금 더 용지를 다듬게 됐다. 수정된 용지는 다음과 같다(양식은 서준호 선생님의 마음 흔들기 블로그 '6학년 담임 해도 괜찮아!' 게시판에서 다운로드 받을 수 있습니다).

선생님과 이야기 나눠요!

| 일시 | 년   월   일 | | 이름 | |

1. 감정확인하기 ---

- 내가 한 행동은? (   )

- 내가 한 행동에 몇 점을 주겠습니까?

1	2	3	4	5	6	7	8	9	10
부정적 〈--------------------------- 객관적으로 본 내 모습 ---------------------------〉 긍정적									

- 내 마음의 정도는 어떠한가요? : 감정 이름 (   ) (, 화, 분노, 슬픔, 속상함, 짜증, 죄책감 등)

1	2	3	4	5	6	7	8	9	10
작다 〈------------------------------- 내 감정의 크기 -------------------------------〉 크다									

* 예를 들어, 감정 이름에 '화'라고 적었다면 화가 난 정도를 1~10 사이의 점수로 나타냅니다.

2. 문제 확인하기 --

- 나는 어떻게 말하고 행동했나요? (진행된 순서대로, 구체적으로)

- 내가 그렇게 행동한 이유는 무엇인가요? (내 감정과 욕구를 담아)

- 나와 함께 한 사람이 있다면, 그 친구는 어떤 말과 행동을 했나요? (친구의 감정과 욕구)

정유진 선생님의 **학급운영시스템** & 서준호 선생님의 **마음 흔들기**

284 • 285

3. 문제 해결하기 --

- 나의 행동이 다른 사람에게 어떤 영향을 미칠까요?

나	
친구	
선생님	
부모님	

- 만약 시간을 돌릴 수 있다면, 나는 그 상황에서 어떤 말과 행동을 하겠나요?

- 이 문제를 해결하기 위해 어떤 해결책을 시도해 보겠습니까?

4. 돌아보기 --

언제 ( )	언제 ( )	언제 ( )	언제 ( )	언제 ( )
서명 ( )	서명 ( )	서명 ( )	서명 ( )	서명 ( )

- 선생님과 상담을 하면서 무엇을 알게 됐나요?

- 선생님의 기록

정유진 선생님의 **학급운영시스템** & 서준호 선생님의 **마음 흔들기**

- '내가 한 행동은?'은 학생이 직접 작성해도 되지만, 교사가 명확하게 기록해 주는 것이 좋다.

- 감정을 수치화해서 골라보게 하는 것은 학생의 마음을 파악하는 데 큰 효과가 있다.

- '문제 확인하기' 단계에서 학생이 자신의 이야기는 빼고 남의 이야기만 쓰려는 경향이 있으므로 잘 지도해 주자.

- '문제 해결하기' 단계의 '선생님'과 '부모님' 부분에서는 아이들의 눈빛이 달라진다. 빈 의자를 놓고 학생이 엄마의 역할이 되어보도록 한 뒤, 이 사건을 알게 된 뒤 느낌을 물어보는 식으로 심리극의 '역할 바꾸기' 상담을 추가 진행할 수도 있다.

- 해결책을 만들어보고 바로 시행하도록 하자. 때론 의자를 놓고 상대방처럼 앉아서 연습 상대가 되어주기도 했다.

- 서명은 심리적 압박감을 위해 5칸을 만들어놓았다. 5번 만나기로 했는데 대부분 2회 정도에서 잘 마무리가 됐다.

- 모든 상담이 끝난 뒤엔 교사의 기록도 중요하다. 그래서 마지막 '선생님의 기록' 부분을 추가했다. 학생과 만날 때마다 이 용지를 들고 가서 상담하면서 알게 된 것을 기록했다.

03

선생님의 눈으로 나를 바라보기

●━●━●━●━●━●━●━●━●━●

● 심리극 기법은 사이코드라마로 잘 알려져 있다. 전문가의 영역이고
또 심리치료를 위해서만 사용하는 것이라 생각할 수 있겠지만 꼭 그런 것만은
아니다. 몇 개의 기법은 비전문가인 교사가 학교 생활지도와 상담 속에서도 활
용이 가능하다. 나는 심리극 전문가라는 이유로 상담센터에서 사용했던 기법의
일부를 학교에서 적용해 볼 기회가 있었다. 실제로 이 기법은 꽤 많은 해결과

중재, 이해를 만들어냈다.

내가 학교 현장에서 주로 사용했던 것은 '역할 바꾸기'라는 기법이다. 도덕 교과서에 나오는 '입장 바꿔 생각해 보기'와 유사하다. 교과서의 내용이 다소 피상적인 활동이라면, 심리극 역할 바꾸기는 빈 의자를 활용하고, 서 있는 위치를 바꿔 '질문에 답하면서' 조금 더 깊이 사고하도록 만든다.

위치를 바꾸는 행위는 역할 속에 들어가도록 돕는다. 역할에 맞는 가벼운 질문으로 시작해 몰입을 돕고, 이후 중요한 질문으로 들어가 그 역할의 입장에서 세상과 타인을 바라보도록 할 수 있다. 역할 바꾸기 기법은 심리극 중 거리 두기, 상황에 대한 객관화, 타인 공감 등에서 활용되는데, '엔진 역할'을 한다고 말할 수 있을 만큼 매우 중요한 기법이기도 하다.

예를 들어보자.

보통 수업이나 일상 생활지도 속에서 "네가 엄마라고 생각해 봐. 기분이 어떻겠니?"라는 질문을 하면 학생은 "기분 나빠요." 등의 답을 하게 된다. 이처럼 '입장 바꿔 생각해 보기'는 피상적인 이해의 수준에서 끝나는 경우가 많다. 반면 '역할 바꾸기' 기법은 실제로 의자 두 개를 마련한 뒤 한쪽 의자에 앉고, 반대쪽 의자는 엄마 자리로 약속하자. 자리에서 일어나 엄마 자리에 앉으면 '엄마'처럼 생각하고 답을 하기로 하자. '누구의 엄마인가요?' '자녀의 이름은 어떻게 되죠?' 등의 질문으로 엄마의 자리에서 그 역할에 들어가도록 유도한다. 그런 뒤, "아들이 다투다 친구 얼굴에 상처를 냈다는 사실을 알게 됐어요. 어머님 마음이 어떠세요?", "어머님, 아들에게 뭐라고 하고 싶으세요?", "어머님, 아들이 어떻게 하면 화가 풀리시겠어요?" 등의 질문을 하고 답을 하도록 한다. 그러면 피상적인 질문을 했을 때보다는 좀 더 깊은 수준의 답이 나온다. 그렇게 타인의 눈으로 나를 보면 내 행동을 교정하는 효과까지 만들어진다.

이 방식을 이용해 '교실 속 내 모습'을 친구나 선생님의 눈으로 바라보게 만드는 프로그램을 운영하기도 했는데 반 전체 분위기가 달라지는 것을 경험할 수 있었다. 그만큼 효과가 좋아서 다양한 역할 바꾸기 프로그램을 만들고 활용했었다.

여기서는 '선생님의 눈으로 나를 바라보기'를 소개한다. 부적응 행동을 하는 학생에겐 교정의 효과가, 교실 속에 잘 머물러 있는 학생들에겐 교사와의 협력을 더 끈끈하게 만드는 결과가 있다. 아래 매뉴얼대로 반 아이들과 함께 해보자. 심리극 전문가가 아니어도 얼마든지 진행할 수 있다.

나는 '과제를 모두 안 해왔을 때' 다음과 같은 기법을 활용했다.

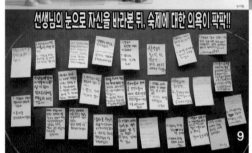

1   반 아이들을 2명씩 짝이 되도록 한다.

2   한 명은 '질문하는 사람', 다른 한 명은 '역할을 경험하는 사람'이라 정하자. 분단으로 앉아 있으면 한 줄은 질문, 다른 한 줄은 경험으로 나누어도 좋다.

3   '질문하는 사람'은 자리에 일어나서 의자 옆에 서도록 한다.

4   '역할을 경험하는 사람'은 짝의 자리에 앉고, 자신의 의자를 비워둔다. 의자에 앉으면 담임선생님이 되기로 한다. 그리고 '담임선생님처럼 생각하고 답을 하기'로 하자. 연기를 하는 것이 아니고 질문에 답만 하기로 한다.

5　'질문하는 사람'은 TV에 비춰지는 문장을 읽으며 '담임선생님 역할을 경험하는 사람'에게 한 문장씩 질문한다. 이곳에 선생님의 마음을 알면 좋겠다 싶은 질문을 넣어 운영해 보자.

- 몇 학년 몇 반 담임선생님이세요?
- 선생님 성함은 어떻게 되세요?
- (비어 있는 자리를 가리키며) 저 학생 이름은 무엇인가요?
- 저 학생은 선생님이 보셨을 때 '교실 평화'를 위해 어떤 노력을 하고 있나요?
- 혹시 저 학생이 '교실 평화'를 깨는 행동이나 말은 하지 않나요?
- '행복한 교실'을 위해 저 학생이 노력하면 좋겠다고 생각하는 것을 이야기해 주세요.

6　질문과 답이 끝나면, 담임선생님 역할을 경험했던 학생은 자리를 옮겨 원래 자신의 자리로 돌아오도록 한다. 그리고 질문하는 사람도 자신의 자리에 앉는다. 그런 뒤 '질문하는 사람'은 "담임선생님의 눈으로 나를 바라보니 어떤 생각과 느낌이 들었어요?"라고 질문한다. '역할을 경험한 사람'은 답을 한다.

7　서로 역할을 바꿔 경험해 본다.

8　모두가 담임선생님의 눈으로 자신을 바라보는 일을 끝내면 아래의 형식과 같이 포스트잇에 자신의 생각과 느낌을 적어 칠판에 붙이도록 한다.
- 역할 바꾸기를 통해 무엇을 알게 됐나요?
- 교실 평화를 위해 내가 노력할 것은 무엇인가요?

9　칠판에 붙여놓은 포스트잇의 글을 하나씩 읽고 피드백한 뒤 다음과 같은 멘트로 마무리를 해보자.

"누구나 세상을 자신만의 관점으로 바라본단다. 하지만 가끔 다른 사람의 눈으로 나를 바라보면 나를 더 깊게 이해하는 기회를 얻을 수 있단다. 선생님의 눈으로 나를 보면서 내 장점을 알게 된 경우도 있고, 때론 선생님이 '나 때문에 고민하고 있겠구나' 하는 마음이 들었던 학생도 있을 거야. 하지만 기억하렴. 선생님은 너희를 있는 그대로 존중하고 사랑한단다. 선생님이 꾸중하거나 따로 불러 이야기하지 않아도 이 경험을 통해서 너희가 교실 평화를 위해 조금 더 노력하는 학생들이 될 거라 믿어. 포스트잇에 써놓은 것처럼 노력하는 너희들이 되길 바란다. 선생님도 가끔 너희들 중 누군가의 역할이 되어 더 이해하도록 노력해볼게."

- 6학년은 동성끼리 해도 좋지만, 남학생들끼리 진행하면 장난을 하는 경우가 있다. 미리 진지하게 활동에 임하도록 지도하자. 때론 앉아 있는 자리 그대로 짝과 하도록 하자. 만약 장난스럽게 참여하는 학생이 있다면 (웃고 있던) 남학생을 앞으로 불러 선생님과 역할을 바꿔본다. 선생님의 입장이 되어 교실을 보게 한 뒤 '교실에 평화를 만들고 싶어서 프로그램을 시작했는데 반 학생들이 웃으니 선생님 마음은 어때요?'라고 물어보자. 그런 뒤 '반 아이들에게 약간의 조언을 해주세요'라는 질문으로 선생님의 입장에서 친구들에게 말을 하도록 한 뒤 자신의 자리로 돌아가게 할 수 있다.

- '교실 평화' 대신 현재 반에 일어나고 있는 사건, 불편한 일을 주제로도 진행해보자.

- 교사가 심리적으로 불안정한 상태에서 단지 반 아이들을 조정하기 위해 이 방법을 사용하는 것은 추천하지 않는다.

- 역할 바꾸기 기법은 연기가 아니다. 즉 선생님처럼 행동하고 목소리를 만들어서하는 것이 아니라 그냥 빈 의자에 앉아서 선생님처럼 생각하고 자신의 목소리로 편하게 답을 하는 것이다.

04

친구들의 눈으로 나를 바라보기

● 선생님의 눈으로 나를 바라보는 것보다 더 큰 힘은 '친구들이 나를 어떻게 바라보느냐'이다. 앞서 소개한 '역할 바꾸기' 기법으로 반 아이들 전부가 돌아가면서 반 학생 중 한 명이 되어보는 시간을 가졌다. 놀라운 것은 활동 마지막에 친구들의 '조언'이 붙은 포스트잇을 보고 실제로 행동을 교정한 아이들이 많았다는 것이다. 교사인 내가 여러 번 이야기하는 것보다 친구들의 생각을

들을 수 있는 이 활동 한 번이 더 큰 효과가 있었다.

　처음 이 활동을 적용했을 때 뽑힌 아이는 한 학기 동안 친구들과 어울리지 못하고 혼자서 책만 보는 철민(가명)이었다. 교실에서 LCSI 워크숍을 통해 모두가 다르고, 각자 최선을 다하고 있다는 것을 이해하고 있었던 반 아이들은 철민이를 있는 그대로 인정하고 혼자서 책 읽는 것도 자연스러운 모습으로 생각하고 있었다. 하지만 철민이의 마음속에는 친구들과 함께 어울리고 싶은 욕구가 있었다. 때로는 개인 상담보다 집단 상담이 더 큰 효과가 있는 것처럼, 반 아이들의 지지와 격려를 철민이에게 전달하고 싶었다. 반 아이들에게도 잔잔한 감동을 만들어주고 싶어서 다음과 같이 '역할 바꾸기'를 진행했었다.

　두 명씩 짝이 된다. 한 사람은 '질문하는 사람', 다른 한 사람은 '친구가 되어보는 사람'이라 약속한다. 질문하는 사람은 자리에 일어나 의자 옆에 서고, '친구가 되어보는 사람'은 비어 있는 옆 자리에 가서 '철민'이가 되어 철민이처럼 생각하고 답을 하기로 한다.

　질문하는 사람은 TV에 제시된 아래의 질문을 하나씩 해본다.

"넌 이름이 어떻게 되니?"

"넌 어떤 학생이야?(성격, 표정, 노는 방식 등)"

"쉬는 시간에 책만 읽는 이유가 뭐니?"

"쉬는 시간, 친구들이 무리지어서 놀고 있는 모습을 보면 마음이 어때?"

"반 친구들에게 부탁하고 싶은 말이 있으면 해줘."

　철민이 역할을 했던 학생은 다시 자신의 자리로 돌아오고, 질문하는 학생도 다시 자리에 앉는다. 그리고 역할을 바꿔서 경험해 본다. 모두 철민이가 되어보는 경험이 끝나면 책상 위에 색이 다른 포스트잇 세 장에 각각 다음의 사항을 적는다.

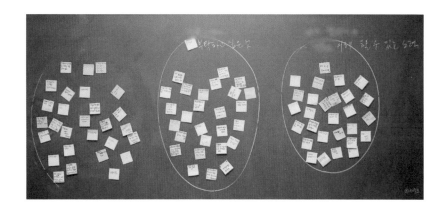

- 철민이의 장점
- 철민이에게 부탁하고 싶은 것(마음 상하지 않도록 따뜻하게)
- 철민이와의 관계를 위해 내가 할 수 있는 것(이곳엔 실명을 적는다)

교사는 철민이의 장점을 꼼꼼하게 읽어주면서 철민이 안에 여러 힘이 있음을 기억하도록 이야기한다. 그런 뒤 장점이 쓰인 포스트잇을 선물로 주자.

조언하는 내용의 포스트잇은 칠판 한 곳에 모아 생각을 정리해 준다. 이 부분이 조금씩 변화되기를 마음을 담아 전달한다.

"때론 한 친구를 보면서 이해가 되지 않을 때가 있지요. 그래서 그 친구가 잘못됐다고 말하고, 좋지 않게 평가하곤 합니다. 하지만 이런 활동으로 그 친구의 입장을 조금이라도 경험하는 순간 내가 최선을 다하고 있는 것처럼 그 친구도 최선을 다하고 있다는 것을 이해하게 됩니다. 내가 친구를 바라보는 눈이 바뀌면 친구가 나를 바라보는 눈도 바뀌게 됩니다. 그리고 교실엔 평화가 자리하지요. 여러분이 적어낸 포스트잇을 보면서 선생님은 감동했답니다."

처음 이 활동을 할 때, 몇 번이나 울컥울컥 눈물이 올라왔었다. 아이들은 친구의 장점을 정확하게 파악하고 있었다. 친구들이 생각하는 자신의 장점을 읽어주는 순간 그날의 주인공 녀석의 눈에도 눈물이 고였다. 그리고 두 번째 부탁하고 싶은 것에서 친구들은 철민이에게 '함께 놀자', '같이 놀자'고 끊임없이 이야기했다. 아이들은 마음의 준비가 됐는데, 철민이는 자기 스스로 벽을 만들고 있었음을 이 활동 속에서 알게 됐다. 바로 다음 쉬는 시간부터 철민이는 아이들 속으로 들어갈 수 있었다. 세 번째 포스트잇에 실명으로 공약을 선언해서 그런지 아이들도 보다 적극적으로 관계를 만들어갔다. 철민이는 이 활동이 끝나고 소감을 적은 포스트잇에 '교실은 희망'이라고 적어냈다. 철민이와 개별적으로

여러 이야기를 나누고, 상담을 요청해서 더 깊은 활동도 했지만 그 어떤 것보다 친구들의 지지가 가장 큰 힘이 된다는 것을 이 활동을 통해 느꼈다.

이 활동은 무엇보다 교실의 평화를 깨는 학생에게 효과가 있었다. 아무래도 두 번째 포스트잇의 '부탁하고 싶은 것'은 조언이라고 포장되어 있지만 사실은 '너의 이런 점이 다른 친구들을 힘들게 해'라는 마음이 담겨져 있다. 아이들은 이 사실을 재빨리 알아차린다. 자꾸 교실의 평화를 깼던 한 아이는 포스트잇에 여러 번 나온 '너무 뒷담화하지 말아줘'라는 말에 자신의 행동을 교정했다. 또 다른 아이는 '너무 끼어들지 말아줘'란 반복된 표현에 친구들에게 다가가는 방식을 수정했다.

다음 학생을 주인공으로 이 활동을 진행할 때면 시작하기 전에 잠시 시간을 가졌다. 지난번 활동 때 적어낸 약속을 지키기 위해 그동안 내가 어떤 노력을 했는지 포스트잇에 적어 앞에 붙여보도록 했다. 이런 활동을 반복했더니 행동이 더 강화되고 실제 교실에서 자신의 약속을 지켜나가기 위해 노력하는 모습을 볼 수 있었다.

• 한 학생을 타깃으로 운영해서는 안 된다. 내 경우엔 일주일에 한 번 '○○○의 날'을 운영했다. 해당 일이 되면 주인공인 친구를 보다 깊게 이해하기 위해 20분 정도의 시간을 할애했다. 활동이 끝나면 주인공이었던 학생이 친구들의 이름이 쓰인 아이스크림 막대 중 하나를 선택해 다음 주인공이 될 친구를 뽑았다.

• 때로는 특정 학생을 위해서 아이스크림 막대에 모두 그 학생 이름을 적어놓기도 했었다. 아이들은 항상 사용하던 이름 뽑는 통이라 알아차리지 못했다.

• 교사가 주인공을 고르지 않고, 아이들이 막대로 주인공을 뽑게 했을 때 활동은 더 강력한 힘을 갖게 된다. 그래서 학년 초 같은 색의 아이스크림 막대를 꽤 많이 구매해 놓곤 했다.

05
싸움의 법칙 이해하기

● 작은 다툼으로 끝날 일이 때로는 걷잡을 수 없이 커지기도 한다. 학부모 간의 다툼이나 고소, 고발로까지 이어지는 큰 사건들도 흐름을 따라 처음으로 돌아가보면 아주 작은 다툼이나 오해에서 출발하는 경우가 많다.

어떤 사건이든 초반에 잘 처리하면 사태가 커지지 않는다. 교사가 사건을 놓치거나, 사태를 인지했지만 대강 넘겨버렸을 때, 혹은 교사가 감정적으로 불안정해서 사건을 제대로 처리하지 못했을 때는 작은 사건이 크게 번질 수 있다.

이렇게 되면 교사뿐만 아니라 학부모, 관리자까지 사건에 관여하게 되고 더 많은 에너지가 쓰이게 된다. 이러한 경험들은 교사를 무력하게 하고 앞으로 학교에 생길 일들에 두려운 마음을 갖게 한다.

　다툼이나 사건은 교사 혼자만 신경 쓸 것이 아니라, 학생들도 함께 해결하기 위해 노력해야 한다. 이를 위해 다툼과 화해의 과정 속에서 생겨나는 감정들을 아이들이 인지하고 이해하도록 해야 한다. 반 학생들에게 효과가 있었던 몇 개의 크고 작은 프로그램을 아래에 소개한다.

싸움이 커지는 단계를 '공'에 비유해 보자. 칠판에 그림을 그려가며 이야기하는 것도 좋다.

　"가끔 작은 싸움이 큰 싸움으로 발전되는 것을 보곤 한다. 그럴 때면 선생님은 크고 작은 여러 공을 떠올리곤 해. 누군가 던진 탁구공에 맞으면 아파서 나도 뭔가를 던지고 싶지. 그럴 때 탁구공보다 더 작은 것을 던지거나 씩 웃고 상대방과 대화를 나누면 상황은 더 커지지 않지. 하지만 우린 더 큰 것을 돌려주고 싶어 해. 그래서 야구공을 상대방에게 던진단.

야구공에 맞은 친구는 '내가 던진 것은 탁구공인데, 넌 야구공이야?' 하는 생각에 억울한 마음이 올라온단다. 억울한 마음은 또 돌려주고 싶은 마음을 만들지. 그래서 조금 더 큰 공을 고르게 된단다. 그래서 축구공을 던진단.

축구공에 맞은 나는 또 억울함과 아픔이 올라와서 농구공을 던지고, 그리고 상대는 나에게 볼링공을 던지지. 다툼은 언제나 이렇게 커진단다. 6학년에서 생기는 여러 다툼도 그래. 처음 탁구공을 주고받았을 때 서로 더 작은 것을 던지거나 씩 웃어버리고 대화를 나누면 더 이상 큰 공을 던지지 않게 된단다. 우리는 언제나 선택을 할 수 있어."

이제 다툼의 흐름을 좀 더 깊게 살펴보자.

남학생 중 목소리가 크고 눈매가 좀 매서운 두 명을 앞으로 불러낸다. 선생님이 조각가, 학생들은 찰흙이 된다고 가정하고 선생님은 두 학생이 서로 멱살을 잡고 싸우는 장면을 만들어본다. 장면을 연출하는 순간 반 아이들의 웃음이 터져나오기도 한다. 서로 싸울 때 상대를 강하게 제압할 수 있는 아주 짧은 말을 학생들에게 알려달라고 한다(예 : 죽을래? 뒤질래?). 각자에게 이 말을 주고 선생님이 어깨를 터치할 때만 말하기로 약속한다.

한 명에게 다가가 터치를 한다. 자신에게 해당되는 말을 상대방 눈을 째려보

면서 하도록 부탁한다. "죽을래?" 하고 말을 하면 상대에게 마음이 어떤지 물어본다. 화가 난다고 하면 그 마음을 담아 자신의 대사를 말하도록 한다. "뒤질래?"

한 명을 세 번 터치한다. "죽을래? 죽을래? 죽을래?" 다른 한 명은 한 번을 터치한다. "뒤질래?"라고 말하면, 상대방이 세 번 이야기했는데 난 한 번밖에 말하지 못하니 마음이 어떤지 물어본다. 틀림없이 더 하고 싶다고 말한다.

실제로 싸울 수 없으니 목소리 크기로 싸움을 대신 하기로 이야기하자. 처음엔 아주 작은 목소리로 자신의 대사를 말하기로 한다. 약간의 텀을 두고 한 명의 어깨를 터치하고, 다른 한 명의 어깨를 터치한다. 계속 터치를 하다 보면 서로 손에 힘이 들어가면서 상대를 보며 소리 지르는 상태가 된다. 그때 서로에게 기분을 물어본다. 틀림없이 좋지 않다고 답할 것이다. 이런 시범에서도 기분이 좋지 않다면 실제는 얼마나 기분이 좋지 않을지 생각해 보게 한다. 이 장면을 바라보며 어떤 생각이 들었는지 반 아이들에게 물어보고, 앞의 공 이야기와 연결시켜 생각하도록 한다.

이렇게 감정이 격해진 상태일 때, 서로의 싸움을 멈추거나 감정의 크기를 줄일 수 있는 말에는 어떤 것이 있는지 반 아이들에게 물어보자. 아이들 입에서 '미안합니다'란 말이 나오면 그것을 재빨리 캐치하자. 선생님이 터치할 때마다 '미안합니다'라는 말만 하도록 하자. 그리고 상대방보다 더 미안하게 자세를 바꾸도록 하자. 처음 멱살을 잡고 주먹을 쥐고 있던 장면부터 시작하자. 그러면 '미안합니다'라는 말과 함께 주먹이 내려가고, 멱살을 풀고, 서로 몸을 굽히고, 서로 껴안게 되는 정도까지 변한다. 이 장면을 바라본 반 아이들은 어떤 생각이 들었는지 물어본다. '미안합니다' 외에 불편한 감정을 줄이는 말은 또 무엇이 있을지 이야기해 보도록 하자.

때론 작은 싸움이 걷잡을 수 없이 커지기도 하고, 때론 작은 오해가 큰 오해가 되어 서로를 힘들게 만들기도 한다. 감당할 수 없이 커진 많은 일은 반 아이들을 움츠러들게 하거나 때론 어른들의 다툼으로까지 번진다. 작은 공 이야기가 남학생들의 다툼에 초점이 맞춰진 것이라면, '건물의 금' 이야기는 여학생들에게 조금 더 설득력이 있다.

칠판에 똑같은 크기의 건물을 두 개 그린다. 두 건물 밑에 같은 크기의 금을 그린 뒤,
"A 건물의 주인은 작은 금을 보고 약간의 시간과 돈을 들여 수리를 했지만 B 건물 주인은 작은 금

을 보고 괜찮겠지 하는 마음으로 넘어갔단다. A 건물은 더 이상 변화가 없었지만, B 건물은 시간이 지나자 금이 더 커지기 시작했어. B 건물의 주인은 금이 커진 것을 보고도 '괜찮겠지, 나중에 또 손을 보면 되지.'라는 생각으로 넘어갔단다. 시간이 또 지나고 지나면서 금은 더 길어지고, 가지를 치면서 아주 큰 금이 되어버렸단다(그림을 그려나가면서 이야기하자). 그제야 심각함을 알아차린 B 건물 주인은 금을 메꾸려 했지만 들어가는 비용도 많아졌고, 시간도 많이 걸렸단다.

아마 다툼도 그렇지 않을까? 이 금이 '오해'라고 생각해 보자. 처음 오해가 생

기고 서운함이 생겼을 때 그것을 줄이기 위해 마음을 표현하고 해결하기 위해 노력해야 한단다. 초반엔 작은 노력과 힘으로 해결할 수 있지. 하지만 시간이 지나서 오해가 커지고 미움이 커지면 상황을 되돌리고 오해를 풀기 위해 많은 시간과 노력이 필요하게 된단다. 저 B 건물처럼. 그래서 무엇이든지 불편한 것은 더 커지기 전에 잘 처리하는 것이 정말 중요하단다."

이야기를 들려준 뒤, 반 아이들의 생각을 물어보고 소감을 나눠보자.

갑작스러운 다툼, 욱하는 다툼에 대한 이해를 위해 '풍선 이야기'를 하는 것도 좋다. 가끔 집에서 생긴 일로 화가 난 채 학교에 왔다가 친구가 만든 작은 자극에 감정이 폭발하는 아이들의 모습을 보게 된다. 내 마음이 불편할 때면 더 큰 다툼 속으로 들어갈 수 있다는 것을 아래의 활동을 통해 이해시켜보자.

풍선 하나와 칼을 준비한다. 풍선은 내 마음속 '화'라고 가정하자. 살다 보면 화가 쌓일 때가 있다면서 풍선에 바람을 조금 넣은 뒤, "내 마음속에 화가 쌓이긴 했지만 그리 많지 않아서 여러 자극에도 영향을 받지 않는단다. 친구가 비난하는 말을 하거나 칼끝처럼 뾰족한 자극을 줘도 흔들리지 않지. 그리고 그걸 버티거나 없앨 수 있는 힘을 만들기도 한단다. 하지만 화가 계속 더해지면 우리 마음속에 있는 화를 담을 수 있는 주머니는 계속 부풀어 오른단다."

풍선을 팽팽할 정도로 분 다음 볼
펜 끝을 댄다.

"이렇게 되면 칼처럼 아주 날카
롭지 않더라도 볼펜 끝처럼 자극
되는 말을 듣거나 누군가 서운하
게 하면(볼펜 끝을 풍선에 대어 터

뜨린다), 우린 이렇게 풍선처럼 뻥 터져 교실 속 누군가에게 전에 받았던 화를
모두 보내버리기도 하지. 이렇게 욱하는 마음으로 싸움이 만들어지기도 한단
다. 학교는 사건이 생길 수밖에 없고 때론 크고 작은 실수나 오해로 자극이 생
길 수밖에 없단다. 누군가는 웃으며 넘기지만 누군가는 공격하지. 또 누군가는
움츠러든단다. 같은 자극인데, 왜 그럴까? 너희 마음속에 풍선이 있다고 생각
해 보자. 그 안에 불편한 감정이 얼마나 차 있는지, 그리고 그 풍선의 크기를 줄
이기 위해 어떤 노력을 했는지 물어보고 싶구나."

이야기를 마치고 아래 활동과 연결해 이야기를 나눠본다.

손에 풍선 하나를 들고 '화 주머니'라고 이야기하자.

"이것은 우리 모두에게 있는 화 주머니야. 우리는 가끔 화가 날 때가 있는데 적
당히 처리하고 잘 조절하면 주머니 안에 화는 조금 자리한단다."

풍선에 공기를 불어넣어 아주 작은 풍선을 만들자. 그런 뒤 연필 깎는 칼을 꺼
내어 마구 풍선을 찔러보자(걱정하지 말자. 터지지 않는다). 앞에 있는 학생 한두
명에게도 칼로 풍선을 찔러보게 하자. 하지만 터지지 않는다.

"이 칼은 우리가 학교에서 만날 수밖에 없는 사건, 또 다른 말로 자극이라고 한

단다. 그런데 우리 마음속 화 주머니 안에 화가 조금밖에 없다면 이 칼과 같은 사건은 우릴 상처 주지 못한단다. 하지만."

풍선을 더욱더 크게 불자. 그리고 화 주머니 안에 화가 많이 찼을 때라고 이야기하자. Wee클래스에 가서 상담을 받거나, 서로 싸움을 멈추고 사과를 하거나, 화를 흘려보내기 위해 노력을 하면 화 주머니 안의 화가 빠져나가는 것과 같다며 풍선 속 공기를 빼내자.

"하지만 노력하지 않고, 화가 온 방향으로 다시 제대로 돌려주지 못하면, 우리 마음속 화 주머니는 계속해서 부풀어 오르게 된단다(풍선을 다시 크게 분다). 팽팽하게, 팽팽하게. 그러다."

칼을 내려놓고, 뭉툭한 연필 하나를 골라 손에 들자.

"화 주머니가 팽팽해졌을 땐, 꼭 칼처럼 날카로운 사건이 아닌, 연필 같은 작은 사건도 우리 안의 화주머니를 터뜨리고 말지!"

풍선을 연필로 뻥~ 하고 터뜨리자.

"누군가에게는 아무렇지도 않게 지나갈 작은 일이, 때로 누군가에겐 화를 폭발할 정도의 자극이 된단다. 자신이 오랫동안 다른 곳에서 모았던 화를 학교 안의 누군가에게 터뜨리게 되지. 내 안의 화 주머니가 차오르는 것이 느껴지면 화를 빼기 위해 노력해야 해. 그것이 우리 모두가 함께 행복해지는 길이라는 것을 기억하렴."

위의 이야기는 학생에게 들려주는 것이기도 하지만, 6학년 담임에게도 중요한 내용이다. 성장 과정 속에서 분노를 쌓아왔고, 현재의 삶 속에서도 화를 느끼는 일이 많은 교사들이 있다. 이런 상황이라면 당연히 교실 속 학생들의 크고 작은 실수와 다툼에도 너그럽지 못하고 버럭 화를 낼 수밖에 없다. 잘 생각해 보자. 학생들은 매년 비슷한 사건사고를 내고 있는데, 혹시 내 마음속 깊은 곳에 자리한 화까지 꺼내 꾸중하고 있는 것은 아닌가. 너무 강한 규율로 학생들을 통제하고 있는 것은 아닌지 돌아보자. 학생들이 자신의 실수를 돌아보며, 상대방의 마음을 이해하고 더불어 살 수 있도록 가르치는 것이 우리 6학년 담임의 역할은 아닐까?

- 공을 이용해 다툼을 설명할 때, 체육 교구실에서 실제 여러 공을 가지고 와서 이야기하면 더 효과가 있다.

- 활동이 끝난 뒤 느낀 점이나 알게 된 점을 말로 발표하는 것도 좋지만, 포스트잇에 쓴 뒤 칠판에 붙이도록 하면 더 좋다.

- LCSI 주도형에 해당하는 학생들이 서로 멱살을 잡고 싸움을 하도록 하면 큰 역동을 볼 수 있다. 눈매가 매섭고 목소리가 크고 공격적인 학생 두 명으로 시범을 보이자.

- '건물의 금' 이야기 뒤에 실제 그런 경험을 한 적은 없었는지 이야기를 나누거나 포스트잇에 간략한 이야기를 써 붙이도록 하자. 또는 학교에서 생길 일을 예측해 이야기를 나눌 수 있다.

- 반 학생들에게 풍선을 나눠주고 내 화 주머니는 어느 정도인지 불어서 표현해 보게 하자. 재빨리 사진으로 찍어 자료로 활용할 수도 있다. 화 주머니 속의 화

를 조금 빼내기 위해 내가 할 수 있는 일을 풍선에 유성 매직으로 적어보거나 포스트잇에 적어 칠판에 붙인 뒤 그 내용으로 이야기를 나눠보자. 누군가의 화 주머니가 터지지 않도록 반 학생들이 공통으로 교실에서 지켜야 할 약속을 만들어보는 것도 좋다.

06
'역할 바꾸기'와 '빈 의자' 상담 기법

● 앞에서 소개한 것은 반 학생들 전체를 대상으로 한 '역할 바꾸기' 기법이었다. 이번에는 상담 및 갈등 해결에 사용할 수 있는 역할 바꾸기와 빈 의자 상담 기법을 소개하고자 한다. 학년 부장과 6학년 담임을 하면서 거의 대부

분의 사건을 앞서 소개한 '상담 용지'를 토대로 정보를 파악한 뒤, 빈 의자를 놓고 역할 바꾸기를 반복하면서 해결했다. 이 방법은 감정을 진정시키고, 사건을 객관적으로 이해할 수 있게 만드는 등 장점이 많았다. 다음에 소개하는 몇 개의 실제 사례를 보고 6학년 교실에서 잘 응용해 보길 바란다.

—— 가해 학생이 피해 학생에게 사과하지 않을 때

의자 세 개를 놓는다. 한 개의 의자에 학교폭력 가해 학생을 앉게 한 뒤, 반대쪽에 의자 두 개를 놓는다. 반대쪽 의자 중 하나는 피해 학생의 자리라고 약속한다. 그 뒤에 의자 하나를 놓고 가해 학생이 그 자리로 옮겨 앉도록 한다. 그리고 그 사람처럼 생각하고 답을 해보자고 한다. 가해 학생이 자리에 앉으면 그 자리는 피해 학생의 엄마 자리라고 이야기를 한다. 그리고 질문을 시작하자. 질문과 질문 사이에 잠깐의 시간 여유를 주면서 대답을 해보게 한다.

"누구의 어머니인가요?"

"내 아들(또는 딸) 이름이 어떻게 되나요?"

"아들이 넘어져서 무릎에서 피가 나면 엄마 마음은 어때요?"

"아들이 배가 아파서 토하고 열이 오르면 엄마 마음은 어때요?"

보통 이때 '속상해요', '마음이 아파요' 등의 답을 한다. 어느 정도 엄마 역할에 몰입한다고 느껴지면 핵심 질문을 하자.

"아들이 저 앞에 앉아 있는 학생에게 얼굴도 맞고, 배도 맞고, 돈도 뺏겼어요. 그 사실을 알게 된 엄마 마음이 어때요?"

"그런데 어머님, 저 학생이 사과하지 않는대요. 마음이 어때요?"

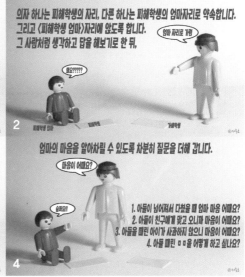

다시 자신의 자리로 돌아가게 한 뒤, 무엇을 알게 됐는지 물어보자. 사과를 해야겠다고 말한다면 선생님이 피해자 자리에 앉아 있을 테니 사과를 해보라고 하자. 사과를 하거든 역할을 바꿔 선생님이 학생이 사과했던 모습을 그대로 따라해 보여주자. 피해자 자리에 앉아서 바라보는 자신의 사과가 어떻게 보이는지 물어보고 다시 자신의 자리로 돌아와 사과를 해보는 등으로 사과하는 법을 다듬어보도록 하자. 그렇게 연습해 본 후 실제로 사과를 하러 가자.

선생님에게 반항하거나 욕설을 하는 학생

한 학생이 담임선생님에게 "씨발"이라는 욕을 하는 사건이 생겼다. 담임선생님은 연약하고 착한 여자 선생님이셨다. 나는 그 학생과 이야기 나눌 시간을 정한 뒤 빈 교실에서 만났다.

의자에 그 학생을 앉게 했다. 반대쪽에 의자 하나를 놓고 그 의자는 담임선생님 자리라 약속했다.

"선생님과 이야기하러 왔는데 지금 기분은 어때?"

"일부러 계획한 것은 아닌 듯한데 욕을 하게 된 특별한 이유가 있니?"

꾸중을 들을까 걱정하고 온 학생의 마음을 먼저 다독였다.

"저 앞에 보이는 의자에 앉으면 담임선생님처럼 생각하고 답을 해보기로 하자. 저 자리에 앉아볼래?"

의자에 앉으면,

"선생님, 성함이 어떻게 되세요?"

"몇 학년 몇 반 담임선생님이세요?"

"(반대쪽 빈 의자를 가리키며) 저 학생의 이름은 무엇인가요?"

몇 개의 질문으로 선생님 역할에 몰입시킨다.

"선생님, 저 학생을 바라보면 어떤 마음이 들어요?"

"저 학생이 선생님에게 욕을 하니까 어떤 마음이 드나요?"

"저 학생에게 한마디 해주세요."

다시 원래 자리에 돌아오라고 한 뒤, 담임선생님 자리에서 어떤 생각이 들었는지 물어보았다.

이 정도만 해도 어느 정도 행동이 교정되고, 조금 더 겸손해진다. 이 활동을 진행하는 교사가 조금 더 역동적으로 진행하고 싶다면, 자리에 앉아 학생 역할을 해보자. 선생님 역할을 하고 있는 학생 면상에 대고 똑같은 욕을 조금 더 심하게 날려주자. "씨발!" 그런 뒤 일어서서 "선생님, 저 학생이 선생님에게 씨발 하고 욕을 하니까 마음이 어떠세요?"라고 물어보자. 감정이 올라온다고 하면, 그 마음을 앞에 앉아 있는 학생에게 이야기하라고 하자. 실제로 감정을 더 자극했더니 효과가 더욱 좋았다.

학급에 자꾸 피해를 주는 학생

6학년 부장을 하던 중에, 다른 반 반장이 편지를 들고 찾아왔다. 교실에서 자꾸만 욕을 하고, 폭력을 행사하는 학생이 있어 고민이라고 했다. 그 학생 때문에 반장으로서 난감하고 힘들다며 도움을 청했다. 해당 반의 담임선생님과 이야기를 나눈 뒤, 방과 후 그 학생을 불러 빈 의자와 역할 바꾸기를 이용해 문제를 해결했다.

의자 두 개를 놓고 의자 하나에 골라 앉도록 했다. 먼저 반에 있으면 무엇이 화가 나는지, 무엇이 힘든지 물어보았다. 그리고 학생의 생각에 공감해 주고, 다독여주는 시간을 가졌다. 교정도 중요하지만, 그 학생의 행동과 말에도 분명 이

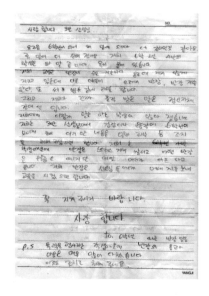

유가 있다는 걸 기억하자. 이야기를 충분히 들어준 뒤, 반대쪽 의자에 앉으면, 그 의자에 해당된 사람처럼 생각하고 답을 하기로 약속했다. 반대쪽 의자에 앉아 '반장'이 되어보라고 했다.

"반장, 이름이 어떻게 되니?"

"그래 넌 몇 학년 몇 반 반장이니?"

"반장을 한 지 얼마나 됐니?"

이런 질문을 통해 '반장' 역할로 들어가게 한 뒤,

"반장하면서 (반대편 빈 의자를 가리키며) 저 학생 때문에 힘든 것은 없었니?"

"저 학생은 어떤 장점이 있니?"

"저 학생이 교실 평화를 위해 어떤 기여를 하고 있니?"

"저 학생이 무엇을 하면 넌 화가 나니?"

"임원으로 최선을 다하는데 저 친구가 '쓰레기 반장, 지랄한다' 하고 말하니 마음이 어때?"

"너에게 정신지체장애인이라고 놀리니까 기분이 어때?"

이렇게 편지 내용을 참고해서 질문을 던졌다. 만약 더 의욕이 있고, 약간의 역동을 사용할 수 있는 교사라면 반대쪽 의자에 앉아서 학생의 눈을 바라보며, 크게 감정을 자극해 보는 것도 좋다.

"쓰레기 반장, 지랄하지 마!"

"니가 뭔데!"

"씨발 병신 같네, 정신지체장애인아!"

그리고 일어나 옆으로 간 뒤, 차분히 물어보았다.

"저 친구가 너에게 욕하니까 임원으로서 마음이 어때?"

"저 친구가 어떻게 하면 네 화가 줄어들까?"

"저 친구에게 한마디 해주렴."

학생에게 다시 원래 자리에 앉으라고 한 뒤, 무엇을 알게 됐는지 물어보았다. 그 답에 따라 다음 대화를 나누면 된다. 반장에게 사과하는 것을 함께 연습하거나 교실 평화를 위해 기여할 수 있는 것은 무엇인지 찾아보게 할 수도 있다.

—— 상담 용지 활용

앞서 소개한 상담 용지의 일부다. '문제 해결하기'에 보면 나, 친구, 선생님, 부모님 입장에서 자신을 돌아보게 만드는 부분이 있다. 이 부분을 이용해 보자.

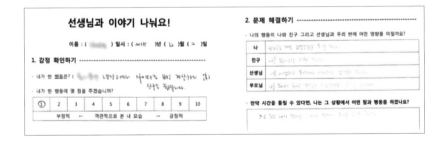

의자 여러 개를 놓고 한 의자에 학생을 앉게 한다.

먼저 엄마 자리에 앉도록 하자.

"누구의 엄마죠?" 또는 "아들 이름이 어떻게 돼요?" 등으로 역할 속으로 조금 더 들어가게 한 뒤,

"어머님, 아들이 문구점에서 음료수를 훔쳤다는 사실을 알게 되니 마음이 어때요?"

"아들에게 한마디 해주세요!"

등의 질문을 던진다. 다음으로 선생님 자리로 가보게 한 뒤,

"저 학생 이름이 뭔가요?" 또는 "선생님 성함은 어떻게 되세요?" 등으로 역할 속으로 들어가게 하자. 그런 뒤,

"선생님, 저 학생의 장점은 무엇인가요?"

"선생님, 저 학생이 문구점에서 물건을 훔쳤다는 소식을 듣고 마음이 어떠세요?"

"선생님, 저 학생에게 한마디 해주세요."

이런 식으로 문구점 주인, 자신이 물건을 훔쳤다는 소식을 알게 될 반 아이들 등으로 역할을 바꿔보고 느낌을 이야기해 보자.

문구점 주인에게 사과를 한다고 하면, 교사는 학생이 사과하는 모습을 잘 관찰하자. 그리고 역할을 바꾸어 학생을 문구점 주인이 되도록 하고 교사가 학생이 되어 그대로 보여주자. 어떤 모습으로 보이는지 생각해 보며 행동을 교정하고 사과하는 법을 연습하자.

07

선생님을 구해줘!

● 어려운 상황에 처한 6학년 교사들을 곁에서 지켜보며 마음이 아플 때가 있었다. 내향적이며 관계 중심의 성향을 가진 어떤 교사는 외향적이며 목적형 성향인 학생들이 자리한 교실에서 에너지를 너무 많이 소진해 휴직을 하기도 했다. 어떤 반에서는 학생이 교사에게 대들며 교사를 넘어뜨렸는데도 학

부모가 교사에게 사과 대신 고함을 치는 경우도 있었다. 학생이 교사의 말을 녹취해 학부모가 교사를 협박하는 일도 있었고, 학생들이 단체로 선생님을 따돌리는 경우도 봤다.

상황이 이렇게 된 것엔 교사가 기여한 바도 있지만, 학생들의 공감 능력이 갈수록 낮아지고, 감정 조절을 제대로 못하기 때문이기도 하다. 몸은 어른이지만 내면에는 상처 받은 아이가 자리한 학부모들도 교사에게 상처를 준다.

교권에 대해 고민하게 된 것은 6학년 교실에서 선생님을 상대로 욕설을 하며 대들고, 교사를 조정하려 하는 학생들을 여러 번 목격했기 때문이다. 착한 선생님을 만났으면 감사하고 행복해 하는 것이 아니라 교사를 이용하거나 힘들게 하고, 반대로 무섭고 통제적인 교사에겐 그렇게 하지 않는 아이러니한 모습을 보게 됐다. 이런 문화는 행복하게 학교생활을 해야 할 다른 학생들의 권리까지 침해하는 안타까운 장면이다. 그래서 학생들에게 선생님이 힘들면 어떻게 되는지 압축해서, 감정적으로 보여줄 수 있는 방법을 고민하게 됐다.

일반 담임으로 생활했다면 내 반 아이들만 신경 쓰고 말았을 텐데, 학년 부장의 눈으로 6학년을 바라보니 시야가 넓어졌다. 한 학급에 생긴 일은 다른 반에도 영향을 미치고 있었고, 한 선생님의 아픔은 다른 선생님들의 마음에도 아픔과 무력감을 만들고 있다는 사실을 알았다. 그래서 개인과 학급 대상으로 사용했던 심리극과 역할극을 학년 전체를 대상으로 적용해 보았다.

6학년 부장을 하며 수학여행, 안전교육, 학교 행사 등으로 인해 강당에 8개 반이 모여 앉을 기회가 될 때, 20분 정도의 짬을 이용해 '선생님을 구해줘!'라는 역할극을 시작으로 다양한 주제의 활동을 진행해 봤다. 효과가 매우 좋아서 학년 전체의 사건사고가 줄어들었던 경험이 있다.

강당에 여러 반이 모였을 때, 시간을 확보하자. 어떤 프로그램인지 제목이나 설명을 하지 않은 상태에서 전교학생회장에게 잠깐 프로그램을 도와줄 수 있느냐고 물어보자. 허락한다면 우선 강당 무대 가장자리 쪽에 서달라고 부탁하자. 강당 중앙에 테이프 등으로 위치를 표시한 뒤, 그곳에 서면 선생님이 되어 아래에 앉아 있는 학생들을 바라보기로 약속하자. 그렇게 학생회장이 가장자리 쪽에서 강당 무대 중앙 쪽으로 이동하면, 학년 마지막 반에 1을 더해 ○반 선생님이라 부르자(6반까지 있다면 7반 선생님으로).

"여기 서면 누구라고요?"

"선생님은 몇 학년 몇 반 담임선생님인가요?"

이런 질문으로 선생님 역할로 들어가게 한 뒤, 역할에 몰입되는 것이 보이면 강당 아래 앉아 있는 학생들을 향해 이야기한다.

"자, 여러분 담임선생님이라 생각하고 인사해 보겠습니다. 앞에 있는 선생님을 바라보고 인사해 주세요. (학생들과 함께) 안녕하세요!"

반갑게 미소를 지으며 인사를 해달라고 한다. 그리고 고개를 돌려 선생님에게 물어본다.

"선생님, 반 아이들이 이렇게 반갑게 인사해 주니까 마음이 어때요?"

"선생님, 반 아이들과 어떤 시간을 보내고 싶으세요?"

의욕 넘치는 답이 나온다. 체육도 많이 하고, 놀이도 하고 싶고, 친구가 되어주고 싶다는. 그 말 하나에 천 하나씩 선생님 목에 걸어주자(5개를 목에 걸면 좋다).

"그래요. 우리 선생님들도 모두 교사가 되고, 6학년 담임이 되는 순간 그런 생각을 했답니다."

그리고 무대 아래로 내려와서 앉아 있는 학생들에게 질문하자.

"1학년 때부터 5학년 때까지의 경험을 돌아보세요. 가끔 선생님을 힘들게 하는 학생이 있기도 해요. 자, 선생님을 힘들게 하는 학생은 어떤 학생이었나요?"

학생들의 대답을 들으면서 네 명 정도를 앞으로 불러내자. 욕설하는 아이, 무조건 재미없다고 드립 치는 아이, 반항하는 아이, 화장하는 아이 등의 역할을 정해 주자.

가운데 선생님과 천으로 연결해 놓고 그 역할에 맞는 대사를 한마디씩 부여하거나, 앉아 있던 학생들에게 대사를 하나 만들어 달라고 하자.(예 : 욕설을 하는 아이라면 "씨발!", 드립을 치는 아이라면 "존나 재미없네", 반항하는 아이는 "그래서 어쨌다고!", 화장하는 아이는 "틴트 바를래요!" 등)

선생님이 어깨를 터치하면 천을 잡아당기며 그 말을 하기로 하자.

네 명의 학생을 마구 터치하고 천을 계속 잡아당기고 대사를 조금씩 크게 하도록 하자.

그러면 중앙에 서 있는 교사 역할의 학생이 휘청하면서 얼굴빛이 확 바뀌게 된

다. 그때 다가가서 질문해 본다.

"선생님, 앞에 앉아 있는 반 아이들과 수업할 수 있나요?"

"어떤 마음이세요?"

"잡아당기는 아이들이 어떻게 느껴지세요?"

다시 이 과정을 조금씩 더 크게 두세 번 반복한 뒤,

"선생님, 학교에 오고 싶으세요?"

"선생님, 저 아래 앉아 있는 수없이 많은 학생들에게 눈이 가나요? 옆에 서 있는 몇 명의 아이들에게 눈이 가나요?"

이런 질문을 하면 보통 옆에 있는 학생들이 신경 쓰이고, 힘들다고 답을 한다.

그럴 때, 다시 무대로 내려가 앉아 있는 학생들에게 물어보자.

"이럴 때 너희가 선생님에게 할 수 있는 말이 뭐가 있을까?"

"사랑해요!", "힘내세요!" 등의 말이 나오면 두세 명의 학생들에게 그 말을 하도록 한 뒤, 다시 학생들이 천을 잡아당기는 상태에서 들어보도록 하자.

"선생님 저 말의 느낌이 어떠세요?"

"저 말 중에서 어떤 말이 가장 가슴에 와 닿나요?"

보통 '선생님, 힘내세요'라는 말에 좋은 반응을 하게 된다.

아래 앉아 있는 아이들에게 질문한다.

"그럼 물어볼게. 담임선생님이 힘들어 할 때 '힘내세요'라고 말을 하거나 문자를 보내본 사람은 여기서 얼마나 될까?"

이 질문은 앉아 있던 학생들의 감정을 건드리며 모두를 멍하게 만든다.

"아마 몰랐을 겁니다. 선생님은 여러분들의 미소, 문자 한 통에 힘을 내는 사람이기도 해요."

그런 뒤, 앉아 있는 학생들에게 '힘내세요!'라는 응원을 하도록 하고, 무대에선 계속 교사를 잡아당기는 모습을 만들자.

"선생님, 힘내라고 아이들이 이야기하는데 그래도 상황이 변하지 않고 옆에서 계속 잡아당기니 느낌이 어때요?"

이런 질문을 통해 응원의 말은 마음에 와 닿지만, 정작 힘든 것은 사라지지 않는다는 것을 알려주자. 그리고 천을 하나씩 잡으면서 아래를 내려다보며 이야기하자.

"너희와 즐겁게 학교생활을 할 수 있는 힘이 100이라 하자. 천 하나는 에너지 20. 모두 다섯 개니 100이라 하자. 그런데 그중 너희와 재미있게 놀이할 때 쓸 힘 20을 이 욕하는 학생이 가져가고 있어, (다른 천으로 간 뒤) 이 20은 너희를 바라보며 미소 지을 힘이야. 이 또한 드립 치는 아이가 가져가고 있지. 이렇게 이 학생이 20, 그 옆의 학생이 20을 가져가고 있어. 100이란 힘은 정해져 있는데 이 학생들에게 80을 뺏긴 뒤, 남은 20을 가지고 너희와 수업도 하고 교실 생활을 하고 있단다. 알고 있었니?"

이런 경우 교사의 의욕도 떨어지고, 교실 전체가 행복하지 못하다는 것을 알려주자. 한두 사람이 만드는 '자신만 좋은' 행위 때문에 다른 학생들이 즐겁게 수업 받고 교실에서 행복할 권리가 깨지고 있다는 것을 알려주자.

그런 뒤, 전교학생부회장들을 모두 앞으로 나오게 한 뒤, 선생님을 힘들게 하는 학생들에게 천을 뺏아서 선생님에게 걸어주도록 하자. 앉아 있던 학생들은 응원을 보내자. 부회장 한 명이 뺏는 것과 여러 명이 함께 뺏는 것을 비교해서 보여주자. 학급에 선생님을 힘들게 하고 반 분위기를 깨는 학생이 있다면 혼자가 아닌 여럿이 '그건 잘못된 것이야'라고 알려주자고 이야기하자.

"선생님 지금 기분 어떠세요?"

"선생님 옆에서 잡아당기는 학생이 없으니 어때요?"

물어보고 느낌을 들어보면서 이를 이용해 이야기를 진행하자.

"교실은 함께 만들어가는 곳이란다. 혹시 힘들게 하는 학생이 있다면, 우리 모두는 그게 잘못됐다고 알려줘야 한단다. 여러 명이 자꾸 알려주렴."

아이들은 이렇게 진행된 짧은 역할극에 큰 충격(?)을 받는다. 자신들의 행복이 중요한 것처럼 선생님의 행복도 중요하다는 것을 가슴 깊이 이해하게 된다.

- 불안해 하지 말고, 대본 없이 진행해 보자. 학생 중 한 명을 선생님 자리에 위치 시키고, 네 명 정도를 천으로 연결하는 것이 핵심이다.

- 선생님의 에너지가 100인데, 빼앗긴 에너지가 많아서 남은 에너지로 생활할 수 밖에 없다는 사실을 알려주는 것이 중요하다.

- 선생님이 어떻게 보이는지 앉아 있는 학생에게 물어보자.

- 위의 상태에서 선생님에게 다가가 학교에 오고 싶은지 물어보자.

- 학생들에게 죄책감을 심어주거나 학생의 마음을 조정하기보다는 이해시키고, 알려주고, 서로 공감하도록 하자. 어떤 의도인가에 따라 내 목소리, 표정, 몸에서 비언어적인 정보가 이미 전달되고 있음을 기억하자.

- 교사들은 힘들어 하는 동료 교사를 떠올려보기로 하자. 6학년 담임 생활을 하며 관리자, 동료 선생님, 학부모 등 여러 관계 속에서 힘들어 하는 분들을 떠올려보 자. 그분들의 어려움을 모두 해결해 줄 수는 없지만, 잠깐 손을 잡아주고 위로의 말을 건넬 수는 있다.

08
나 전달법과 사과법

● 장난으로 시작했던 일이 종종 큰 다툼으로 이어진다. 학생들도 일을 크게 키우고 싶지는 않지만 어떻게 사과해야 할지 몰라서 애매한 상태로 시간을 보내다가 일이 커지곤 한다. 여기에 각자의 '자존심'이 더해지면 '남 탓'을 하는 상황이 벌어지기도 한다. 앞서 이야기했던 '건물의 금' 이야기와 '싸움의 법칙'을 떠올려보자.

때론 교사가 사과의 문구를 알려주고 학생이 그대로 따라 말하도록 하는 것도 큰 효과가 있다. 나는 앞에서 소개한 상담 용지를 토대로 "~해서 미안해, 사과해 줘서 고마워" 등 사과하는 문장과 문구를 알려주고 학생들이 따라하도록 하는 방식으로 중재를 했다. 하지만 교사가 개입하기 전, 학생들이 스스로 해결할 수 있는 요령이 있다면 더 좋을 것이다. 자신의 마음과 욕구를 상대방에게 알리고, 요령껏 사과할 수 있는 시스템을 교실에 만들어놓으면 평화로운 교실을 유지하는 데 도움이 된다.

서로 장난을 치거나, 각자 다른 성격 등으로 오해가 생기고 불편한 일이 생기면 가장 먼저 불편함을 느끼는 사람이 자신의 마음을 알리고, 상대방에게 그만해 달라고 이야기해야 한다. 그래서 반 아이들에게 '나 전달법(I-message)'을 가르쳐주었다.

—— 나 전달법 (I-message)

다른 사람의 행동을 보고 내 기분이 좋지 않을 때 다른 사람의 행동을 비난하지 않고 내 생각이나 느낌을 표현하는 것이다. '너'라는 말보다는 '나'라는 말을 사용하여 비판이나 비난 없이 상황을 설명한다. 아래 3단계 방법으로 이야기하도록 훈련을 시키자.

가. 네가 (　　) 해서 : 친구의 행동

나. 난 (　　) 해 : 내 마음

다. 나는 네가 (　　) 했으면 좋겠어 : 내 욕구 부탁

네가 갈갈이라고 놀려서	난 속상해	나는 네가 나를 놀리지 않았으면 좋겠어
네가 내 신발을 감춰서	난 화가 나	나는 네가 신발을 돌려주고 사과하면 좋겠어
네가 보드게임을 독차지해서	난 화가 나	나는 네가 그러지 않았으면 좋겠어

이렇게 욕구를 말하는 것은 매우 중요하다. 속마음은 No인데, 겉으론 Yes를 표현하는 대화 패턴은 상대방에게 혼란을 주고 갈등을 일으킨다. 자신의 속마음을 제대로 말하지 못하면 오해를 만들게 된다. 내 욕구를 제대로 말할 수 있는 사람이 '건강한 사람'이다. 이런 태도는 교실에서뿐만 아니라 사회생활 속에서도 도움이 된다.

—— 사과법

상대방이 이야기를 하면 그제야 상대의 마음과 욕구를 알아차리는 경우도 많다. 이때 뻘쭘하게 "미안해"라고 말하면 상대방의 마음이 제대로 풀어지지 않을 수도 있다. 사과할 마음이 있는데 어떻게 사과해야 할지 모르는 학생들을 위해 아래의 방법을 알려주자. (참고 : 정유진, ≪학급운영시스템≫, 에듀니티, p205)

가. 내가 (   )해서 미안해 : 인정하고 사과하기
나. 내가 어떻게 하면 네 마음이 풀릴까? : 해결책 논의하기(생략 가능)
다. 앞으로는 이런 일이 없도록 (   )하도록 노력할 것을 약속할게 : 약속하기

너를 갈갈이라고 놀려서 미안해	앞으로는 이런 일이 없도록 네 별명을 부르지 않도록 노력할 것을 약속할게
네 신발을 감춰서 미안해	앞으로는 네 신발을 감추지 않도록 할 것을 약속할게
내가 보드게임을 독차지해서 미안해	앞으로는 이런 일이 없도록 노력할 것을 약속할게

상대방은 나의 얼굴 표정과 태도를 통해서도 내 마음이 어떤지 알아차린다는 것을 알려주자. 사과를 했는데 상대방의 마음이 여전히 불편하다면 내 말투와 몸에서 드러나는 정보가 잘못됐기 때문이다. 상대방의 눈을 부드럽게 바라보며 잔잔한 목소리로 천천히 말하고, 상대의 답까지 듣도록 하자.

위의 요령을 교실 게시판 한쪽에 부착하고, 일이 생기면 함께 그곳으로 가서 대화를 나누고 해결하도록 하자. 처음엔 어색해 하지만, 금세 익숙해진다. 어느새 쉬는 시간에 게시판 앞에서 마음을 이야기하고 사과하는 아이들의 모습을 보게 된다. 더 시간이 지나면 게시판 앞쪽으로 나오지 않아도 자연스럽게 나 전달법과 사과법을 사용하는 모습을 볼 수 있다.

09

또래 상담사 운영

● 6학년은 어른에 대한 불신과 반항이 시작되는 시기다. 옳고 그름을 생각하게 되면서 무조건 믿었던 어른들에 대한 생각이 달라지고 가치관에도 혼란이 생긴다. 부모와 떨어져 있고 싶어 하면서도 사랑받고 싶어 하는 이중적인 태도가 내면에 자리한다.

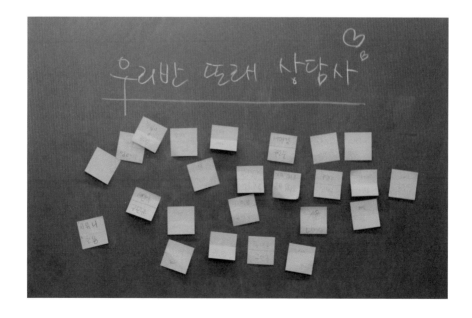

학생들의 고민 1순위는 또래 친구라고 한다. 이처럼 또래 문화에 민감하고, 무리 안에 속하기 위해 노력을 하며, 관계에 예민하게 반응한다. 따라서 어른들의 조언보다 친구들의 관심과 협력이 더 큰 효과를 만들어낼 때가 있다. 그런 이유로 또래 상담사와 함께 고민을 해결할 수 있는 시스템을 교실에 만들었다. 어른에게 의존해 문제를 해결하는 것보다 친구와 함께 어려움을 이겨내보는 경험이 반 아이들의 성장에 더 큰 도움이 된다.

내 경우에는 반에 네 명의 '또래 상담사'를 두었다. 전문적인 교육을 받고 매뉴얼대로 운영하는 시스템보다는 마음의 부담이 없는 정도에서 고민 있는 친구의 이야기를 들어주는 식으로 운영했다. 반에 마음의 문제가 있는 친구가 있는지 살펴보고, 친구들을 지지하며 위로해 주도록 했다. 친구의 고민을 위해 또래 상담사들이 모여 해결해 보고, 어려운 문제가 있을 때는 선생님의 도움을 받도록 했다. 중간중간 친구들과 상담 활동이 어떻게 진행되고 있는지 선생님에게 알리는 식으로 운영했다.

먼저, 또래 상담사를 선발하자.

반 아이들에게 추천을 받자. 친구의 고민을 잘 들어주고, 잘 다가설 수 있고, 이 친구의 조언이라면 잘 따를 수 있겠다고 생각하는 친구를 추천해 달라고 하자. 그리고 그 안에서 지원자를 받자. 내 경우 처음부터 "또래 상담사를 선발하겠습니다."라고 했더니 너무 많은 지원자가 나와서 선별 기준을 정하는 것도, 하겠다는 아이들의 마음을 돌리는 것도 쉽지 않았다. 손을 들어 추천을 받을 수도 있지만, 선거 때 투표하는 방식처럼 한 사람에게 작은 종이를 한 장씩 나눠주고 이름을 1~2명씩 써 달라고 하자. 나는 학년 초에 선발하지 않고 5월 정도까지 기다렸다가 또래 상담사 활동을 진행했다.

선발이 되면, 또래 상담사의 역할에 대해 모두에게 알려주자. 그래야 상담이 필요한 친구들이 또래 상담사에게 다가갈 수 있다.

앞서 이야기했지만 '또래 상담사'가 우리 반에서 하는 역할은 크게 세 가지다.

1. 반에 마음의 문제가 있는 친구가 있는지 살펴본다.
2. 친구가 고민이 있다고 다가오면, 이야기를 잘 들어준다.
3. 친구의 문제를 또래 상담사들이 모여 가능한 범위까지 해결해 본다.

활동을 시작하게 되면 '또래 상담사'라고 쓰인 핀버튼을 제작해 준다. 이 핀버튼은 가방 또는 필통에 부착하여 특별함을 부여하고, 반에 또래 상담사가 있음을 자연스럽게 알리는 역할을 한다.

상담 활동을 하기 위해서 교사는 또래 상담사들에게 할 일을 자연스럽게 알려준다. 위의 세 가지 일을 주로 하는데, 할 수 있는 것들은 시도하고, 그래도 좀 어려우면 또래 상담사들이 모여 이야기를 나누고 방법을 찾아보도록 한다. 또 밴드 채팅창(또는 카톡방)을 이용해 활동 상황을 알린다. 이렇게 할 경우 자연스럽게 활동 기록이 남는다는 장점이 있다. 그래서 내 경우엔 따로 파일을 만들지 않고, '우리 반 또래 상담'이란 밴드를 따로 만들어 하나의 주제별로 대화를 나누고 조언을 하며, 상담을 잘 끝내면 댓글로 소감을 적어보고 내가 코멘트를 붙이는 식으로 운영했다.

다행히도 학교에 'Wee클래스 선생님'이 계셔서 또래 상담사들의 세부적인 활

동에 대한 조언을 받을 수 있었다. 또래 상담사들은 친구가 고민이 있다고 다가오면 고개를 끄덕이면서 '그랬구나', '속상했겠다' 등의 반응을 하는 법, 종이를 꺼내놓고 그림을 함께 그려가며 상황을 정리해 나가는 법 등을 배웠다. 나는 빈 의자를 놓고 역할 바꾸기를 통해 관계 속에서 친구 고민을 어떻게 해결하는지에 대한 간단한 조언을 했다.

활동을 운영해 보니 학교폭력 등에 대한 내용보다는 친구 관계 속에서 일어난 오해와 실수에 대해 고민하다가 또래 상담사에게 도움을 구하는 일이 많았다. 중·고등학교와 달리 초등학교 6학년에서 운영하는 '또래 상담사' 역할은 친구의 이야기를 잘 들어주고, 공감해 주고, 응원해 주는 것만으로도 큰 의미가 있다. 일이 잘 해결되면, 또래 상담사 역할을 했던 학생은 굉장히 뿌듯해 하면서 자신이 의미 있는 사람임을 느끼게 된다. 또한 선생님이 어렵게 느껴져 문자나 대화를 시도하지 못한 학생들에겐 좀 더 쉬운 대화 통로가 생기게 된다. 교사 입장에서는 또래 대화와 상담사들의 활동을 통해 평소에 몰랐던 여러 정보를 취할 수 있다는 장점이 있다.

'또래 상담'에 대해 더 깊게 공부하고 싶다면, 또래 상담 사이트(http://peer.or.kr)를 참고하자. 솔리언 또래 상담 기본 과정(12시간)을 거친 뒤, 학교에서 또래 상담사를 운영할 수 있다. 기본 과정에서는 친구의 고민을 들어주거나 따돌림을 당하는 친구에게 관심을 가져주고, 도움이 필요한 친구에게 문자나 이메일을 보내거나, 더 깊은 상담이 필요한 친구들을 전문 상담가에게 소개하는 등의 역할을 배운다. 이밖에 간단한 상담 방법도 교육 받는다.

10

문자는 오해를 만들어!

● ● ● ● ● ● ● ● ● ● ● ● ● ●

　　● 6학년 담임을 하면서 여학생들의 복잡 미묘한 관계가 가끔은 이해
되지 않았다. 바로 옆에 있는데도 문자로 이야기를 나누는 황당한 모습도 봤고,
평소 모습과 달리 채팅창 안에서 매우 폭력적인 언어를 사용하는 학생도 있었
다. 문자에 바로 답을 하지 않으면 자신을 싫어하고 따돌림 한다고 생각할 정도
로 채팅창에서 주고받는 대화에 민감하게 반응하는 학생도 있었다. 불편한 일

이 있을 때 직접 만나서 오해를 풀지 않고 카카오톡 채팅창에서 대화를 하다가 더 큰 다툼과 오해를 만들어내기도 했다. 그러다 결국 담임이 나서서 중재해야 할 정도로 발전된 경우가 여러 번 있었다.

한번은, 두 학생이 카카오톡 채팅창에서 싸우다 더 강한 힘으로 상대를 누르려고 '내가 누구를 안다'며 대화하다 A란 학생은 실제 그 사람들을 초대했고, B는 자신의 친언니를 초대하면서 다툼이 커진 일이 있었다. 다음 날, 중학생들이 떼로 몰려와 6학년 교실로 올라가는 계단에서 A를 둘러싸고 몰아붙였다. 이 일로 A의 부모가 가해 학생들에게 따지고 처벌 의사를 밝히며 학교폭력자치위원회 소집을 요구했다. 상황이 이렇게 되자 B의 부모도 화가 나서 서로 싸우게 된 일이 있었다.

학교 선생님들은 중간에서 무척 힘들었다. A와 B도 상황이 커지자 어쩔 줄 몰라 했다. 사건의 흐름대로 현재에서 과거로 파악해 들어가 보니 처음에 B가 보낸 문자 내용을 A가 잘못 해석하면서 생긴 오해였다.

아이들은 SNS 상에서 아주 짧은 단어, 축약된 문장으로 대화를 나눈다. 그리고 짧은 단어와 문장을 한데 모아 하나의 메시지로 보내는 것이 아니라 여러 메시지로 나눠서 보내곤 한다. 그러다 보니 문자가 많은 오해를 만들고, 다툼으로 이어지기도 했다. 제대로 된 문장을 사용하면 오해가 줄어들 수 있지만 학생들 대부분은 그럴 필요성을 느끼지 못했고, 제대로 된 문장을 사용하는 학생을 범생이라고 몰아가는 일도 있었다. 어떻게 하면 오해가 생기지 않도록 제대로 된 문장으로, 자신의 마음과 바람을 담아 문자를 보내게 할지 오랫동안 고민했다.

그렇게 해서 활동 하나가 만들어졌다. 활동을 통해 아이들의 문자를 주고받는 마음의 구조, 반응 스타일도 파악할 수 있었다. 이 활동 이후 반 아이들이 보내는 문자에는 많은 변화가 있었다.

이 활동을 하기 위해서는 포스트잇이 필요하다. 다양한 색깔, 다양한 크기의 포스트잇으로 진행해 보자. 아래에 소개하는 내용은 내 나름의 방식이지만, 이 글은 읽는 선생님들의 교실에서는 다양한 응용과 실험이 더해지길 바란다.

칠판에 '개 짜증 나'라는 단어를 써놓고, 반 아이들에게 포스트잇을 한 장씩 나눠주었다. 이런 문자를 받으면 어떻게 답할 건지 재빨리 쓴 뒤, 칠판에 붙여보라고 했다. 그러자 반 아이들은 아래와 같이 문자에 답했다.

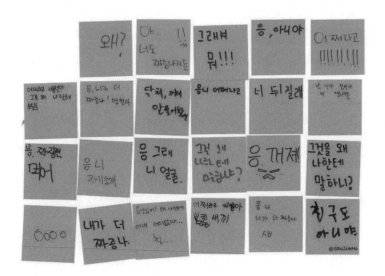

거의 대부분이 '개 짜증 나'라는 문자에 민감하게 반응했다. 상대방이 어떤 의도로 문자를 보냈는지를 파악하기보다는 대부분이 부정적으로 해석하고, 상대보다 조금 더 힘이 세고 상처 주는 말로 답문자를 보냈다. 내용을 읽어주자 반 아이들은 웃기도 하고, 손으로 입을 가리기도 했다.

반 아이들에게 처음 문자를 보낸 사람이 되어보자고 했다.

"사실은 친구에게 위로받고 싶어서 '짜증 나~'라고 보냈던 문자였는데, 내 마음을 알아주는 것이 아니라 위에 나온 것처럼 '친구도 아니야', '꺼져!', '어쩌라고 씨발년아!' 등의 답문자가 왔어. 여기에 대한 답문자를 어떻게 보낼 거니? 포스트잇 한 장에 내용을 적어 붙여보자."

그러자 반 아이들은 아래와 같이 답했다.

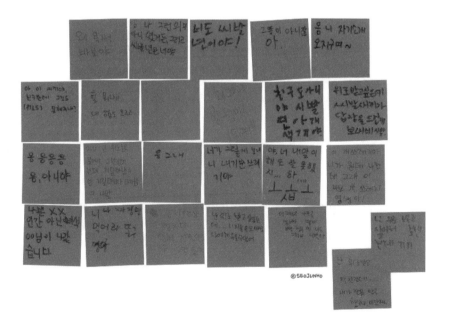

대부분의 아이들은 상대방이 했던 말보다 더 큰 욕설, 상처 주는 말을 사용했다. 앞서 이야기했던 '싸움의 법칙'의 흐름을 고스란히 따르고 있었다. 탁구공이 가자 야구공이 날아오고, 농구공을 던지자 볼링공이 날아오는 식으로 다툼이 벌어지는 구조다. 역시 하나씩 모두 읽어줬다. 아이들도 상당히 센 수위(?)의 문자 내용에 놀라기도 하고 웃기도 하며 집중했다.

하지만 몇몇 아이들은 강하게 문자를 보내지 않고 '난 위로받고 싶어서 그랬는데, 내가 잘못 말을 해서 미안해', '난 위로 받고 싶어서 보낸 건데' 라며 자신의 마음을 이야기하고 사과했다.

그래서 반 아이들을 절반으로 나눠서 한쪽은 센 수위의 문자에 대한 답문자를 써보게 했고, 다른 한쪽은 속마음과 함께 사과가 담긴 문자에 대한 답문자를 써보도록 했다.

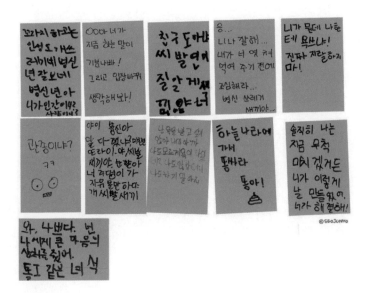

센 수위의 문자에 대한 답문자에서는 싸움이 계속해서 조금씩 더 커지고, 마음이 불편해짐을 볼 수 있었다.

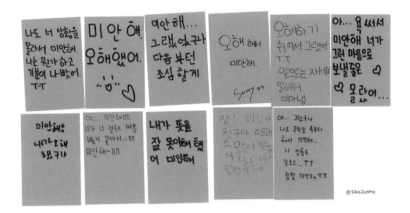

반면, 속사정과 사과가 담긴 문자에 대한 답에는 친절함이 담기고, 상대방에게 힘이 되어주려는 문자가 자리했다. '미안해'라는 사과와 이모티콘, 하트가 섞여 있었다. 이런 글을 쓴 아이들에게 다가가서 어떻게 해서 더 이상 싸우지 않고 이런 문자를 보내게 됐는지 물어봤다.

- '짜증 나'라는 말을 저에게 하는 것이 아니라는 것을 알게 됐거든요.
- 상대방이 미안하다고 하니까 화를 낼 수 없었어요.
- 친구가 저에게 도움을 요청하는 것을 알았어요.
- 오해가 풀렸거든요.

이처럼 상대방보다 작은 공을 던지고, 상대가 도움을 주는 좋은, 의미 있는 사람이라는 메시지를 확인하게 되면 싸움은 일어나지 않는다.

"때론 문자 내용이 싸움을 만들기도 하지. 반대로 때론 위로와 화해를 만들기도 하고, 우정을 더욱 단단하게 만들기도 해. 전체적인 흐름을 보니 첫 번째 문자를 받은 대부분이 '이유'를 물어보지 않고 바로 욕설이나 더 큰 짜증을 돌려주려 했구나. 이게 바로 너희들의 감정처리 패턴이고, 문자를 대하는 너희들의 반응 패턴이기도 하단다. 혹시 알고 있었니?"

여기에 대해 서로 이야기를 나눌 시간을 만들어주면서 자연스럽게 문자 내용이 중요하다는 것을 생각하도록 했다. 끄덕끄덕 하는 아이들에게 이 활동에서 싸움을 유발했던 가장 중요한 문자를 찾아보도록 했다. 몇 명의 아이들이 "짜증 나"라고 이야기했다. 그리고 무엇이 잘못됐는지 물어보자, '하고자 하는 말이 생략되어 있다.' '어떤 의도로 보낸 것인지 상대방이 알 수 없다' 등의 이야기가 나왔다. 그래서 처음 문자를 수정해서 다시 보내보자고 했다. 그러자 반 아이들은 이렇게 썼다.

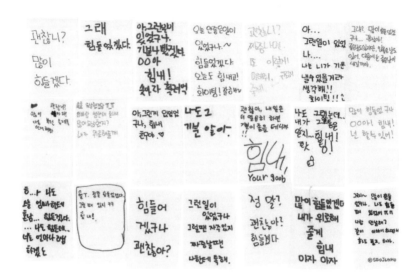

그다음에는 이 문자를 받은 친구가 되어보자고 했다. 어떤 답문자를 보낼 것인지에 포스트잇에 적어 붙여달라고 했다.

이번에는 아이들의 문자가 싸움으로 가지 않았다. 위로해 주고 친절하게 답해 주고, 이야기를 더 들어주려 했고, 힘이 되는 문자가 돌아왔다. 반 아이들도 친구들이 써 붙인 문자 내용을 보면서 많은 생각을 하는 듯했다.

처음 문자와 어떤 차이가 있었냐는 질문에 다음과 같이 이야기했다.

1. 대상을 밝혔다.

2. 내용을 자세하게 썼다.

3. 목적과 의도를 썼다.

이후 모둠끼리 서로 알게 된 것을 찾아보고 대화를 나누는 시간을 가졌다. 아이들은 위 세 가지 내용을 잘 담아서 문자를 보내면 오해가 생겨 싸움으로 발전되는 일이 없다는 것을 이해하고 고개를 끄덕였다.

학생들은 대부분 '좋은 사람'이 되고 싶어 하는 특성이 있다. 공격적인 대화나 문자를 나누는 것은 상처 받고 싶지 않은 마음 때문이다. 아이들은 상대가 나를 의미 있는 사람으로 봐주는 것을 알았을 때 싸우고자 하는 마음을 내려놓는다는 것을 기억하자.

< 문자로 생긴 오해 >

문자는 많은 걸 보내도 되는 기능이다. 하지만 문자나 카톡, 라인, 밴드등에서도 구체적으로 보내지 않으면 오해가 생겨 다툼이 일어날수 있다! 나는 매일 짧게 써서 오해가 생긴다는걸 몰랐다 대화도 구체적, 목적어를 적어야 된다는 걸 알았다.

@SEOJUNHO

문자로 생긴 오해

말은 중요하다. 사람을 살릴수도 죽일수도 있는 커다란 위력을 가지고 있다. 나는 이런 말들이 정말 위협감 느끼고 무섭다. 몇번씩 채팅하다보면 오해가 생길수도 있다. 이때는 문자로 보내기 전에 ·대방을 밝히고 · 내용을 재세하게 쓰며 목적을 말해야 한다. 이렇게 세가지를 넣어 보내면 조금의 오해는 있을거지만 대채로 없을것이다.

@SEOJUNHO

11

말의 힘을 몸으로 느껴보기

• "존나!", "개 짜증 나" 등 6학년 학생들은 말과 문자메시지 속에서 센 말을 사용하면 자신이 강해 보인다고 생각한다. 학생들은 '말은 그 사람의 인격이요, 사람을 죽이기도 살리기도 한다'는 사실을 배웠고, 말의 힘과 영향에 대해 여러 학년을 거치며 공부했지만 가슴 깊이 공감하고 실천하지는 않는다.

같은 양의 밥을 같은 병에 담고, 한쪽엔 좋은 말을 다른 한쪽엔 상처 주는 말

을 계속했더니 한 달 뒤 각자 다른 색 곰팡이가 피어난 영상을 보여주며 말의 힘을 소개한 방송이 있었다. 반 아이들과 함께 직접 실험하고 가슴으로 느끼게 해주고 싶었지만 한 달 넘는 기간 동안 꾸준히 실험을 하고 결과를 기다리는 것에 한계가 있었다. 과학적 원리를 찾아들어가기에도 애매한 부분이 있었다. 어떻게 하면 교실에서 이와 유사한 결과를 보여줄 수 있을까 고민하다 상담과 심리치료 공부 속에서 경험했던 활동을 살려 말의 힘을 느낄 수 있는 시간을 만들었다.

실험 1

한 학생을 앞으로 나오게 한다. 앞을 바라보게 한 뒤, 한쪽 팔을 옆으로 뻗게 하고 선생님이 두 손가락으로 팔을 누르는 동안 버티도록 한다. 어느 정도 버티는 힘이 있는지 확인하자. 그런 뒤, 포스트잇 두 장을 꺼내 한 장엔 상처 주는 말을, 다른 한 장에는 힘이 되는 말을 적자. 구체적으로 어떤 말을 적을지는 반 아이들에게 물어보자. 칠판에 붙여놓고 앞에 서 있던 학생에게 보지 않은 상태에서 포스트잇 한 장을 골라보게 하자(예 : 위 또는 아래). 포스트잇을 붙인 채 팔

을 옆으로 뻗고 선생님은 두 손가락을 이용해 학생의 팔을 눌러보자. 어떤 단어를 붙였을 때는 힘을 주고 버티게 만드는데, 어떤 단어를 붙였을 때는 버티지 못하고 팔이 쑥 내려간다.

앞에 나와 반 아이들이 번갈아가며 실험할 수 있도록 하자. 상처 주는 말이 적힌 포스트잇이 몸에 붙었을 때 팔을 버티는 힘이 빠지는 것을 경험할 것이다. 반 아이들은 신기해 하고 의심을 갖게 된다. 그러면 다음 실험으로 반 학생 모두가 활동해 보도록 하자.

실험 2

이 방법은 오링테스트를 위의 활동에 결합해 보는 것이다. 오링테스트(O-ring Test)는 일본의 오무라 요시아키 박사가 70년대 초에 창안하여 발표한 방법이다. 과학적인 근거가 무엇인지는 정확히 모르겠으나, 일단 재미로 진행보자는 생각이다.

한 사람이 엄지와 검지로 고리를 만든다. 다른 한 사람이 그 고리를 힘으로 떼

어보자. 힘을 가득 줘도 두 손가락으로 만든 고리를 떼어내기가 어렵다. 포스트 잇 두 장을 준비하고 한 장에는 힘을 주고 격려하는 말을, 다른 한 장에는 상처 주고 화나게 하는 말을 적어보자. 고리를 만든 학생의 등에 두 포스트잇 중 한 장을 붙인 뒤, 손가락 고리를 떼어내보자. 어떤 포스트잇을 붙였을 때는 손가락 이 쉽게 떨어지고 어떤 포스트잇을 붙였을 때는 손가락이 떨어지지 않는다. 돌 아가면서 활동하고, 말의 힘에 대해 이야기를 나눠보자.

이 활동을 통해 말에는 힘이 있고, 눈으로 보지 않고 귀로 듣기만 해도 몸은 그 것을 알아차린다고 이야기하자. 그런 뒤, 우리가 하는 말이 친구를 힘을 내게도 하지만 힘을 빠지게 만든다고 이야기하자.

── 실험 3

위 실험을 하다 보면, 포스트잇 두 장을 모두 다 붙이면 어떻게 되는지 궁금해 하는 학생이 있다. 실험해 보자. 상처 주는 말과 힘을 주는 말이 쓰인 포스트잇 을 양쪽 볼에 붙여보자. 그런 뒤, 손가락 고리를 만들고 다른 학생이 그 손가락

고리를 떼어보자.

놀랍게도 대부분 손가락 고리가 떨어진다. 내 반 학생은 "선생님, 나쁜 말이 좋은 말보다 더 센가 봐요!"라고 피드백을 줬다. 여러 좋은 말을 하더라도, 한 번의 나쁜 말을 했을 때 생기게 되는 부정적 결과에 대해 이야기를 나누자.

활동을 마치고 소감을 나누어보는 시간을 가졌다. 교사 또한 스스로가 어떤 말을 사용하는지 돌아보자. 아이들은 아래와 같이 느낀 점을 표현해 주었다.

- 말은 힘이 있다. 위로를 하고 축하해 주기도 한다. 말의 힘은 무엇보다 세고 무엇보다 강하다.
- 몸의 상처는 쉽게 지워지지만 말의 상처는 쉽게 지워지지 않는다. '꺼져, 죽어, 넌 사람도 아니야'는 상처를 주지만, '괜찮아, 넌 할 수 있어, 고마워!'라는 말은 상대를 변화시킬 수 있다.
- 말의 힘은 대단하다. 나쁜 말을 하면 힘이 빠지고, 좋은 말을 해주면 기분이 좋아지고 힘이 되는 듯하다. 나쁜 말은 좋은 말보단 힘이 세지만, 그 힘을 좋은 말로 누를 수도 있다는 것을 알았다. 나쁜 말을 하지 않고 좋은 말을 하겠다.
- 말의 힘을 알게 됐다. 내가 친구에게 나쁜 말을 하면 상처 받는다는 걸 알았다. 그리고 긍정의 말보다 부정의 말이 더 세다는 것을 알았다. 말 하나하나가 모두 중요하다는 걸 알았다.

6학년 담임, 해도 괜찮다!

지난 6월 중순, 6학년 한 교실에서 연락이 왔다. 한 학생이 분노 조절이 되지 않아서 자꾸 친구들과 다툼을 만들어내고 있다는 얘기였다. 학년 초부터 6월까지 여러 사건이 반복되었고, 그 학생은 담임에게까지 공격적인 태도를 보인다고 했다.

교과전담 선생님이 우리 반 수업을 들어와서 비어 있는 시간에 천 몇 장과 포스트잇을 챙겨 도움을 요청한 6학년 교실로 갔다. 이 책에 나와 있는 '선생님을 구해줘!' 프로그램을 진행한 뒤 학생들이 알게 된 것을 포스트잇에 써보도록 했다. 그 학생은 자신이 교실과 선생님에게 미치는 영향을 이해했고 바로 감정 조절을 시작했다. 활동을 통해 그 학생뿐만 아니라 다른 아이들의 마음속에도 편안함과 이해가 자리하게 됐다. 도움을 요청한 교사 또한 교실 속에 자리한 불편한 감정이 한 번에 쑤욱 내려갔다면서 기뻐했다.

이렇게 도움이 필요한 모든 교실에 내가 달려가 프로그램을 진행해 드리면 좋겠지만 현실적으로 불가능하다. 대신 이 책을 통해 6학년 교실을 운영하는 선생님들께 도움을 드릴 수 있었으면 하는 마음으로 글을 썼다.

교사 개개인의 성장 과정과 감정처리시스템이 다른 것처럼 학생들도 각기 다르다. 또 학교마다 지역이 다르고, 성향이 다르고, 시기에 따라 유행이 다르고, 생기는 사건 또한 다르기 때문에 모든 교실에 동일한 시스템을 만드는 것도 한계가 있다고 본다. 그런 이유로 이 책에서는 어떤 특정한 학급운영의 틀과 고정된 체계를 주장하지 않았다. 선생님 각자가 끌리는 익숙한 방식으로 6학년을 운영하는 것이 가장 현명한 방법이리라 생각하기 때문이다. 다만 이 책에 나온 여러 이야기들이 6학년 담임을 하는 선생님들께 작은 도움을 주고, 교실에 이해와 평온함이 자리하는 데 보탬이 되면 좋겠다.

나와 함께 생활했던 제자들에게 고마움을 보낸다. 함께 생활하며 만났던 모든 일이 나를 더 고민하게 만들었고, 더 나은 해결책을 위해 적용하고 수정하게 했다. 제자들이 있었기에 이 책이 가능했다.

아무쪼록 이 책이 6학년 담임을 하고 있는, 혹은 앞으로 하게 될 전국의 선생님들께 학급운영과 생활지도에 도움이 되길 바란다.

그리고 기억하자.

6학년 담임, 해도 괜찮다!

감사의 마음을 전합니다!

특별히 더 감사했던 6학년 동학년 선생님들.

너무나 소중해서 함께 울고 웃었던 모든 시간에 감사함을 준
서창우, 송영선, 주영, 주수연, 임덕희, 김동준, 이혜란, 박승희, 위봉선 선생님.

사람에게 받은 상처는 사람에게 치유 받는다는 것을 알려준
정영, 전세홍, 안경민, 박지영, 손아영, 박현옥 선생님.

보드게임과 관련해 도움을 주신 페이스북의 선생님들
김효선, 이은진, 김성훈, 강수정, 이희정, 이민영, 김상우, 박현주, 김상미, 김시연, 송가람, 안미영, 심문숙, 김영아, 황윤수, 황영월, Sebin Park, 설상록, 전종임, 이창근, 박수진, 이동규, 서현경, 송인상, 김혜란, 조용성, Soonyong Choi, Sunghyun Park, 명환장, Soonhee Park, 황정회, Sae Yong Kim, 어태선, 김예선 선생님.

설문조사에 참여해 주시고 실명을 알려주신
정재임, 이경아, 김하나, 최정현, 최혜림, 이유미, 길준선, 정지혜, 조주영, 김동준, 임덕희, 최정현, 김연민, 이한나, 박창민, 서창우, 김수연, 주수연, 고은별, 김진영, 천경호, 김설, 고은호, 송영선, 김동민, 나현정, 김선애, 고규환, 최현희, 김혜란, 황덕현, 장두상, 이현미, 김정은, 박새롬, 김상미, 고은빛, 정지호, 민경준, 도대영, 안화용, 권민석, 유지선, 최유라, 고아라, 정아람, 심지연, 윤혜경, 김견희, 이상우, 강미영, 최세미, 최영민, 김택수, 박소정, 이오영, 이혜란, 김지미, 이유선, 김민지, 이현주, 김백균, 임소연, 김보영, 최성지, 김미희, 오성훈, 조은미, 이래경, 박지윤, 홍수화, 박지혜, 허수현, 조민영, 그리고 익명의 많은 선생님들.

「이 도서의 국립중앙도서관 출판시도서목록(CIP)은
서지정보유통지원시스템 홈페이지(http://seoji.nl.go.kr)와
국가자료공동목록시스템(http://www.nl.go.kr/kolisnet)에서 이용하실 수 있습니다.
(CIP제어번호: CIP2016022746)」

6학년 담임 해도 괜찮아!
ⓒ 서준호

1쇄 발행 2016년 10월 31일
5쇄 발행 2022년 2월 25일

지은이 서준호
발행인 윤을식

펴낸곳 도서출판 지식프레임
출판등록 2008년 1월 4일 제2020-000053호
주소 서울시 동대문구 청계천로 505, 206호
전화 (02)521-3172 ㅣ **팩스** (02)6007-1835

이메일 editor@jisikframe.com
홈페이지 http://www.jisikframe.com

ISBN 978-89-94655-53-6 (03370)

• 이 책 내용의 전부 또는 일부를 재사용하려면 반드시 저작권자와
  지식프레임 양측의 서면에 의한 동의를 받아야 합니다.

• 파손된 책은 구입하신 서점에서 교환해 드리며, 책값은 뒤표지에 있습니다.